»Alle Geschichte ist Legende. Jedes Zeitalter, ja fast jede Generation hat ein anderes Ideal, und mit dem Ideal ändert sich auch der Blick in die einzelnen großen Abschnitte der Geschichte.«

EGON FRIEDELL

»100 Jahre waren seit den Anfängen des Alpinismus vergangen, bis das Matterhorn erobert werden konnte, und noch einmal 100 Jahre der Erfahrung waren notwendig, bis man daran denken konnte, die schwierigsten Flanken der Achttausender zu durchklettern. Diese stellen heute für die junge Bergsteigergeneration dieselben ›Probleme‹ dar, wie zum Beispiel die Matterhorn-Nordwand nach dem Ersten Weltkrieg.«

REINHOLD MESSNER

In der Nordwestwand der Annapurna I. Quergang in ca. 6000 Meter Höhe in die große Verschneidung in der Wandmitte.

REINHOLD MESSNER

DIE GROSSEN WÄNDE

Von der Eiger-Nordwand
bis zur Dhaulagiri-Südwand

blv

Lager auf dem großen Eisfeld unter der Gipfelwand in der Aconcagua-Südwand (Anden, 1974).

Im völlig vereisten Walker-Pfeiler an den Grandes Jorasses (Alpen, 1966).

An der Breach-Wall am Kilimanjaro (Ostafrika, 1978).

Der Ogre vom Gipfel des Latok II nach der Erstdurchsteigung der Westwand (Karakorum, 1997).

»Das Wichtigste bei all meinen bergsteigerischen Unternehmungen sind nicht die Gipfel oder die Erfolge oder der Ruhm, das Wichtigste bleiben am Ende die Erkenntnisse über mich selbst. Erkenntnisse, die immer wieder neu sind und die immer wieder lehren, mich in einem neuen Verhältnis zu meiner Umgebung, zur Welt zu sehen.«

REINHOLD MESSNER

Abstieg im Schneesturm nach der Erstdurchsteigung der Annapurna-Nordwestwand (Himalaja, 1985).

Inhalt

Reinhold Messner beim Rückzug aus der Dhaulagiri-Südwand (Himalaja, 1977).

Wände und Gipfel

Die großen Wände haben mich seit meiner Kindheit fasziniert. Dabei war alles sehr relativ. Als ich 16-jährig mit Günther, meinem jüngeren Bruder, die Nordwand des Sass Rigais in den heimatlichen Geislerspitzen durchstieg, wusste ich zwar von der Eiger-Nordwand, hatte aber von der Aconcagua-Südwand oder von der Rupal-Wand noch nie gehört. Also war die Eiger-Nordwand die Wand, jenes ferne Kletterziel, das wir insgeheim anstrebten.

Dass wir sie nicht im gleichen Sommer noch versuchten, liegt wohl an der Tatsache, dass unser Respekt vor dieser großen Wand ebenso nebulös war wie ihr Ruf. Respekt hatte ich damals auch vor allen anderen Bergsteigern, und so ordnete ich mich ihnen anfangs unter, wenn mich einer zu einer Tour einlud. Dabei habe ich viel gelernt. Von Sepp Mayerl, einem Kirchturm-Dachdecker aus Osttirol, das Einrichten von Standplätzen; von Heini Holzer, einem Kaminkehrermeister aus Südtirol, das stetige Ablegen jener Bedenken, die mir extreme Klettereien in großen Wänden anfangs einflößten.

War es mir zunächst hauptsächlich um das Überwinden von Schwierigkeiten bei einer Bergtour gegangen, so nahm bei den fernen Bergen der Gipfel plötzlich einen noch wichtigeren Rang ein. Der Gipfel, der Punkt, in dem alle aufstrebenden Linien zusammenlaufen – erreicht nach tagelanger, oft sogar wochenlanger Kletterei –, hatte etwas Befreiendes, etwas Erlösendes, etwas Endgültiges. Und dies, obwohl dem Aufstieg der Abstieg folgen musste. An Sieben- und Achttausendern ist der Abstieg oft gefährlicher als der Gipfelgang.

Jeder Bergsteiger wählt seine Ziele nach anderen Gesichtspunkten aus, und heute, im Zeitalter des Alpinismus als Freizeitkultur, sind alle Beweggründe legitim. Ich fand die größte Befriedigung – eine Art Befreiung – auf hohen Gipfeln, erreicht über die großen, extrem schwierigen Wände.

Es waren dabei weder Rekorde noch Sensationen, die mich reizten, als vielmehr Herausforderungen; jene Möglichkeiten in den Bergen, die zwischen Tabu und »vielleicht doch« übrig geblieben waren. Ein sportliches Spiel, das man in früheren Jahrhunderten wohl Abenteuer genannt hätte. Es beinhaltet nicht die Suche nach Gefahren, noch weniger das Spiel mit dem Tod; es ist ein Sich-ins-Ungewisse-Stürzen, das zwischen Einstieg und Gipfel einen Spannungsbogen bietet und bildet.

Man muss nicht tollkühn sein, um sich in eine der großen Wände zu wagen: Erfahrung, Ausdauer, geistige Vorbereitung, Konzeption und vor allem Disziplin sind notwendig, um auch unerwartete Grenzsituationen meistern zu können.

Nicht nur Spiel und Ernst, Erfolg und Misserfolg, auch Leben und Tod liegen da oben oft so nahe nebeneinander wie Hitze und Kälte, Sonnenschein und Sturm,

Im Mittelteil der Nordwand des Sass Rigais.

Bild links: Furchetta (links) und Sass-Rigais-Nordwand in der Geislergruppe, Dolomiten.

Geschichte und Geschichten

Wir Bergsteiger füttern unsere Sehnsucht mit immer neuen Idealen. Die »großen Wände« sind dabei eine Konstante geblieben, auch wenn immer schwieriger, höher, gefährlicher wurde, was die jeweilige Bergsteigergeneration als »Problem« bezeichnet hat und bezeichnet. Jede Zeit hat so ihre Herausforderungen gefunden, und die Erfolge, in der jeweiligen Sprache erzählt, ergeben ein schlüssiges Bild über den Geist der jeweiligen Zeit. Als ob Problem und Lösung nicht nur erfunden wären!

Um der Geschichte des Große-Wände-Bergsteigens gerecht zu werden und um die Geschichten dazu nicht zu verfälschen, lasse ich in diesem Buch alle Generationen zu Wort kommen – mit ihren Träumen, in ihrer Sprache – alle, die am Berg nicht nur den Gipfel suchten. Originalberichte bleiben also das Herzstück dieser Geschichte, auch wenn die Autoren noch so idealisieren. Originalberichte und die unverfälschten Aussagen der Akteure sind die Quellen jener Emotionen, die das Lebensgefühl des »Große-Wände-Bergsteigens« widerspiegeln.

»Der Mythos der Unbezwingbarkeit war für Lammer keine Abschreckung, sondern Herausforderung.«

Fritz Schmitt

»Viele nehmen ihr Maß nur an Erfolg und Misserfolg und wissen nicht, wie nahe die Erlebniswerte beieinander liegen.«

Reinhold Messner

»In der Grenzsituation selbst aber sind es nicht Leistungsdruck durch die Öffentlichkeit oder Gewinnaussichten, auch keine Presse- oder Fernsehverträge, die mich weitertreiben, als vielmehr der elementare Wille, den Gipfel zu erreichen oder ganz einfach zu überleben.«

Reinhold Messner

Fels und Eis. Trotzdem ist niemand ein Held, der sich in diese Grenzbereiche vortastet. Ein Held unter Bergsteigern lebt nicht lange. Da er keine Angst kennt, käme er um, also nicht mehr zurück.

Der Mensch nur, der Mensch mit all seinen alltäglichen Ängsten und Schwächen, seiner Vernunft und seinem instinktiven Überlebenswillen hat da oben eine Chance. Nur wer sich den Respekt vor diesen großen Wänden bewahrt, einen Respekt, der unbedingt notwendig ist, um in ihnen überleben zu können, schafft es.

Manchmal ging, kletterte ich – leicht und elegant –, entschloss ich mich für Umkehr oder Weiterweg, und alles war so selbstverständlich, problemlos und ungefährlich. Es sollte scheinbar gar nichts schief gehen, alles konnte rasch gelöst oder geändert werden. Und dann, plötzlich oder vielleicht nur wenig später, war nichts mehr zu ändern. Ich fühlte, dass es keinen Ausweg gab. Und jeder Schritt, den ich tat, wurde vom Berg oder von den Naturgewalten bestimmt und war schicksalsschwer.

Aus solcher Lebensgefahr zu entkommen, wenn sie länger andauert, ist gewiss nicht einfach. Glaubt man den Erzählungen der Heldennaturen, so kämpften sie gegen den Tod, lehnten sich gegen ihn auf und überwanden ihn so. Ich glaube ihnen nicht.

Meinerseits habe ich den Tod nie bewusst zu überwinden versucht. Ich habe mich nicht gegen ihn gewehrt. Bei andauernder Lebensgefahr habe ich mich in mich zurückgezogen, instinktiv, und mich ihr so überlassen, wie man sich im Rausch oder im Schreck dem Kommenden überlässt.

Ein paar solcher Grenzsituationen leben noch in meiner Erinnerung nach, und während ich die aufregendsten hier niederschreibe, sehe ich den klaren Sternenhimmel über dem Mont Blanc, wie damals beim Biwak am Walker-Pfeiler; ich spüre das Rutschen der Schuhsohlen in den Ausstiegsrissen der Eiger-Nordwand; fühle den eisigen Wind im Gesicht wie am Gipfelgrat des Aconcagua; um Luft ringend kauere ich in den Gipfelfelsen der Matterhorn-Nordwand, während sich lockere Schneerutsche über mich ergießen; seit Tagen gehe ich das Diamir-Tal abwärts, allein, ausgezehrt, halb tot, der Bruder verschollen – nach der Rupal-Wand am Nanga Parbat.

Die Expeditionen oder Touren, die problemlos waren und von denen wir so nebenbei erzählen, vergisst man schnell. Die anderen aber, von denen zu sprechen nicht leicht und besonders aufregend ist, vergesse ich nie, sie sitzen gewissermaßen tiefer. Ihre Schatten, Ängste und Erfahrungen begleiten mich ein ganzes Leben lang – sie sind meine »Schätze« aus den großen Wänden.

Reinhold Messner mit Heini Holzer 1966 in ihrem Lager am Coldaisee in der Civettagruppe, von wo aus ihnen ein Dutzend großer Wände innerhalb zwei Wochen gelangen.

Grosse Wände – letzte Probleme

In den Jahren nach dem Ersten Weltkrieg wurden die ersten und extrem schwierigen Wände der Alpen durchstiegen. Zwar hatten Preuß, Haupt und Dibona vorher schon eine bewundernswerte Fertigkeit im Freiklettern erreicht, diese aber nicht in den höchsten Wänden unter Beweis stellen können. Dibona hatte wohl den gewaltigen Südabsturz des Croz dell'Altissimo erstbegangen, war aber an der Nordwand der Furchetta gescheitert, wie kurze Zeit nach ihm Hans Dülfer. Auch die Civetta-Nordwestwand war in der Gipfelfalllinie für die damalige Entwicklung des Alpinismus zu groß, zu schwierig, zu unübersichtlich. Die Ostwand des Monte Rosa und die des Watzmanns – in der zweiten Hälfte des 19. Jahrhunderts schon durchstiegen – übertreffen zwar die größten Dolomitenwände an Länge und Ausmaß, es fehlen in ihnen aber jene außerordentlichen klettertechnischen Schwierigkeiten, jene Steilheit, die eine Flanke zur »großen Wand« machen; die sie als »letztes Problem« erscheinen lassen. Steilheit und Schwierigkeiten waren und sind jene Zutaten, die Emil Solleder in den mittzwanziger Jahren in den großen Dolomitenwänden suchte und von denen er in seinem Aufsatz über die »letzten großen Wandprobleme in den Dolomiten« berichtet.

Die sogenannten »letzten Probleme« aber suchte man daraufhin in den Westalpen, wo neben den reinen Felsschwierigkeiten auch Eispassagen zu überwinden waren, wo Wetterstürze und Biwaks dazugehörten.

Wir wissen, dass später in allen Klettergebieten der Welt weit schwierigere Routen eröffnet wurden, und dass es immer noch zahlreiche »Probleme« dort gibt. Die größten kombinierten Wände der Erde waren klettertechnisch zwar nicht schwieriger als die der Alpen, aber gewaltiger, von Eis durchsetzt und gefährlicher. Risikoreicher also sind die Riesenflanken in den Anden, im Pamir, im Himalaja und im Karakorum, wo heute das gesucht und gefunden wird, was seit 100 Jahren und immer wieder »die letzten Probleme« sind.

Auf 6200 Meter Höhe in der Lhotse-Südwand. Jugoslawischer Versuch 1981, der bis zum Gipfelgrat führte.

Liskamm-Nordwand (links) und Matterhorn in den Walliser Alpen.

Bergsteigerische Entwicklung und Leistung können – bis in die Gegenwart – am ehesten an den großen Wänden nachgezeichnet werden. Und die sich verändernden Motive, die unterschiedlichen Aussagen der Bergsteiger der verschiedenen Epochen sind damit am besten dokumentiert.

Den heutigen Bergsteigern mag es wie ein Märchen erscheinen, dass es noch vor 100 Jahren viele große Wandfluchten in den Alpen gab, durch die nicht eine einzige Route führte; versteckte Wände, die jahrzehntelang die prüfenden Blicke der besten Alpinisten anzogen.

Wände sind unverwechselbar. Wie menschliche Gesichter. Jede Wand hat ihren Charakter, keine gleicht der anderen. Im Aufbau, in der Struktur, im Gestein, in ihrer Höhe sind sie so verschieden wie menschliche Persönlichkeiten. Ja, Wände haben Persönlichkeit.

Alle diese Wände haben auch ihre Geschichte. Nicht nur die Geschichte ihrer Eroberung, wenn ein Weg ins Ungewisse aus Rissen und Querungen, aus Überhängen und versteckten Winkeln wie ein Puzzle zusammengefügt wird zu einem Gesamtbild. Auch Erfolge und Tragödien gehören dazu. Erst mit den Durchsteigungs-Wiederholungen wurden diese Wände eingestuft und bewertet, gefürchtet und trotzdem wieder und wieder begangen. Wie oft verloren solche Wände im Laufe der Jahre ihren Ruf, wie oft wurden sie wieder entdeckt. Aber Vorsicht: Jede Höchstleistung trägt den relativen Stempel des Nonplusultra nur für ein paar Jahrzehnte. Dann kommen neue Ziele, neue Dimensionen, neue Maßstäbe.

Das Thema »Große Wände« ist nach einem halben Dutzend Perioden – von den »Wänden der Alpen« bis zu den »Wänden der Welt« – nicht abgeschlossen. So wenig wie die Begegnung Mensch – Berg »ausgeschrieben« ist. Was Pessimisten seit 100 Jahren behaupten, ist nichts als Nebelwetter, das vergeht.

Leider gibt es nicht über alle Erstbegehungen berühmter Wände Originalschilderungen, und vor allem während des letzten Jahrzehnts sind fernab der berühmten Gipfel Wege gelungen, von denen wir wenig wissen.

Nicht nur Beatrice Tomasson hat über ihre Marmolada-Südwand wenig hinterlassen, Otto Schück schrieb über die Watzmann-Ostwand nichts, Nicolas Jaeger gab keinen Laut über seinen Versuch an der Lhotse-Südwand. Lücken gibt es in der gesamten Wände-Chronik.

Zuallererst war es den modernen Bergsteigern um die hohen Berge gegangen. Wissenschaftliche Interessen hatten beim Erobern der Gipfel eine Rolle gespielt. Der Genfer Naturforscher Horace Bénédict de Saussure setzte für die Wegfindung oder die Besteigung des Mont Blanc eine hohe Belohnung aus, ehe er selbst hinaufstieg. Initiator für die Besteigung des Großglockners 13 Jahre später war der Fürstbischof von Gurk, Franz von Salm-Reifferscheid. Die Besteigung des Ortlers regte Erzherzog Johann von Österreich an.

Vor allem aber speiste der Mythos des Unbezwingbaren die Neugierde des Menschen. Er war ihr Hemmschwelle und Herausforderung zugleich. Immer wieder. Zwischen der Monte-Rosa-Ostwand und der Dhaulagiri-Südwand liegen fast 130 Jahre und 8000 Kilometer Luftlinie. Die Unterschiede im Geist ihrer »Erschließer« aber sind nicht groß.

Das Spiel um die großen Wände begann nach der Besteigung des Matterhorns. Es hatte lange als Symbol des Unmöglichen gegolten. Bis 1865, im gleichen Jahr seiner Ersteigung, Adolphus Warburton Moore mit seinen Freunden sowie Jakob und Melchior Anderegg als Führer eine Durchsteigung der Brenvaflanke des Mont Blanc wagte. Die Eroberung der großen Alpengipfel ging damit zu Ende, und 1872 erzwangen die Engländer Taylor und die Brüder Pendlebury unter Führung von Ferdinand Imseng und Gabriel Spechtenhauser einen Weg durch die höchste Bergflanke der Alpen, die lawinengefährdete Ostwand des Monte Rosa. Trotz Länge und Gefahr – im Eis zeigten die Führer immer schon ihre Ausdauer und Meisterschaft – passierte anfangs kein Unfall. Bis 1881 Marinelli, Imseng und Pedranzini von einer Eislawine in die Tiefe gerissen wurden. Fast ein Jahrhundert lang hielt die Monte-Rosa-Ostwand dann, was die Literatur von ihr versprach: Gefahr, Tod und Angst.

1881 fiel die Watzmann-Ostwand. Damit war die Leistungsgrenze im Felsklettern um gut einen Schwierigkeitsgrad nach oben gerückt, und plötzlich standen die Ostalpen im Brennpunkt des Große-Wände-Bergsteigens. Schwierigkeiten im Fels, Wandhöhe und Orientierung wurden zu den Kriterien für das Nonplusultra.

Vor 100 Jahren also schon ging es beim Bergsteigen um große Wände und um Stil. Otto Herzog hatte in der Nordwand der Lalidererwand die Schlüsselstelle bereits erklettert, als ihn und seinen Partner Karl Hannemann ein Schlechtwettereinbruch zurücktrieb. Die Erstbegehung musste er den Dolomitenführern Dibona und Rizzi sowie den Brüdern Mayer überlassen. DieseLalidererwand-Nordwand galt 1911 als die schwierigste Klettertour der Welt. Im gleichen Jahr eröffneten die Führer Knubel und Brocherel mit den Briten Jones, Young und Todhunter eine ebenso schwierige Route durch die Granitplatten der Grépon-Ostwand.

1925 dann wurden die »letzten Wandprobleme« der Dolomiten gelöst. Emil Solleder zeigte in der Furchetta-Nordwand und vor allem in der Civetta-Nordwestwand seine Leistungsfähigkeit. Man sprach von neuen Dimensionen.

»Die höchste und schönste Wand der ganzen Alpen. Eine mächtige Mauer, manchmal dermaßen funkelnd, dass ihre Reflektionen bis zum Golf von Genua zu sehen sind.«

»Guida delle Alpe Vallesane« des SAC

»2000 Meter hoch baut sich die Ostwand des Watzmanns über dem Spiegel des malerischen Königssees auf. Die höchste Felswand der Ostalpen ist diese bleiche, reich gebänderte Steinmauer, die schon verhältnismäßig früh, noch in der klassischen Zeit der Bergsteigerei, durchstiegen wurde.«

Ludwig Sinek

»Wer mit Sicherheit eine solche Wand durchklettern kann, muss sich wohl erhaben fühlen über alle menschlichen Kleinigkeiten.«

Anderl Heckmair

Bild rechts: Friedl Mutschlechner an der großen Séracwand in der Kangchendzönga-Nordwand. Erstbegehung 1982.

»Das erste der drei großen Probleme war gelöst, das zweite leistete Widerstand und brachte Niederlage und Enttäuschung. Aber der Wille, doch noch zum Siege zu kommen, war nicht gebrochen.«

ANDERL HECKMAIR

»Wir beförderten in der Troll-Wand den größten Teil der Ausrüstung etwa 80 Meter höher: 800 Meter Seil, 200 Haken, darunter mehrere amerikanische für sehr breite Risse bis zu 20 Zentimetern; 200 Bohrhaken, Schlafsäcke und normale Winterausrüstung, Verpflegung und Brennstoff für etwa 14 Tage und ein Funksprechgerät; zusammen etwa 200 Kilogramm.«

ODD ELIASSEN

In den dreißiger Jahren sorgten die »drei letzten Probleme« der Alpen für Schlagzeilen: die Nordwände des Matterhorns, der Grandes Jorasses und des Eigers. 1931 erkletterten die Brüder Toni und Franz Schmid die gefährliche, bereits mehrmals versuchte Matterhorn-Nordwand, mit der sogar Solleder geliebäugelt hatte. Mit nur 15 Fels- und Eishaken sowie mit einfachen Tricouni-Beschlägen an den Schuhen stiegen sie in zwei Tagen durch die dunkle Wand am Matterhorn. »Eine unverantwortliche, aber wundervolle Eroberung«, meinte Colonel Strutt vom englischen Alpine Club. Das Olympische Komitee vergab 1932 eine Goldmedaille dafür; das erste Mal, dass eine solche für eine bergsteigerische Spitzenleistung verliehen wurde.

Noch hartnäckiger ist um die Grandes-Jorasses-Nordwand gerungen worden. Es gab Versuche und es gab Tote in dieser 1200 Meter hohen Fels-/Eismauer. Bei seinem zweiten Versuch im Sommer 1935 gelang Rudolf Peters mit Martin Meier der Durchstieg zur Pointe Croz und damit die Meisterleistung seines Lebens. Neue zwölfzackige Steigeisen, ein Eisbeil sowie das Know-how vom Vorjahr hatten sich bewährt. Hochstimmung kam unter den »Bergvagabunden« auf. Die Losung hieß: »Noch höher, noch steiler, noch schwieriger!«

Damit wurde die 1800 Meter hohe Eiger-Nordwand in den Berner Alpen zum »allerletzten Problem«. Leider ist sie bald zur »Mordwand« gestempelt worden: Sedelmayr, Mehringer, Angerer, Rainer, Hinterstoißer, Kurz, Sandri, Menti waren in ihr umgekommen. 1938 kamen dann Anderl Heckmair und Ludwig Vörg, mit denen sich während des Aufstiegs Heinrich Harrer und Fritz Kasparek zusammentaten, wenn auch nur mit knapper Not durch. »Erlaubt ist, was gelingt!«, lautete die Antwort der »Sieger« auf die erhobenen Zeigefinger kritischer Zeitgenossen.

Aber auch Franzosen wagten sich in die großen Wände – Pierre Allain und Raymond Leininger errangen 1935 mit der Durchsteigung der Dru-Nordwand einen Aufsehen erregenden Erfolg –, und dann vor allem Italiener. Riccardo Cassin, der mit Vittorio Ratti 1935 den »Wettkampf« um die Nordwand der Westlichen Zinne gewonnen hatte, überstand 1937 einen Wettersturz in den ungeheuren Plattenschüssen der Badile-Nordostwand, und 1938 gelang ihm eine der großartigsten Erstbegehungen in den Alpen: der Walker-Pfeiler an den Grandes Jorasses! Damit wurde Cassin der erfolgreichste Bergsteiger seiner Zeit.

Nach dem Zweiten Weltkrieg wurde nicht nur die Ausrüstung ständig verbessert. Profil-Gummisohlen, mehrsprossige Trittleitern, Kunstfaserseile, Klettergürtel und Steinschlaghelme kamen in Mode. Aber auch die Reisemöglichkeiten wurden vielfältiger und die Summe der Erfahrungen größer. All das brachte mehr Spielraum und mehr Sicherheit.

Bald wurden neue, direkte Linien in den großen Wänden gesucht und begangen. So in der Civetta-Wand, an der Dru-Westwand, am El Capitan in Kalifornien, am Trollryggen in Norwegen. 1000 Meter hohe Wandfluchten standen im Brennpunkt des Interesses.

Für die Eiger-Nordwand-Direttissima schließlich brauchte man einen anderen Stil: eine auswechselbare Mannschaft und Fixseile. Im Februar/März 1966 gelang die Direttissima in 31 Tagen; 20 davon waren Klettertage. In der 1800 Meter hohen Wand wurden 210 Fortbewegungshaken geschlagen, davon acht gebohrt. Das aber war erst der Anfang. Wie viele Routen sind an Eiger- und Grandes-Jorasses-Nordwand inzwischen noch hinzu gekommen? Dutzende! Die allermeisten von ihnen aber wurden wieder im klassischen Stil eröffnet. Das Unbezwingbare gibt es nicht mehr.

Mit den »Expeditionen in der Vertikalen« à la Eiger-Direttissima kam es zwar zu keiner Wende im Alpinismus, doch taten sich plötzlich neue Möglichkeiten auf: an den großen Wänden im Himalaja. 1970 sollte damit begonnen werden.

Wenig vorher noch, im Matterhorn-Jubiläumsjahr 1965, wagte Walter Bonatti einen neuen Durchstieg an der winterlichen Matterhorn-Nordwand. Damit setzte er dem klassischen Große-Wände-Bergsteigen in den Alpen einen vorläufigen Schlusspunkt und ein Denkmal. Der Mythos des Unbezwingbaren konnte wieder aufgegriffen und an die Achttausender-Wände getragen werden. Dort wächst er gerade einem neuen Höhepunkt entgegen.

Das Auf und Ab der Steigerung

Mit der Brenvaflanke am Mont Blanc hat 1865 das begonnen, was wir heute das Große-Wände-Bergsteigen nennen. Der Weg wurde zum Ziel. Diese Wege nun wurden immer steiler, die Ziele nur in Meterzahlen niedriger. Bis die Dolomitenwände im Mittelpunkt des Interesses standen.

Etwa 16 Jahre nachdem die größte der schwierigen Dolomitenwände, die Nordwand des Monte Agnér, begangen war – im Jahre 1938 –, wurde die Nordwand des Eigers bezwungen; die spektakulärste Erstbegehung im Rennen um die »drei letzten Probleme der Alpen«.

Wiederum 16 Jahre später, 1954, arbeitete sich eine französische Expedition durch die 3000 Meter hohe Südwand des Aconcagua. Das bedeutete einen nächsten Schritt im extremen Bergsteigen. Denn die Fels- und Eisschwierigkeiten dort waren nicht geringer als die in den großen Alpenwänden, die Ausmaße dafür viel größer. Zudem führt diese Route auf fast 7000 Meter Meereshöhe, eine Höhe also, die ob des geringen Sauerstoff-Parzialdrucks ein beträchtliches Mehr an Schwierigkeiten verursacht.

Nach diesem »letzten Problem« schien kaum noch eine Steigerung möglich zu sein. Und doch, abermals 16 Jahre später, 1970, war die Rupal-Wand am Nanga Parbat bezwungen, die größte unter den Riesenflanken im Himalaja. Die Schwierigkeiten sind auch hier extrem, obwohl sie unter denen des Walker-Pfeilers liegen. Die Route durch diese 4500 Meter hohe Fels- und Eisflanke führt zum Gipfel eines der 14 Achttausender, in eine Höhe, in der sich der Mensch erst nach wochenlanger Akklimatisation nur kurz aufhalten kann.

1986 endlich führte der Pole Jerzy Kukuczka eine Seilschaft durch die Südwand des K2. Auch nach der Durchsteigung dieser Wand sprach man von »letzten Problemen«, und eine Steigerung ist immer noch möglich. Nach Lhotse- und Dhaulagiri-Wand ist sogar die direkte Makalu-Westwand ein denkbares Ziel.

Sechs Bergsteigergenerationen waren nötig, um den Schritt von der Eroberung der Nordwand des Monte Agnér bis zur Erstbegehung der Dhaulagiri-Südwand zu schaffen: 80 Jahre Versuche, Einsatz, Opfer – vor allem aber ungezählte persönliche Erfahrungen kamen dabei heraus.

Die Anfänge

Bild links: Mont Blanc mit Peutereygrat und Brenvaflanke (rechts). Aquarell von E.T. Compton.

Ohne Zweifel, die Glanzzeit in der Erschließung der Westalpen sind die Jahre von 1855 bis 1865. Die Engländer häufen Ersteigung auf Ersteigung. In den Berner und Walliser Alpen, ihren bevorzugten Gebieten, gelingen ihnen großartige Erstbesteigungen. Aber auch in der Mont-Blanc-Gruppe feiern Engländer und ihre Schweizer Führer ein glanzvolles Jahrzehnt hochtouristischer Erfolge.

Mit der Wende der sechziger zu den siebziger Jahren vollzieht sich mit der gestiegenen hochtouristischen Leistungsfähigkeit die Zuwendung zu steilerem und immer mehr felsigem Terrain. Die Mont-Blanc-Gruppe gewinnt wieder an Bedeutung und die Nacherschließer entdecken das Dauphiné. Der Schwierigkeitsalpinismus setzt ein, er beginnt mit der Neugierde auf die unbegangenen Flanken der bestiegenen Berge und mit dem Ringen um die großen Wände.

Schon für Kennedy, Moore, George, Stephen und Walker, nicht zuletzt für Whymper, war der Alpinismus mehr Eroberung und sportliche Leistung als Naturgenuss gewesen. Aber ein Wetteifern um die höchsten und schwierigsten Gipfel, das zeitraubenden, beschwerlichen und ablenkenden Beobachtungen wissenschaftlicher Natur keinen Raum mehr ließ, weckte die Neugierde, vor allem die Neugier auf noch Schwierigeres.

1865 beginnt die Suche nach neuen Wegen, die Schwierigkeit wird der Schwierigkeit wegen gesucht. Sie wird zum Fetisch.

Eine der großen Bergsteigerpersönlichkeiten dieser Jahre ist der Brite A. W. Moore, ein »allround mountaineer« erster Güte, dessen große Touren in die Zeit von 1862 bis 1865 fallen. Von der Bernina über das Berner Oberland durchstreifte er die Westalpen bis zum Dauphiné. Über viele Gipfel und ungezählte Pässe führte sein Weg: Piz Roseg, Groß-Fiescherhorn, Obergabelhorn, Mont Blanc vom Brenvagletscher. Ja, die von Moore mit G. S. Mathews, den beiden Walker und den Führern Anderegg unternommene Ersteigung des Mont Blanc über die Brenvaflanke ist nicht nur deren bedeutendste Unternehmung, sie ist ein neuer Anfang. Lange Jahre gilt sie als eine der größten Eistouren der Alpen. Dieser Weg erfordert heute noch Erfahrung, große Ausdauer und »sorgfältige Behandlung der Eistechnik«.

»In den Anfängen des Alpinismus waren es nur wohlhabende Leute, die auf die Berge stiegen, und noch vor 125 Jahren wandte der Wiener Paul Grohmann all sein Vermögen auf, um die wichtigsten Dolomitengipfel zu erobern. Aktivität, Können, finanzielle Möglichkeiten sind es auch heute noch, von denen der Erfolg eines Kletterers abhängt. Die Aktivität nun mag einerseits die Folge von Begeisterung und Vitalität sein, das Können die Folge von Eignung, Training und Erfahrung, die finanziellen Möglichkeiten sind wohl von Besitz und Beruf abhängig.«

Reinhold Messner

2000 Meter Eis und Fels

Mit gut 1300 Meter Höhe gehört die Brenvaflanke des Mont Blanc zwar zu den anspruchsvollen, jedoch nicht zu den höchsten Wänden der Alpen. Anders die Ostwand des Monte Rosa. Was für eine Wand! Sie ist die allerhöchste im Alpenbogen. Ihre Erstbegehung gelang einem Gämsjäger: Ferdinand Imseng. Er war von Saas nach Macugnaga gekommen, um in den Goldminen von Pestarena Arbeit zu finden. Auf der Jagd nach Gämsen hatte er die Ostwand beobachtet und überzeugte ein paar Engländer, diese Tour zu wagen. Zuletzt gewann er auch den Führer der Briten, Gabriel Spechtenhauser aus Vent im Ötztal, dem die Wand zu riskant erschienen war, für die große Unternehmung. Die Seilschaft stieg ein, wurde am 22. Juli 1872 von fallendem Eis getroffen, kam aber durch. Ein weiterer Anstieg gelang Luigi Brioschi auf die Nordendspitze, wieder zusammen mit Imseng. Eine dritte Route glückte Karl Blodig, der mit dem Führer Christian Ranggetiner den Silbersattel zwischen Nordend und Dufourspitze erreichte.

In den Ostalpen gibt es eine Tour, die sich mit der Durchsteigung der Monte-Rosa-Ostwand vergleichen lässt: die Schück-Rinne am Ortler. Vom Ferner bis zum Ortlerplateau, sagte man, habe es keine Stelle gegeben, auf der man sich zum Ausruhen hätte niedersetzen können. Vom »End-der-Welt-Ferner« stieg Otto Schück mit P. Dangl und P. Reinstadler 1879 links des Marltgrates – den A. v. Krafft, L. Friedmann und R. H. Schmitt 1889 ohne Führer erstmals klettern sollten – auf den Ortler. Elfdreiviertel Stunden nach dem Aufbruch in Sulden waren die drei auf der Ortlerspitze!

Bild links: Mont Blanc von Südosten mit der Brenvaflanke. Rechts der Brenvasporn. Ölbild von Julian Cooper.

»Diese Tour ist das Gewaltigste, was mir ein gütiges Geschick in den Bergen beschieden hat.«

Julius Kugy

Durch die Ostwand des Monte Rosa

Der Monte Rosa, ein Gebirgsstock, der mit leuchtenden Schneefeldern vielzackig hoch über der Po-Ebene thront, ist nicht nur einer der berühmtesten Viertausender der Alpen, dieser Berg ist mit vielen Legenden verknüpft. Von Osten, von der italienischen Seite, erscheint er in einer Großartigkeit ohnegleichen. Seine Gipfelzacken sind wie die Krone einer ungeheuren Wand, die vor allem auf Bergsteiger mächtigen Eindruck macht. Diese Riesenmauer, der in den Alpen keine Flanke gleichgestellt werden kann, ist bis heute eine Herausforderung geblieben. Es gibt in den Alpen keine zweite Wand, die in Höhe und Wildheit einen derartigen Gefahrenraum abgibt wie die Ostwand des Monte Rosa. 3000 Meter Höhenunterschied sind es zwischen dem Gipfelkamm und dem Talboden. Stunden braucht das Sonnenlicht am Morgen, bis es von den höchsten Zinnen den Talort Macugnaga erreicht.

Als 1872 »in zweitägiger Arbeit« die Dufourspitze erstmals von Macugnaga aus erstiegen war, wusste man, dass diese Eistour alles bis dahin Gekletterte übertraf. Die Kunde vom Gelingen der Monte-Rosa-Ostwand beschäftigte vor allem hochalpine Kreise. Acht Jahre verstrichen, ehe die Wand wiederholt wurde, und heute noch wird sie selten gemacht. Das hat Gründe: Die Ostwand ist nicht nur eine sehr lange und anstrengende, sondern stellenweise auch eine schwierige Tour. Dazu kommt die Gefahr, eine eminente Lawinengefahr, der gegenüber der Tüchtigste wie der Schnellste, der Erfahrene wie der Neuling hilflos ist. Vor allem der mittlere Teil der Wand ist bedrohlich, was die dritte Partie, Damiano Marinelli mit den Führern Imseng und Pedranzini, das Leben kostete. Marinellis Partie, die an einem Augustnachmittag 1881 die zentrale Wand querte, wurde von einer 50 Meter breiten Eislawine in die Tiefe gerissen. Nur der Träger Corsi, der die Rinne nicht betreten hatte, entging dem Sturz. Seit er die Kunde von der Katastrophe ins Tal brachte, heißt die berüchtigte Rinne Canale Marinelli.

Früh also gab es die ersten Lawinenopfer. Wechten, die von der Grathöhe niedergehen, Séracs, die von den Hängegletschern brechen, Steine, die die Sonne löst, Neuschneemassen, die zu gleiten beginnen, alles fällt in diese eine Bahn, die die Ostwandbegeher queren müssen. Diese Rinne ist nur in kalten Nächten, zwischen Mitternacht und Morgen, zu verantworten.

Im Jahre 1883 glückte die Ostwand Karl Schulz mit den Führern Alexander Burgener und Clemens Perren bei günstigen Schneeverhältnissen in Rekordzeit. In nur acht Stunden stiegen sie vom Jägerrücken zum höchsten Punkt

»Und wer etwa sagen wollte, dass der schwierigste Weg auch nur auf denselben Gipfel führe wie der zahmste, dem antworte ich mit Nein. Denn individuell und subjektiv haben wir gewiss eine andere Höhe gewonnen als jenen breitgewölbten Schneedom, der alljährlich die Trittspuren von Hunderten geduldig auf dem Rücken trägt.«

Otto Schück

»Die Jahre vergehen, und über die Tragödien ist Gras gewachsen. Im kleinen Friedhof des Ortes, im Schatten der alten, vor sieben Jahrhunderten von den Walsern gepflanzten Dorflinde, spiegelt sich die Geschichte der Wand wider. Viele Alpinisten sind dort nur mit Gedenktafeln vertreten, ihre sterblichen Überreste hat die Ostwand nie freigegeben.«

TERESIO VALSESIA

»Diese Tour ist von außergewöhnlicher Großartigkeit.«

EMIL ZSIGMONDY

Monte Rosa von Osten mit dem Macugnaga-Gletscher.

auf. 1884 dann, vom 12. bis zum 14. August, waren es Ludwig Purtscheller, Emil und Otto Zsigmondy, denen die erste führerlose Überschreitung des Monte Rosa gelang. Ostwand inklusive.

Die Wand übte eine ungewöhnliche Erhabenheit auf die Alpinisten aus, und die Überschreitung des Monte Rosa von Macugnaga nach Zermatt wurde zum Ideal einer großen Bergfahrt. Was diese Wand vor 100 Jahren bedeutete, macht der Erlebnisbericht von Dr. V. Wessely klar.

Am 7. August 1900 kamen Franz Hörtnagl, ein erstklassiger Bergführer aus Innsbruck, und sein Gast Wessely mit dem Plan nach Macugnaga, dieses Ideal in die Tat umzusetzen. Aber »mit blendendem Weiß verhüllte der Neuschnee die sonst blauschimmernden Séracs der Hängegletscher, wie mit Staubzucker überschüttet zeigten sich die sonst so dunklen Felsen des Gipfelkammes«, erzählt Wessely in seinem Bericht über die Tour.

Am 9. August verließen sie das Hotel Monte Rosa und stiegen zur Capanna Marinelli auf, Proviant für drei Tage im Gepäck und Holz für die Hütte. »Zur Linken des Gletschers steigen wir empor; bald lassen wir rechts unter uns das mächtige Gletschertor zurück, dem die junge Anza entströmt und in zwei Stunden erreichen wir das Belvedere, den beliebtesten Ausflugsort der Sommergäste Macugnagas. Fünf Minuten oberhalb dieses Punktes betritt man die rechte Seitenmoräne des Macugnaga-Gletschers und hat nun den gewaltigen Absturz der Ostwand unmittelbar vor sich. Hier halten wir Rast und mit Hilfe der Karte und der gesammelten Literatur stellen wir in großen Zügen unseren weiteren Weg fest«: Jägerrücken mit der Capanna Marinelli, südlich davon das Marinelli-Couloir und jenseits desselben der Imseng-Rücken. Vom oberen Ende des Firns lässt sich infolge der zunehmenden Steilheit und Zerrissenheit der Eiswand der weitere Weg nicht genau überblicken. Von dort ab heißt es, je nach den Verhältnissen mit geringen Abweichungen nach links aufwärts, den Bergschrund zu erreichen, diesen zu überwinden und nach rechts hin die Steilwände des Grenzgipfels zu gewinnen.

»In stetem Steigen dringen wir vorwärts in die eindrucksvolle Landschaft, immer höher empor in die mächtige Wand. Nun taucht zu unserer Linken ein zweiter, jedoch weit weniger aus dem Eise herausragender Rücken auf, es ist der Imseng-Rücken, und mit einem Gemisch von Neugierde und Grauen blicken wir in den finsteren Schlund hinab, der zwischen uns und ihm die Wand durchreißt, in den Canale Marinelli. In lautloser Ruhe liegt er vor uns, beinahe friedlich anzusehen, wie wenn er niemals Menschenopfer gefordert hätte. Verstummt ist heute sein Lawinendonner, die Nebel, welche die Höhen umziehen, haben ihn frühzeitig zum Schweigen gebracht. Nur einmal mahnt ein riesiger Felsblock, der polternd durch die Rinne herabfährt, an das Trügerische dieser Ruhe.«

Der Führer sieht die Capanna, die in allem den gewöhnlichen Hütten der Westalpen gleicht und die sie um 4 Uhr erreichen. Das allernötigste Geschirr ist vorhanden, Decken finden sie keine, und auch das Stroh auf der Pritsche ist zu wenig. Eine der Fensterscheiben ist eingeschlagen, und weil es ungemütlich ist, gehen die beiden wieder ins Freie, um noch vor Einbruch der Nacht den Zugang zum Canale Marinelli zu erkunden. Es gelingt ihnen, einen Durchstieg durch die Felsen zu finden, und gespannt schauen sie in die glattgefegte Eiskehle, die vor ihnen liegt.

Zurück bei der Hütte schauen sie noch einmal in die Umgebung: »Vergeblich wird man hier nach Lieblichkeit, nach malerischer Schönheit suchen, einzig trotzige Wildheit und unbeugsame Energie sind der Charakter der Landschaft.«

Für Hörtnagl und Wessely steigt mit Mondenschein und Sternenlicht die Nacht auf. Im Halbschlummer hören sie seltsame Geräusche, die hoch oben in der Wand entstehen, ein fernes Donnergrollen zuerst, das rasch an Stärke zunehmend die Hütte überspült. Ohne ein Wort zu wechseln horchen sie hinaus in die Finsternis: »Ein infernalisches Gebrüll erschüttert die Luft; in allen Fugen ächzt die kleine Hütte, in seinen Grundfesten erbebt der ganze Berg: in unermesslicher Wucht, brüllend und brausend, prasselnd und brandend rast die Lawine zu Tal.«

Ohne ein Wort lauschen sie der »furchtbaren Stimme des Hochgebirges«. Die Lawine ist genau dort niedergegangen, wo sie in kürzester Zeit hinwollen: im Canale Marinelli.

Aufbruch. Die riesenhafte Ostwand liegt im Mondschatten. Infolge des klaren Himmels aber ist es hell genug, um ohne Laterne gehen zu können. Im Marinelli-Couloir legen sie das Seil an und »beginnen jenen Gang, der der ernsteste der ganzen Tour war und wohl einer der ernstesten« in Wesselys ganzem Leben werden sollte. Sie müssen Stufen für die Füße und Griffe für die Hände aus dem Eis meißeln. Hörtnagl geht voraus.

»Fieberhaft arbeitet sein Pickel und unter seinen wuchtigen Schlägen wächst Stufe auf Stufe aus dem Eise, gewinnt er Schritt für Schritt an Boden. Ich warte unterdessen am Rande der Eisschlucht, treibe den Pickelstiel so tief ich es vermag in den harten Schnee und schlinge das Seil darum, meinen Freund damit sichernd.«

Sie klettern in »Nacht und Eis«. »Leidlich hell ist es, als wir den wildzerborstenen Gletscherbruch erreichen, der den Firnhang beherrscht, auf dem wir bisher emporgestiegen sind und durch den mitten hindurch unser Weg führt. (...) Klüfte müssen umgangen, Séracs sorgfältig vermieden oder überstiegen werden. Bald befinden wir uns im Innern eines Schlundes, umklammert von sturzbereiten Eistürmen, bald wieder balancieren wir hoch oben auf der Schneide eines Séracs, allseits von Abgründen umstarrt.«

Wieder wechselt die Szenerie.

»Wir treten hinaus in die freie Wand, die sich weit steiler als die bisher zurückgelegten Stellen vor uns auftürmt. Wie von einer riesenhaften Egge zerpflügt, ziehen ungezählte Furchen parallel herab. Jede dieser Furchen ist zwei bis drei Meter tief und mehrere Meter breit und von ihren Nachbarinnen durch einen schmalen Firnrücken getrennt. Kein Zweifel: ein Lawinenstrich!

Bald in einer der Furchen, bald auf einem der trennenden Rücken geht es aufwärts, mitten hinein in das großartigste Lawinenrevier, das ich je betreten habe. Wandauf und wandab fliegt der Blick und dann wieder hinaus ins Freie, hinüber zu den zahllosen Bergeshäuptern, die dem erwachenden Morgen entsteigen. Wenn wir ob der großen Steilheit und der anstrengenden Arbeit einige Sekunden inne halten, um die tiefatmenden Lungen etwas ausruhen zu lassen, dann blicken wir den Schneeschollen nach, die der Pickel losgelöst und die in tollem Wettlaufe über die Wand hinunterspringen. Und dieser Wand entlang fällt der Blick wohl 2000 m tief hinab bis auf den Macugnaga-Gletscher, dessen weitgähnende Spalten von hier aus wie zartes, kaum wahrnehmbares Geäder erscheinen. Wahrlich nervenerregend, aber auch nervenstärkend ist dieser Tiefblick!

Ohne uns eine Rast zu gönnen, nahmen wir sofort den Hang über uns in Angriff. Schon die ersten Schritte überzeugten uns, dass die Beschaffenheit des Schnees sich gründlich geändert hatte. Während im Lawinenterrain aller Schnee in die Tiefe gefegt worden war, war er hier auf dem weniger geneigten Gehänge liegen geblieben, und bald brachen wir bis zu den halben Waden und dann bis über die Knie in denselben ein. Wir teilten uns ehrlich die unerfreuliche Arbeit des Schneetretens, die nahezu eine Stunde bis zur Erreichung des Bergschrundes dauerte. (...) Es ist nicht eine einzige Kluft, die sich uns

Die Monte-Rosa-Ostwand. Links die Signalkuppe.

da zeigt, sondern ein ganzes System von Klüften, ein förmlicher Eisbruch, durch dessen verworfene Trümmer wir uns den Durchstieg bahnen müssen. Natürlich trat hier wieder blankes Eis auf, das uns nicht minder aufhielt als der eben bewältigte weiche Schnee. Waren es dort die Beine, die besonders angestrengt wurden, so hatten hier die pickelschwingenden Arme den Hauptanteil der Arbeitsleistung zu vollführen. Eine halbe Stunde dauerte es, bis wir uns durch dieses Spaltengewirr durchgewunden und den obersten Rand erreicht hatten. Im selben Augenblicke erblickten wir in greifbarer Nähe die Felsen des Grenzgipfels. Doch zwischen uns und ihnen erblitzte in der Morgensonne Glanz in gleißender Glätte die glasige Eiswand.«

Die Exponiertheit, in der sie sich bewegen, ist gigantisch. Der Blick streift ins Bodenlose, ins Leere. So als ob die Wandfläche abgeschnitten wäre und sie samt dem Boden, auf dem sie stehen, in der Luft schwebten. Punkt 10 Uhr legen sie Hand an die Felsenwand unterm Grat, und drei Stunden nach Beginn der Kletterarbeit betreten Wessely und Hörtnagl den Grenzgipfel.

»Einen Blick noch werfen wir hinab auf die ungeheure Wand, die uns gestern und heute beschäftigte. Wir können sie nicht mehr in ihrer ganzen Mächtigkeit übersehen, die Wolkenbank, die sich in ihren Hängen eingenistet hat, hindert uns daran. Dann geht es ohne Aufenthalt weiter. Der Zackengrat, der die schwindelnde Brücke über die tiefe Scharte bildet, welche zwischen uns und dem höchsten Gipfel gähnt, ist leichter zu begehen, als es auf den ersten Blick scheint. In 20 Minuten leiten uns seine festen, schneefreien Felsen auf die zweithöchste Spitze Europas, 4638 Meter über dem Meere. Es ist 1 Uhr 15 Min.!«

»Wenn ich die Wahrheit sagen soll, die ganze Wahrheit, nichts als die Wahrheit, so lasst mich gestehen, dass der Monte Rosa von Macugnaga aus gesehen von einer Großartigkeit ist, von der man sich keine Vorstellung macht. Bis zur Spitze sind es zweitausendsechshundert Meter Wand, die dem Alpinisten ebenso das Wasser im Munde zusammenlaufen lässt, wie dem Selbstmörder.«

LUIGI VACCARONE

DIE GROSSEN FELSMAUERN DER OSTALPEN

Mit den sechziger Jahren des 19. Jahrhunderts beginnt die planmäßige hochtouristische Erschließung der Ostalpen.

Mit den siebziger Jahren erlischt das Interesse an den Eisgebieten mehr und mehr, denn große Erstersteigungen sind dort nicht mehr zu finden. Auch die Ersterschließung der Ostalpen ist vollendet.

Die Aufmerksamkeit richtet sich nun auf die großen Wände der West- und Kalkalpen, insbesondere auf die Südlichen Kalkalpen: Die Montasch-Westwand in den Julischen Alpen, die Civetta-Wand und die Marmolada-Südwand in den Dolomiten sind große Ziele.

Am 6. Juni 1881 klettern der Wiener Otto Schück und der Ramsauer Bergführer Johann Grill, genannt »Kederbacher«, durch die fast 1800 Meter hohe Watzmann-Ostwand und eröffnen damit eine Route, die ihresgleichen in den Ostalpen sucht. Erst mit dem Beginn des neuen Jahrhunderts gelingen Erstbegehungen in ähnlichen Dimensionen.

In den Lienzer Dolomiten glückt 1905 die Wand des Hochstadels (2678 m). Dieser unscheinbare Berg – »Das Haupt der Unholde« – hat eine riesige Felsmauer, die Nordwand: schwierig, ausgesetzt, lang. In heikler Kletterei gelingt es am 9. Juli 1905 K. Doménigg, F. Glatter und F. König, den Berg vom Lavanter Graben aus zu ersteigen. Über Bänder, Rinnen, Platten und drei Schneefelder führt der Weg zu einer Riesenschlucht und weiter zum Westgrat. Die Route bis zu den fast lotrechten Wandstufen unterm Gipfel ist zwar klar vorgezeichnet, aber Angst einflößend. Trotzdem, sie kommen durch.

Der Triglav (2863 m), »Terglou« oder »Monte Tricorno«, für Julius Kugy »der König der Julischen Alpen«, den Slowenen schon erobert hatten, als Mont Blanc, Großglockner und Ortler noch unbestiegen waren, ist von Norden abweisend. Diese fast 1500 Meter hohe Triglav-Nordwand – drei Kilometer breit – gehört, wie auch die Hochwanner-Nordwand (Wetterstein), die Schermberg-Nordwand (Totes Gebirge) und die Birnhorn-Südwand (Leoganger Steinberge), zu den höchsten Felswänden der Ostalpen. Erst im Juli 1906 wird vom Vratatal aus eine Besteigung der Mauer versucht. Die Erfolgreichen sind Felix König, Hans Reinl und Karl Doménigg, der in seinem gesamten Bergsteigerleben nicht weniger als 5000 Gipfel schaffte.

Im gleichen Jahr schon, im August 1906, finden Gustav Jahn und Franz Zimmer einen kürzeren und leichteren Durchstieg. Später, 1910, eröffnet Henrik Tuma aus Laibach mit Joze Komac den »Slowenischen Weg«. Die ideale Linienführung weist wohl der Bayerländerweg von 1926 auf. Heute bietet die Nordwand dem Kletterer mehr als 30 Routen und Varianten in beinahe allen Schwierigkeitsbereichen. Die meisten Probleme lösten slowenische Kletterer, für die der Triglav eine Art Heiligtum ist. Große Namen wie Potočnic, Tominšek, Čop, Jug, Gostiša, Debelakova, Jesih und Fajdiga sind mit ihm verbunden.

Im Jahre 1910 gelingt auch die erste Begehung der Südwestwand des Croz dell'Altissimo (2339 m) in der Brenta. Diese Kuppe südlich der Lasteri mit einer gegen das Val delle Seghe 1000 Meter tief abfallenden Wand wird erst damit interessant. Denn die Route – eine der längsten und schwierigsten Kletterfahrten der Brenta –, die an dieser Südwestwand erstmals von Guido und Max Mayer mit dem Führerduo Dibona/Rizzi am 16. August 1910 eröffnet wird, bleibt bis heute eine gefürchtete Bergtour. Und mit der direkten Linie durch die Nordwand der Kleinen Civetta, 1910 von der Seilschaft Haupt/Lömpel erstbegangen, ist das Nonplusultra des Große-Wände-Bergsteigens vor dem Ersten Weltkrieg erreicht.

Zeichnung der Hochstadel-Nordwand von E. Platz.

Bild links: Der Triglav in den Julischen Alpen mit seiner berühmten Nordwand.

»Die drei höchsten Wände der Ostalpen haben mir Werte geschenkt, die wie kostbare Kleinode im Schreine meiner Bergerinnerungen unvergänglich funkeln. Verschieden ist ihre Stimmungsfarbe, wie die der Edelsteine, und der tiefere Sinn des Erlebten kommt in den kurzen Schilderungen nur undeutlich zum Ausdruck.«

LUDWIG SINEK

»Einstieg in 1200 Meter Höhe, 2678 Meter hoch ist der Gipfel des Hochstadels: 1500 Meter Wandkletterei!«

LUDWIG SINEK

»Hoch über dem Schutt hängt der Fels in furchtbaren Platten herein, dazwischen blinkt, seltsam zerfressen, die Risse füllender Schnee, und weiter, wo das Auge längst klaren Himmel wähnt, schließt sich Mauer an Mauer – ein wildes Chaos ineinandergeschobener Pfeiler und Grate, hornglattes Getäfel neben rötlich verwittertem Gestein.«

Hans Reinl

»Mich haben von jeher jene Berge, jene Wände, jene Grate am mächtigsten angezogen, die für mich etwas Geheimnisvolles, eine stillverborgene Welt des Unbekannten bargen, und die Größe der bergsteigerischen Aufgabe galt mir in der Regel mehr als ihre bloße Schwierigkeit.«

Ludwig Sinek

Als Felix Schiske und Ludwig Sinek mit dem Vorhaben, die Nordwand des Triglav zu durchklettern, an einem Augustnachmittag in die slowenische Aljaž-Hütte kamen, sagte die Wirtin, dass am frühen Morgen der junge Wiener Bergsteiger Wagner mit der gleichen Absicht aufgebrochen war und am Abend zurückkommen müsse. »›Dass Sie sich nicht fürchten, in die große Wand zu gehen. Es ist eine Sünde! Der heute früh gegangen ist, war auch so jung und blond wie Sie‹, sagte die Hüttenwirtin, die uns mit mütterlicher Besorgnis betreute, in ihrem gebrochenen Deutsch zu uns«, schreibt Sinek in seinem Triglav-Bericht. »Schon warf der Abend seine Schatten über die Wand, die wir lange, lange studiert und in ehrfürchtiger Bewunderung betrachtet hatten. Wagner kam nicht zurück.«

Lassen wir Ludwig Sinek selber erzählen, was er in der Triglav-Nordwand erlebte.

»Vielleicht ist er zu spät ausgestiegen, oder er hat sein Vorhaben geändert und wollte auf anderem Wege den Triglavgipfel erreichen; gewiss bleibt er die Nacht droben im Deschmannhause, dachten wir. Seltsam aber, warum musste ich immer daran denken, dass er jung und blond sei?

Wir beide, Felix und ich, waren, wie das vor schwierigeren Unternehmungen wohl manche Bergsteiger sein dürften, in jener aus Begeisterung und einer gewissen Erregung gemischten Stimmung, als wir das Matratzenlager der Hütte aufsuchten; morgen wollten wir ja schon um 3 Uhr früh aufbrechen.

Wir sind die einzigen Gäste in der Hütte. Silbern flutet das Vollmondlicht durchs Fenster in den Schlafraum, wirft ein dunkles großes Kreuz als Schatten auf den hellerleuchteten Boden.

Draußen ragt im Mantel der Nacht unsere Riesenwand. Nur an sie denken wir beide, immer wieder weilen unsere Gedanken droben auf den jähen Pfeilern, gleiten über schmale Bänder höher, immer höher hinan, bis dorthin, wo im bleichen Lichte uns der Triglavgletscher leuchtet. Ob es uns gelingen wird? Die Frage nehme ich mit hinüber in den seltsamsten Traum meines Lebens: Die letzten Sonnenstrahlen lassen des Triglavs Gipfel in den Abend leuchten, während die Wand sich schon in Dämmer hüllt. Wir haben uns den Anstieg zurechtgelegt. Da tritt vor uns mit freundlichem Gruße der junge Bergsteiger, der eben heimkehrt von seiner Felsfahrt, legt vertraut seinen Arm um meine Schulter, zeigt mir den Weg durch die Wand und ganz besonders deutlich den Einstieg. ›Nicht in der Mitte der Wand dürfen Sie einsteigen, dort kommt man unmöglich in die große Schlucht darüber. Weiter links die Rinne, sehen Sie, – durch diese führt der Anstieg zuerst und dann langsam nach rechts bis zum höchsten Teil der Wand.‹ Grüßt mit eigenartig freundlich-wehmütigem Lächeln und verlässt uns wieder, den Weg langsam zurückgehend, den er aus dem innersten Winkel des Tales gekommen.

So träumte ich in jener Nacht vor unserer Bergfahrt durch die Triglav-Nordwand. Felix aber fuhr jäh vom Schlafe auf und weckte mich: Ob ich nicht hörte? Draußen müsse Wagner eben zurückgekommen sein! Wir horchen beide angestrengt. Täuschung war es. Nur der wandernde Mond warf jetzt sein Licht und den Schatten des Fensterkreuzes nicht mehr auf den Boden der Stube. Bleich und silbern floss sein Schein voll über uns beide unruhigen Schläfer, die nur an die große Wand und an das Morgen dachten. Das Rätselhafte, Geheimnisvolle meines Traumes war mir damals noch nicht bewusst, es hat mich erst später bis ins Innerste ergriffen. Kein Selbstbetrug kann es sein, keine Rückverlegung eines später Erlebten in der Erinnerung.

Als Felix und ich noch bei Mondenschein in der dritten Morgenstunde langsam zum Einstieg in die Wand durch das geheimnisvoll stille Vratatal anstiegen, erzählte ich meinen Traum und schilderte ihm ganz genau, wie der Unbekannte aussah. Heute noch, nach so vielen Jahren entsinne ich mich jeder kleinsten Einzelheit, an Gesichtsausdruck und Kleidung, ja selbst an das rote Zeichen des Österreichischen Alpen-Klubs an einer ganz bestimmten Stelle des Rockes, dessen eigenartig graues Muster mir sogar auffiel. Es konnte, was ich später erlebte, keine Täuschung sein.

›Wie in einem Friedhofe kommt es mir heute in diesem Tale vor‹, sage ich plötzlich; erstaunt blickt mich mein Gefährte an bei diesen Worten. Schweigsamer steigen wir weiter an. Kaltes Morgengrau hat den Silberzauber verschlungen. Wir sind am Fuße der Wand. Felix behauptet, es sei schon der Einstieg. ›Nein, der liegt weiter links.‹ Wir geraten in lauten Streit darüber; doch ich gebe nicht nach. Die Anstiegskizze hat es mir gestern Nachmittag deutlich genug gezeigt, – und auch mein Traum noch bestätigt. Reich an Eindrücken und wert der harten

Mühen des Tages war unser Erleben in der gewaltigen Wand, doch wir fanden im herrlichen Emporklimmen keine Hindernisse. Gustav Jahns vortreffliche Anstiegskizze leitete uns auf bestem Wege durch die riesige Felsmauer, und ich war nicht wenig stolz, meinen Freund, der mir damals völlig vertraute, ohne den geringsten Irrweg durch die oft recht unübersichtliche Wand zu führen. Brauchten wir auch trotzdem acht Stunden zu unserer Durchkletterung, hüllte auch Nebel im höchsten Teil der Felsfluchten uns ein, und drohte ein Ungewitter uns knapp unter dem Kugyband noch in den steilen Felsen zu überfallen – wir hatten Glück.

Ehe der Abend dämmerte, waren wir wieder im Tal und hatten doch noch als ›dritte Partie‹, was uns jungen eitlen Toren damals so unendlich wichtig erschien, die Geheimnisse dieser herrlichen Wand geschaut. Denn von unserem Vorgänger hatten wir nicht die geringste Spur gefunden.«

Eine Woche später fand man den Verunglückten, Wagner, auf einem schmalen Bändchen oberhalb des Wandfußes. Es war keine Täuschung, in jeder kleinsten Einzelheit stimmte das Bild aus Sineks Traum mit der Wirklichkeit überein.

»Andere werden immer noch durch die höchsten Wände steigen, solange die Sehnsucht und die Kraft der Jugend in den Bergen um die blaue Blume der Romantik wirbt.«

LUDWIG SINEK

Triglav von Norden.

Dolomiten-Wände

Die Entwicklung des Große-Wände-Bergsteigens nahm seltsame Wendungen. Nachdem die höchsten Flanken an den höchsten Bergen der Alpen durchstiegen waren, wandte sich die junge Elite der Bergsteiger den höchsten Kalkwänden der Ostalpen zu, und nach dem Ersten Weltkrieg galt es den zwar kürzeren, aber noch schwierigeren »letzten Problemen« in den Dolomiten: Nach Marmolada-Südwand, Agnér-Nordwand und Pelmo-Nordwand formulierte Emil Solleder, der beste Felskletterer seiner Zeit, sein Ziel »Die letzten großen Wandprobleme in den Dolomiten«: Furchetta-Nordwand, Civetta-Nordwand und Ostwand des Sass Maor. Die erste gelang ihm mit Fritz Wiessner im Sommer 1925, die zweite zwei Wochen danach mit Gustav Lettenbauer, die dritte ein Jahr später mit Franz Kummer.

Die Herausforderungen waren in ihren Dimensionen also geschrumpft, in ihren Schwierigkeiten aber immer anspruchsvoller geworden. Und erst als sogar die kurzen, lotrechten Zinnen-Wände gelangen, wandte man sich den »letzten Wandproblemen« der Alpen zu. Aufbauend auf diese Erfahrungen ging es nach dem Zweiten Weltkrieg um die großen Wände in den Anden, und im letzten Drittel des Jahrhunderts um die »Wände der Welt«. Ausmaße, Schwierigkeiten und Gefahren sind es heute, die in ihrer Summe gesehen als maximale Problemstellung angenommen werden.

Ich persönlich hatte das Glück, drei der bisherigen Perioden des Große-Wände-Bergsteigens mitgestalten zu können, gelangen mir doch die Agnér-Nordostwand sowie die Burél-Südwand in den Dolomiten – beide 1400 Meter hoch –, Eiger-Nordwand und -Nordpfeiler, Aconcagua-Südwand und Rupal-Wand am Nanga Parbat.

Nach einer Art Nachlese daheim in den Dolomiten ging ich in die Westalpen und dann in die Anden. Zuletzt zu den Achttausendern, wo mir mit der Annapurna-Nordwestwand noch 1985 eine ebenso schwierige wie gefährliche Wand glückte.

Um meine Erfahrungen in dieses Buch einzubringen, stelle ich neben dem jeweiligen Erlebnisbericht aus der Zeit auch einige meiner eigenen Große-Wände-Erlebnisse vor.

Bild links: Agnér-Gruppe in der Pala (Dolomiten). Der Monte Agnér (Mitte) fällt mit einer 1600 Meter hohen Wand ins Lucano-Tal ab.

Bild oben: Die Nordwand der Furchetta ist Reinhold Messners »Haus-Wand«. Er durchstieg sie auch im Winter und allein.

Die Civetta-Wand

In seinem Aufsatz »Die letzten großen Wandprobleme in den Dolomiten« stellt Emil Solleder die Civetta-Nordwestwand in den Mittelpunkt. War dieser Berg doch sein Magnet! Auf der staubigen Landstraße wanderte er im August 1925 schwer bepackt nach Alleghe und weiter zur Coldai-Hütte. In Caprile hatte er dem scheidenden Wiessner die Hand gedrückt. Dieser hielt wegen seiner Verletzung, die er sich in der Furchetta-Wand zugezogen hatte, auf Tage hinaus jede Tour für unmöglich. Solleder aber kam spät abends zu der am Ostausläufer des Civettastocks stehenden Hütte. Im Lichte einer düster brennenden Petroleumlampe sah er als einzige Gäste zwei Bergsteiger, die er am Gruß als Münchner erkannte. »Das sind sicher Nordwandstürmer«, war sein erster Gedanke.

Bild links: Die Nordwestwand der Civetta, die »Wand der Wände« in den Dolomiten.

»Da mir vorerst daran gelegen war, den Zweck meiner Anwesenheit für mich zu behalten, schien es mir am besten, wenn ich mich wie ein bescheidener Jochfink benahm. Ich wurde aber verlegen, als sie mich fragten, ob ich von einer Neutour an der Furchetta etwas gehört hätte? Eine Ehrlichkeit ist jedoch der anderen wert: Als sie mir im Laufe des Gesprächs verrieten, dass sie die Civettawand versuchen wollten, erzählte ich ihnen, dass mir zusammen mit Wiessner die Furchetta gelungen sei. Und gar bald schmiedeten wir gemeinsame Pläne. Der nächste Morgen sah uns bereits miteinander der Vielumworbenen zuwandern.

Senkrecht und plattig strebt die Wand in die Höhe, besonders der untere Teil sieht hoffnungslos aus. Wir querten von rechts her einen Felssockel, der zwischen zwei von Steinfall reich bedachten Schneekaren vorspringt. Ein Eisfeld hackten wir hinauf, dann kamen wir zu einem flachen Sattel hinter dem abgesprengten gelben Turm, der den Sockel krönt. Die linke Begrenzung des Sattels bildet ein zweiter, schwarzer Turm, der an der Hauptwand lehnt, von dieser nur durch ein erdiges Schartel getrennt. Hier holten wir die Kletterschuhe aus unseren Rücksäcken. Da, was wir immer schon bangend erwartet hatten, plötzlich ein unheimliches Heulen dicht über uns – Steinfall! Nun brachten wir unsere Bergschuhe in einer kleinen Höhle in Sicherheit. Wieder heulte es von oben – die Rucksäcke fliegen schützend auf den Kopf, das Herz klopft bis zum Halse – krachend bersten die Steine beim Aufschlagen auf dem Fels.

Rasch querten wir nun rechts vom schwarzen Turm aufwärts. Ein starker Wasserriesel durchnässte uns, dabei ward der Fels immer schwerer. Die kleinen Angriffspunkte vom herabstäubenden Wasser glasig vereist, mahnten zu größter Vorsicht, hatten wir doch das Seil, das wir vor Nässe schützen wollten, noch wohlverwahrt im Rucksack. Nass und zitternd standen wir in dem erdigen Schartel und betrachteten uns die von unten erspähte Möglichkeit eines Einstieges. Diese sah nicht sehr ermutigend aus: Ein roter, brüchiger Riss zieht von dem Schartel, unter einem überhängenden Wulste leicht ansteigend, nach links zu einem festen, überhängenden Risse. Da dieser zweite Riss scheinbar weit hinaufführt, wollten wir es hier unter allen Umständen versuchen. Lettenbauer, der zünftige Klettergenosse, ließ sich den Vortritt nicht nehmen; von Gaberl und mir gesichert, ging er den Quergang an. Es war ein schweres Stück Arbeit. Mit langsamen, bedächtigen Bewegungen schob er sich vorsichtig an der ausgesetzten Wand nach links. Endlich – fast dünkte es mich eine Ewigkeit – war er drüben; der Zweite konnte nachkommen. Der Stand war klein und schlecht, mit Mühe und Not konnten wir zu dritt dort stehen. Volle fünf Stunden waren bereits vergangen und wir befanden uns, streng genommen, immer noch am Einstiege der Riesenwand. Diese Erkenntnis konnte uns jedoch nicht veranlassen, den nun einmal unternommenen Versuch aufzugeben. Ich übernahm nun die Führung und erkletterte den hier ansetzenden Riss. Ein starker Überhang gleich am Beginn erforderte wegen seiner Brüchigkeit äußerste Vorsicht. Oberhalb erweiterte sich der Riss etwas und führte, immer noch äußerst schwer, nach 50 m in eine kleine Gufel. Hier erleichterten wir die Essvorräte unserer Rucksäcke und beobachteten nachdenklich den Steinfall, der über die Wand ging; heulend und pfeifend sausten die Steine draußen vorbei. Noch bestand keine Gefahr für uns. Aber wie mochte das weiter oben werden, wenn wir die geneigte Plattenzone betreten würden, die sicher vom Steinfall der noch 900 m hoch darüber aufragenden Wand bestrichen wird? Vorläufig brauchte diese Frage noch nicht beantwortet werden; wer weiß, ob es uns überhaupt gelingen wird, bis dorthin durchzukommen? Jedenfalls schien es oberhalb der Gufel weiterzugehen. Gerade über der Höhle

»Da drängt südwärts durch Nebelbreschen ein stolzer Berg. Ist's Wirklichkeit? – Noch nie hatte ich in den Alpen eine Wand geschaut wie diese! Bald steht die nach Nordwesten gewandte Riesenmauer im vollsten Leuchten der Abendsonne. Königlich steht sie da in ihrer Riesenbreite, mit frischem Schnee bedeckt bis herab zum Fuß. Wahrlich wert der Zeit und Kraft, die schon die Besten im Werben um diese jungfräuliche Schönheit eingesetzt haben.«

Emil Solleder

»1925 konnten sich die Leistungen der italienischen Kletterer mit denen der deutschsprachigen nicht messen. 1931 und 1932 haben die Italiener das Leistungsniveau der Deutschen und Österreicher übertroffen.«

DOMENICO RUDATIS

»Mit wenig Geld, großen Rucksäcken und in dem Gefühl völliger Freiheit radelten Brehm und ich im Frühjahr 1930 über den Brenner in das Wunderland unserer Träume – in die Dolomiten. Nur ein Ziel kannten wir: die Civetta-Nordwestwand. (...) Vorbei am herrlichen Rosengarten, übers Pordoijoch und hinunter nach Alleghe ging die Fahrt. Erst als wir vor der Riesenmauer der Civetta standen, machten wir halt.«

ANDERL HECKMAIR

zieht ein Kamin empor, aus dem Wasser herabrinnt. Nach einer Seillänge gelangten wir an den Kamingrund, und Lettenbauer griff sogleich den nassen Schluf an. Doch hier gab es kein Durchkommen, denn der Kamin schloss sich mit einem 8 m tiefen, beckenartigen Überhang. Noch gaben wir uns nicht geschlagen; während Lettenbauer zurückkehrte, versuchte ich die linke, senkrechte Begrenzungswand. An kleinen Haltepunkten kletterte ich zu einer Kante empor und querte um diese nach links in die völlig lotrechte und ungemein ausgesetzte Wand. Die Schwierigkeit der Stelle erheischte unbedingt eine Sicherung. Ich schlug daher nach 25 m einen Haken und spähte nach rechts, ob ich mich bereits in Deckenhöhe des Kamins befände. Doch ich musste noch höher hinauf. Es gelang mir, nochmals 5 m in ungewöhnlich schwerem Fels emporzuklettern, dann war aber endgültig Schluss. Ich stand auf winzigen Tritten vor einer völlig ungangbaren Stelle. Da gab es nur einen einzigen Ausweg: Nach rechts zum Kamin! Und rechts draußen, weit rechts vom Lot der Füße, zwang ich einen Haken in den Fels, der mir zur Sicherung und zum Seilzug für den Quergang dienen sollte. Ich hing den letzten Karabiner ein, meine Mütze pfropfte ich in ein kleines Felsloch, denn bei der Anstrengung der letzten Minuten war mir furchtbar heiß geworden. Dann trat ich den Quergang an. O Pech! – das Seil zog sich nicht mehr infolge der Reibung an der Wand und wegen des Zickzacklaufes durch die beiden Karabiner. Erst mit größter Kraftanstrengung gelang es mir, die notwendige Länge zentimeterweise einzuholen. Ich atmete tief auf, als ich im engen Kamin fest verklemmt war und den 35 m weiter unten harrenden Gefährten das erlösende Nachkommen zurufen konnte. Da das Seil von meinem Standplatz aus nicht einzuziehen ist, rate ich Gaberl, unter Zuhilfenahme des Seiles bis zum ersten Haken zu klettern. Mein Standort ließ einen Überblick der Stelle nicht zu, doch längst müsste Gaberl am Haken sein. Ich rief hinab, wie es gehe, da krachten statt der Antworten Steine und ich fühlte plötzlich einen kräftigen Ruck am Seil: Gaberl war, die vorgeschlagene Seilhilfe verachtend, gestürzt und hing nun in der exponierten Wand frei am Seil. Dem Umstande, dass wir zu dritt waren, war der glimpfliche Verlauf des heiklen Zwischenfalles zu verdanken, denn rasch wurde Gaberl von Lettenbauer in den Kamingrund geborgen. Ein Glück für uns, dass er mit einer leichten Fußverletzung davongekommen war. Während er sich von seinem Sturze erholte, kletterte Lettenbauer zu mir herauf, und nach längeren Bemühungen gelang es uns, auch Gaberl, der durch die Verletzung doch sehr in seiner Bewegungsfreiheit gehemmt war, zum Standplatz heraufzubringen.

Wie im Fluge waren die letzten Stunden dahingeschwunden, und der Tag ging zur Neige. Es galt daher, einen einigermaßen geräumigen Platz für das Biwak zu finden. Schon die nächste Seillänge brachte uns zu einem solchen Plätzchen, das für drei Leute zwar klein war, aber immerhin Gelegenheit zum Sitzen bot. Ich überkletterte noch einige schwere Stellen oberhalb und sah mich plötzlich am Beginne der lang ersehnten, leichter gangbaren Zone. Mit neuem Hoffnungsschimmer für das Gelingen unseres Anstieges seile ich mich zu den Gefährten zurück. Die Laterne wird an einem Mauerhaken befestigt und beim flackernden Kerzenschein und einer ›kalten Platte‹ erörterten wir die Aussichten unseres Unternehmens. Ungefähr 300 m hoch waren wir heute gekommen, demnach ragt die Wand, die immer noch eine Reihe fragwürdiger Stellen aufweist, über uns etwa 1100 m hoch in die dunkle Nacht empor. Allmählich ward es kälter. Wir banden uns an einen Haken, steckten die Füße in ein kleines Zelt und zogen es über die Köpfe. Eng und hart war unser Lager auf die Dauer, dafür aber leidlich warm.

Als es endlich um 1/2 5 Uhr morgens dämmerte, zogen dichte, graue Wolken von der verhüllten Marmolata herüber. Bald darauf trommelten die Regentropfen eintönig auf die Batistdecke unseres Zeltes. Da gab es nur ein Zurück! Um 6 Uhr traten wir den Rückzug an. Frei und luftig ist die Fahrt bis zum Kamingrunde; ein schweres Stück Arbeit wiederum die rote, brüchige Querung zum Schartel.

Mittags grüßte uns die Sonne drunten im Kar. Nur vereinzelte Nebel strichen noch die Wand entlang, während wir in die Felsen oberhalb der Biwakstelle hinaufstarrten, zu den großen, noch ungelösten Fragezeichen. Wir bummelten zur Hütte und entschlossen uns, noch am gleichen Tage ins Tal abzusteigen, da wir dort dem äußeren wie auch dem inneren Menschen die wohlverdiente Ruhe viel besser geben konnten als in der unfreundlichen, schlecht versorgten Hütte, in der überdies das Schlafen infolge der vielen kleinen, hüpfenden Quälgeister vollkommen ausgeschlossen war. Hatte doch in der ersten Nacht selbst der vielbewährte Mosettigbatist, der sonst auch in solchen Fällen gute Dienste tut, versagt.

Zwei Tage später, am 7. August frühmorgens um 1 Uhr, krochen Lettenbauer und ich aus einem duftenden Heustadel in der Nähe Marisons und stiegen ›coldaiwärts‹. Gaberl blieb zurück, da ihm sein invalides Bein noch sehr zu schaffen machte. Allmählich verblassten die Sterne, ein wunderbar herrlicher Tag brach an. Bald standen wir wieder in dem nun vertrauten Schartel und durchkletterten, von dem herabstäubenden Wasser durchnässt, die Risse und Kamine der sonnenlosen Wand. Dann kamen wir zum letzten Haken, an dem ich mich vor drei Tagen zu der Biwakstelle abgeseilt habe, und betraten neues, uns noch unbekanntes Gelände. Wie ich damals schon feststellen konnte, hatten wir nunmehr den etwa 250 m hohen, geneigteren Plattengürtel erreicht. Bot diese Zone auch technisch keine großen Schwierigkeiten, so stellte sie doch infolge des andauernden Steinfalles, der über sie herabpfeift, den gefährlichsten Teil des ganzen Anstieges dar. So schnell es die Sicherheit zuließ, kletterten wir über die vom Steinfall vollkommen glattgeschliffenen Felsen empor. Wir atmeten auf, als wir die objektiv ganz außergewöhnlich gefährliche Zone hinter uns hatten.

Doch wie nun weiter kommen? Über uns setzt eine 150 m hohe, steile, gelbe Wand an. Wohl hatte es vom Kar aus den Anschein, als wenn ein Riss oder ein Kamin diese Steilstufe durchziehen würde. Doch da, wo wir einen gangbaren Weg vermuteten, ist ein Durchkommen gänzlich unmöglich. Hier kann nur ein Versuch in seitlicher Richtung einen Ausweg bringen. Ein langer Quergang nach links fand bei einem prächtigen Wasserfall sein Ende, ohne irgendwelche Möglichkeiten für ein Durchkommen gezeigt zu haben. Also zurück und nach rechts! Lettenbauer schlug einen mehrfach gegabelten Riss vor, der aber zu ausgiebig vom Steinfall bedacht war, so dass wir auch diese Möglichkeit wieder aufgaben. Wir querten noch weiter nach rechts und erblickten nunmehr eine riesige Verschneidung, die im innersten Winkel von einem schwer sichtbaren, grauen Riss durchzogen wird. Zum Höherkommen dünkte uns der Riss gut genug, doch – o Tücke des Objekts! – er setzt erst oberhalb gelber, brüchiger Überhänge an. Ich versuchte es trotzdem. Es ging schlecht. Immer weiter wurde ich nach rechts abgedrängt, bis ich endlich mit Seilzug links absteigend in den Riss hineinqueren konnte, wobei ich noch um eine furchtbar brüchige Kante queren musste. Sicher und schnell kam Lettenbauer nach und zog die als Seilzug dienende Rebschnur wieder ein. Wenn dieser Riss den ganzen gelben Gürtel durchzieht, so wird er uns, meiner Rechnung nach, bis in die Höhe des Schluchteinganges bringen, der wohl den letzten Schlüssel der Wand bildet. Dreimal lief das ganze 38-m-Seil ab, mit Hakensicherung kam Lettenbauer jeweils nach. Je weiter ich nach oben klomm, desto öfter wurde ich aus dem Riss in die linke Wand hinausgedrängt. Langsam näherte ich mich einer Absperrung, die nichts Gutes vermuten ließ. Die Stelle ergab sich jedoch leichter, als wir erwartet hatten.
An festen Griffen stemmte ich mich darüber hinweg, und mein Freudenruf ließ den unten harrenden Gefährten aufhorchen: ›Ein Pfundskamin! – und weit geht er hinauf!‹ Rasch brachte uns dieser Kamin in die Höhe einer abgeplatteten, dreieckigen Kanzel. Unsere Zuversicht stieg ganz beträchtlich. Wenn es uns nun doch gelänge, den Grund der Hauptschlucht zu erreichen, so hätten wir sicher gewonnenes Spiel. Wohl sperrten die Schlucht im oberen Teil gewaltige Überhänge, doch dort bot die Wand zur Linken verschiedene Möglichkeiten, emporzukommen.

Wir gönnten uns eine kurze Rast und erleichterten unseren zwar nicht großen, aber immerhin gewichtigen Rucksack, den mein Gefährte immer so tapfer getragen hatte. Eigentlich wollten wir hier in der Führung wechseln, doch da Lettenbauer nichts dagegen hatte, ging ich weiterhin voraus. Wolkenloser, tiefblauer Himmel

Emil Solleder, Bergführer und Dolomiten-Erschließer, war wohl der beste Felskletterer seiner Zeit.

In den südöstlichen Dolomiten stehen größere Wände als die Civetta-Wand. Die großen Wandabbrüche an der Croda Marcora (Bild), am Antelao, am Burél sind knapp 1500 Meter hoch.

»Nein, nicht die Gefahr suche ich, mir geht es beim Bergsteigen um andere Werte. Wenn ich da oben hänge, meine Kräfte spüre, Möglichkeiten, und mich doch für den Verzicht entscheide – auch das macht glücklich.«

Reinhold Messner

»Im Jahre 1929, an einem Vortragsabend, sprach Walter Stösser aus Pforzheim von seinen Fahrtenerlebnissen in den Dolomiten und erwähnte dabei, dass ihm bei der vierten Begehung der Civetta-Nordwestwand an der Einstiegsleiste ein großes Stück abgebrochen sei. ›Die Begehungen der Civetta-Wand dürfen wohl gezählt sein‹, äußerte er.«

Anderl Heckmair

verscheuchte jegliche Wettersorge. Seit Wochen war das Wetter unbeständig gewesen, aber diese Bläue und der scharfe Ostwind verhießen, selbst für den Fall eines Biwaks, nur Gutes.

Wir befanden uns nunmehr kaum eine Seillänge unterhalb der Schlucht und suchten nach einer Möglichkeit, in sie hineinzukommen. Ein gelbes, etwa 8 m hohes Wandl, von dessen unterem Ende ein Riss herabzieht, schien am ehesten gangbar zu sein. Das Wandl sah zwar aus wie Sandstein, doch alles übrige kündete ein entschiedenes ›Unmöglich‹. Der Riss führte wider Erwarten in festes Gestein und – welche Überraschung – kleine, günstig geschichtete Haltepunkte ließen mich bis auf einige Meter an den Schluchtgrund herankommen. Links in Reichweite war ein kleines Loch im Überhang; dort versuchte ich einen Mauerhaken anzubringen. Zwei Fiechtlhaken waren zu schwach und bogen sich, da musste es ein starker Ringstift schaffen. Etwas nach abwärts geneigt, doch bis zum Ring im Fels, war er der einzige Angriffspunkt dieser Stelle. Es war das erste Mal, dass sich die Wand der reinen Klettertechnik verschloss, noch dazu an einer der ausgesetztesten Stellen. Die Schuhe scharrten am trittlosen Fels, weit links draußen war ein guter Griff; noch einen Meter höher, und ich hatte es geschafft. Ich weiß, dass die Wand unser ist – ein froher Siegesruf schallt hinab zu meinem Gefährten und sagt ihm mehr als alle weitschweifigen Erklärungen unserer Lage. Bald standen wir vereint in der langersehnten Hauptschlucht. Die Nachtmittagssonne warf ihre Lichter in die Wand und traf auch uns mit ihren wärmenden Strahlen. Gut kletterbare Kaminabsätze brachten uns rasch höher, bis wir vor einem senkrechten Abbruch standen, der noch dazu stark von Wasser überronnen war. Während uns bisher der Steinfall in der Schlucht vollkommen verschont hatte, trafen uns hier plötzlich zu gleicher Zeit Steine, zu gesteigerter Vorsicht mahnend. Die Erkletterung des Abbruches schien eine sehr feuchte Angelegenheit zu werden. Doch gab es leider keinen Ausweg. Ohne Rücksicht auf den wärmebedürftigen Körper ging es mitten hinein in das eisige Brausebad. Zu allem Überfluss musste ich an dem abschließenden Überhang noch einen Haken schlagen. Mit nassen Kleidern und tropfenden Kletterschuhen, von Frostschauern geschüttelt, landete ich endlich oberhalb der unerquicklichen Stelle. Doch damit nicht genug – in allernächster Nähe sah ich bereits ein zweites, ähnliches Bad auf uns warten. Das war denn doch zuviel: Wir umgingen diese Stelle in den äußerst schweren Felsen zur Linken. Sie führten uns in etwas geneigteres Gelände und in die volle Nachmittagssonne. Die wonnige Wärme durchrieselte den Körper und veranlasste uns, auf einem Geröllband längere Rast zu machen. Wir trockneten unsere Kleider so gut es ging und bauten auf dem Bande einen kleinen Steinmann. Die im Nordosten aufstrebende, steile Südwand der Marmolata, die uns während des ganzen Anstiegs als Maßstab für die noch zu überwindende Wandhöhe gedient hatte, mahnte uns jedoch, die Rast nicht zu lange auszukosten; eine etwa 300 m hohe Mauer trennte uns noch von unserem Ziele.

Wir verfolgten das Band weiter nach links zu einem Kamin mit ungewöhnlich schwerem Einstieg und entfernten uns damit von der Schlucht endgültig. Unser bisher flottes Tempo wurde allmählich langsamer, der wiederum schwer werdende Fels und die endlose Wand lähmten die psychische und physische Kraft. Schon hatte ich einige Meter der schweren Stelle hinter mir, da kehrte ich nochmals um und vertauschte meine vollkommen zerfetzten Kletterschuhe mit den Reserveschuhen des Freundes, die mir allerdings um ein gutes Stück zu groß waren. Der Kamin brachte uns auf einen terrassenartig abgesetzten Felssporn, der links der großen Schlucht an den letzten, steilen Wandabsatz führt. Verschiedene Durchstiege scheinen hier möglich zu sein, wenn sie auch alle nicht sehr vielversprechend aussehen. Die Orientierung würde uns keine großen Schwierigkeiten mehr bereiten; wir wollten einer kleinen Scharte zustreben, die etwa 200 m über uns von der soeben scheidenden Sonne beleuchtet wurde. Ein überhängender Riss brachte uns in eine schwarzgelbe, wasserdurchronnene Gufel, aus der ich an winzigen Griffen zu einem kleinen Riss emporkletterte. Ein letzter Haken fuhr unterhalb eines Überhanges singend in den Fels, da entfiel mir der Hammer, den ich bei dem vom Felssporn ab gesteigerten Tempo nicht mehr genügend gesichert hatte. Er verhängte sich glücklicherweise einige Meter tiefer in den Felsen, so dass ich den Durchgänger wieder einholen konnte. Im Dämmerlicht kletterten wir höher, so rasch es die wechselnden Schwierigkeiten erlaubten. Ich empfand deutlich, wie sich nach dem zermürbenden Gang im Fels und bei dem Wettrennen mit der hereinbrechenden Nacht die entgegengesetzten Schwierigkeitsbegriffe allmählich zu einer mittleren Linie verschmelzen. Während der Körper jedwede Anstrengung schon als schwierig empfand, waren die Nerven nunmehr selbst gegen ungewöhnlich schwere Stellen vollkommen abgestumpft.

Die Dunkelheit nahm mehr und mehr zu, unser Weiterweg schob sich zu einer schwarzen, ungegliederten Masse zusammen. Während wir mühsam unseren Weg zur befreienden Grathöhe suchten, hatte der mächtige Schattenriss der Marmolata seine überragende Höhe eingebüßt. Der Grat konnte daher nicht mehr fern sein. Eine Dohle strich plötzlich dicht über uns und ein kühler Wind erzählte vom nahen Gipfel. Wir erkletterten eine letzte brüchige und überhängende Stelle und standen dann in dunkler Sternennacht auf einer Schneewehe des Nordostgrates. Die Civetta-Nordwestwand war unser!

Das Seil fiel zu Boden, zum letzten Mal, dann fanden sich die Hände zum festen, wortlosen Druck. Beim gespenstisch flackernden Licht der Laterne wanderten wir langsam über lose Platten dem höchsten Punkt zu, kaum 40 m von der Ausstiegsstelle entfernt. Später bezogen wir kurz unter dem Gipfel in greifbarer Nähe eines Schneefeldes das Biwak und schlüpften in unser kleines Zelt. Noch war der Mond nicht aufgegangen, matt leuchteten die Sterne, und unten im Tale ballten sich graue Nebelschleier. Kurze Zeit nach Mitternacht starrte ich aus der dünnen Batisthülle; der Nebel stieg aus dem Tale und umfing auch uns mit seinem dunklen Grau. Da durchdrang die dichten Schleier ein blutroter Schein – der Mond. Die hehre Stimmung des nächtlichen Bergzaubers hielt mich vollständig gefangen. Um 2 Uhr morgens stand die gelbe Scheibe siegreich über den Nebelschwaden, so dass wir bei ihrem milden Licht den Abstieg über die uns unbekannte Südostflanke antraten. Der helle Tag war um uns, als wir unten im Kare standen und unser Seil in Ordnung brachten.«

Die Möglichkeiten rechts der Civetta-Wand (im Bild Cima De Gasperi und Cima Su Alto) wurden erst ein Jahrzehnt später entdeckt.

»Drei Tage später, während Gaberl noch geschwächt von einer Verletzung (...) zurückbleiben musste, erreichten die beiden anderen den Gipfel, womit ihnen nicht nur ein großer Sieg, sondern die schönste Kletterei in den Ostalpen gelungen war.«

Giusto Gervasutti

Wand der Wände

Auch mich hat die Civetta–Wand, von Domenico Rudatis zur »Wand der Wände« stilisiert, von meiner Kindheit an fasziniert. Mit zwanzig durchstieg ich ein halbes Dutzend Routen in der Nordwestwand, und 1967 gelang mir mit Sepp Mayerl, Heini Holzer und Renato Reali jene Linie links der »Solleder«, die sicherer und kaum schwieriger als diese ist. Dabei wurde klar, dass Leo Rittler und Willi Leiner 1928 zwar eine direkte Variante zur Solleder-Lettenbauer-Route geklettert haben können, nicht aber jene mittlere Wandpartie, die Willi Leiner später in Erinnerung geblieben sein mag.

Unsere Erinnerung täuscht uns alle. Ich halte mich deshalb bei meiner Arbeit lieber an Berichte aus der Zeit als an spätere Korrekturen. Auch weil diese oft nur unserem Wunschdenken entsprechen – oder den »Wahrheiten«, die wir uns selbst immer und immer wieder einreden.

Mehr als die Civetta-Wand aber fesselte mich von Anfang an die Wand des Monte Agnér. Jene Säule, die – versteckt in einem Ausläufer der Palagruppe – heute noch eine Art Aschenputtel-Dasein führt. Dabei ist sie und keine andere die große, die höchste Dolomitenwand.

Nachdem die »Solleder« an der Civetta 1963 von I. Piussi, G. Redaelli und T. Hiebeler im Winter durchstiegen worden ist, wagte ich mich – zunächst zögerlich, es war ein sehr kalter Winter – erst an die Nordkante des Monte Agnér und später an die tief verschneite Nordwand. Zuletzt gelang mir zusammen mit meinem Bruder Günther und Heini Holzer die Erstbegehung der Nordostwand: wieder einmal eines der »letzten Wandprobleme der Dolomiten«.

Der Mittelteil der Nordostwand des Monte Agnér vom Lucano-Tal aus gesehen.

Monte-Agnér-Nordwand

Fast zwanzig Jahre habe ich gebraucht, um »die großen Wände« zu durchsteigen, zwanzig Jahre, in denen ich zahlreiche andere Bergtouren unternahm und immer wieder neue Erfahrungen gewann. Ich habe auch nicht mit den großen Wänden begonnen, sondern mit den kleinen, mit Wanderwegen und leichten Klettertouren in den heimatlichen Dolomiten. Und meine größten Erfolge führe ich nicht zuletzt darauf zurück, dass ich viele Jahre lang – von meinem fünften bis zu meinem zwanzigsten Lebensjahr – in leichtem und mittelschwierigem Gelände unterwegs war. Dabei habe ich jenen Instinkt fürs Gebirge entwickelt, der mir später immer wieder half, Grenzsituationen zu überwinden, vielleicht überhaupt zu überleben.

Da ich in den Dolomiten aufgewachsen bin, habe ich das Klettern im Fels gelernt, habe, nachdem ich viele große Dolomitenwände durchstiegen hatte, alle schwierigen Eiswände in meiner Südtiroler Heimat gemacht und war so in beiden »Disziplinen« – Fels und Eis – routiniert, bevor ich erstmals in die Westalpen fuhr.

Einige Winterbegehungen hatten mir überdies noch Gelegenheit gegeben, in kombiniertem Gelände zu klettern, bei den denkbar schlechtesten Verhältnissen Erfahrungen zu sammeln. Das vermittelte mir bereits eine Ahnung davon, wie viel Können, Erfahrung, Wille und Selbstdisziplin dazugehören, um eine Achttausenderflanke zu bezwingen.

Als Auftakt zu den »großen Wänden« durchstieg ich die Agnér-Nordwand, die mit ihren 1500 Metern der höchste Wandabbruch in den Dolomiten ist. Diese Wand ist 1921 von Francesco Jori, Arturo Andreoletti und Alberto Zanutti erstbegangen worden, und sie zählt bis heute zu den großartigsten Touren der Ostalpen. Sie soll hier als Beispiel für die vielen Bergtouren stehen, die als eine Art Vorbereitung für »die großen Wände« betrachtet werden können. Jori war ein glänzender Freikletterer, und er verstand es wie Angelo Dibona sein Kletterkönnen in die großen Wände zu tragen. Wie Paul Preuß ein Anhänger des stilreinen Kletterns, waren ihm Haken nur ein Notbehelf: »Wo ich Haken brauche, um durchzukommen, habe ich zu verzichten«, sagte er immer wieder.

Hätte mir damals, nach der ersten Winterbegehung der Agnér-Nordwand, jemand gesagt, dieser Agnér sei ein Klettergarten, so wäre ich nicht nur enttäuscht, ich wäre wütend gewesen. Heute weiß ich, dass derartige Wände, verglichen mit den größten Flanken der Erde, Klettergartencharakter haben, dass sie ob der geringen Meereshöhe niemals mit einer Jorasses-Wand oder gar der Annapurna-Wand oder Lhotse-Wand verglichen werden können.

Es hängt alles von der Relation ab, in die man diese Wände stellt. Einem Kaiser-Kletterer erscheint die Nordwand der Großen Zinne riesig. Kasparek hat sie als Training für die Eiger-Nordwand im Winter durchstiegen.

Derartige Trainingsmöglichkeiten gibt es nun überall in den Alpen, in Japan, in Kalifornien, in Südafrika, in Norwegen und in der Tatra, überall, wo sich Bergsteiger vorbereiten, die die »großen Wände« durchsteigen möchten. Wenn diese »großen Klettergärten« lokal auch eine wichtige Rolle für die jeweils dort beheimateten Kletterer spielen, weltweit gesehen bleiben sie von untergeordneter Bedeutung.

Kürzlich hörte ich von einem Siebzehnjährigen, der zum Monte Agnér trampte, um die Nordkante allein zu begehen. Einige Tage später traf ich einen Achtzehnjährigen, der den Walker-Pfeiler, die Blaitière-Westwand, Triolet- und Courtes-Nordwand, die Cassin-Kante am Torre Trieste, zudem die Großhorn-Nordwand und einiges andere in einem einzigen Sommer bezwungen hatte. Die Nordwand der Großen Zinne hatte er schon mit fünfzehn durchstiegen.

Diese jungen Bergsteiger haben nicht etwa den Respekt vor den »großen Wänden« verloren, sie haben – das beweist der Stil, den sie bei ihren Touren an den Tag legen – auch nichts riskiert; es haben sich nur die Dimensionen verschoben. Und wenn sie nun morgen, aufbauend auf den Erfahrungen der früheren Bergsteigergenerationen, gemäß ihren Fähigkeiten größere Ziele suchen, können sie diese weltweit in den »großen Wänden« nunmehr wieder finden.

Francesco Jori in der Kletterausrüstung der zwanziger Jahre.

»Sein größtes Unternehmen war zweifellos die Erstbegehung der 1500 Meter hohen Agnér-Nordwand mit Arturo Andreoletti und Alberto Zanutti; heute noch einer der bedeutendsten Dolomitenanstiege.«

Toni Hiebeler

»Trotz seines ungewöhnlichen Könnens, seiner Sicherheit und Überlegenheit im Fels ist Francesco Jori immer einer der bescheidensten Bergsteiger geblieben, die ich in meinem Leben kennen gelernt habe. Er hatte einige großartige Erfolge aufzuweisen, die man wohl als Monumente eines Klettererlebens bezeichnen kann.«

GUNTHER LANGES

Reinhold Messner bei der ersten Winterbegehung der Jori-Route an der Agnér-Nordwand.

Der Bauer in Col di Prà schüttelte nur den Kopf, als er unser Vorhaben ahnte. Er saß auf der Türschwelle und schlug die Zeit tot. Sein Heu hatte er eingebracht und die Kuh musste erst am Abend wieder gemolken werden. Da hockte er nun und sah hinauf zum Monte Agnér, der ihm die Sonne nahm.

Drei Tage später kamen wir zurück und der Mann saß noch immer in der Tür. Oder er saß wieder dort.

Unverändert stand unser Zelt auf einem kleinen Wiesenfleck bei Col di Prà, unmittelbar unter der gewaltigen Agnér-Wand. Günther und Heini wollten noch hier bleiben. Erich, einer meiner sieben weiteren Brüder und ich wollten weiterfahren – heimwärts.

Auf der Straße warfen wir einen Blick zurück zu den Freunden und in die Nordostwand. Da hielt ein Auto neben uns.

»Sind die Bergsteiger aus der Nordwand schon zurück?«, fragte einer aus dem Wagenfenster.
»Ja, eben«.
»Wie lange haben die drei gebraucht?«
»Das zweite Mal biwakierten sie im Abstieg, in der Biwakschachtel unterm Gipfel.«
»Wo sind sie eingestiegen?«
»Dort, wo es Aste vor ein paar Jahren versucht hat.«
»Wieso wisst ihr, dass Aste es versucht hat?«
»In Taibon hat man es uns gesagt.«
»Wie weit ist Aste gekommen?«
»Nicht weit; 400 Meter etwa.«
»Wie ist die Tour?«
»Lang, frei, nicht ungefährlich. Sie hat Ähnlichkeit mit der ›Via Ideale‹ an der Marmolada d'Ombretta … auch Platten, Wasserfälle. Nein, so schwierig ist sie nicht! Aber immerhin eine große Tour.«
»Kennst du die ›Via Ideale‹ an der Marmolada d'Ombretta?«
»Zweite Begehung«, sagte ich stolz.
»Wie ist sie?«
»Zweifellos ist sie eine der großartigsten Touren in den Dolomiten, wenn nicht in den Alpen überhaupt. Da hat Aste einen Weg hingelegt! Alle Achtung!« »Aste sono io – Aste bin ich«, sagte der Mann mit den Bartstoppeln, die eine Woche alt hätten sein können.
Kräftiger Händedruck! Im Nu war eine freundschaftliche Atmosphäre da. Er wäre morgen in die Nordostwand eingestiegen, wenn … In der Civetta hätten wir ihm die neue Nordwandführe auch weggeschnappt.
»Ci dispiace – es tut uns leid«, sagte ich und dachte: Da war es aber höchste Zeit gewesen.

Ob wir wüssten, dass er in Taibon war, als wir im Winter die Nordkante angingen? Auch er wollte damals die erste Winterbegehung machen.

»Und jetzt habt ihr die Nordostwand durchstiegen?«
»Ja.«
»Complimenti.«
»Danke.«
»Wer zuerst da ist, mahlt zuerst«, meinte er etwas wehmütig. »Ihr habt ein gutes Auge und mehr Glück als wir. Wie seid ihr auf dieses Problem gekommen?«
»Im Winter beim Einstieg in die Nordkante habe ich diese Möglichkeit links der Jori-Führe gesehen. Der Schnee, der in allen Vertiefungen lag, gab ein klares Bild von den Schwierigkeiten.
In der Kante dann habe ich die Wand vergessen.
In diesem Sommer habe ich sie studiert.«
»Und wie war's?«
»Vor drei Tagen bin ich hergekommen. Mit Heini Holzer aus Meran und meinen Brüdern Günther und Erich.
Da drüben steht noch unser Zelt.

Am 17. August sind wir aufgebrochen, mit übergroßen Rucksäcken. Erich, unser Betreuer, schleppte den schwersten bis zum Einstieg. Rasch ging es die ersten 400 Meter hinauf. Höchstens vierter Schwierigkeitsgrad. Dort, knapp rechts vom schwarzen Wasserstreifen, fanden wir dann Biwakzeug, Kocher, Proviant. Während des ganzen Aufstiegs rätselten wir, wer wohl vor uns da gewesen war. Erst beim Abstieg brachte Erich die Neuigkeit: ›Aste soll schon vor euch da gewesen sein.‹« Der alte Mann lachte etwas verbittert. »Ja, Aste hat sie auch versucht – eure Wand«, sagte er, und ich verstand, dass es seine Wand war.

Der bärtige Aste schmunzelte nicht. Er war uns aber auch nicht böse. »Wie war es oben?«, wollte er wissen.

»Wir sind gerade weitergestiegen, zuerst über den Pfeiler, der sich oberhalb deines Biwakplatzes aufbaut, etwa 400 Meter noch schöne Kletterei, nur die Rucksäcke machten uns das Leben schwer.

Durch einen Kamin erreichten wir am späten Nachmittag eine kleine Kanzel unter den steilen, graugelben Plattenschüssen der Nordostwand. Dort richteten wir einen netten Biwakplatz her. Wir hatten Zeit.«

Von Westen aber schob sich eine finstere Wolkenbank heran. Vorsorglich spannten wir den Biwaksack über unsere Schlafstelle. Lieber kalt als nass auf den Morgen warten, dachten wir in einer Art Galgenhumor. Vor einem Gewitter hatten wir Angst. Wir dachten an den Bericht von Buscaini, der mit Silvia Metzeltin fünf Tage in der Jori-Führe rechts von uns festgehalten worden war. Ununterbrochener Regen hatte jedes Weitersteigen unmöglich gemacht. Rückzug durch Wasserfälle und unter Steinlawinen war ausgeschlossen. Kälte, Hunger, Nässe… Ein Wunder, dass die beiden damals überlebt haben.

»Attenti all' acqua – Vorsicht bei Regen«, hatte uns der Wirt von der »Locanda al Sasso« in Taibon gewarnt.

Wird schon nicht regnen, hatten wir gedacht. Aber dann regnete es doch. Und wie es regnete. Nein, es regnete nicht, es schüttete, es hagelte.

Immer wieder zuckten Blitze, krachte der Donner.
Ein wildes Gewitter war losgebrochen und hörte nicht wieder auf.

Als die ersten Steinbrocken auf unseren Biwaksack flogen, bauten wir das Dach ab. Fluchtartig verließen wir unser mit Mühe geschaffenes Plätzchen. In der Dunkelheit tasteten wir uns den Kamin abwärts. Unter einem Klemmblock blieben wir stehen, zusammengekauert, zitternd, ängstlich. Die halbe Nacht lang. Wir hatten Angst. Und wie wir Angst hatten!

Hinter allem, was wir Abenteuer, Erlebnis, Freude am Steigen nennen, hinter diesem allen steht die Angst.

Ich schreibe sie groß, die Angst, die Not, die Hoffnung. Unser Platz war so klein und voll von Zweifeln. Wir wollten keine Angst haben, nicht vor den Wasserfällen, nicht vor den Platten über uns, nicht vor einem Sturz. Wir hatten mutig sein wollen, unten im Tal, vor dem Aufbruch.

Trotzdem hatten wir Angst. Vorläufig nur vor dem Regen, vor dem Blitz, vor den Steinen. Die Überhänge kamen erst später wieder, später, während es ganz hinten noch donnerte, hinten – irgendwo an der Civetta, am Pelmo oder sonst wo.

Gegen Mitternacht war das Gewitter vorbei. Als wir uns im Grunde des Kamins zu unserem kleinen Nest zurücktasteten, waren noch immer keine Sterne zu sehen.

Die Gipfelwand des Monte Agnér: links, am schwarzen Wasserstreifen, die Messner-Route, rechts im Kamin-System der Jori-Weg.

Lange dauerte diese Nacht. Es war nichts geschehen, hier nicht, dort nicht, und doch waren wir verunsichert. Das Wetter hatte sich nicht gebessert. Wir warteten ab. Um 9 Uhr vormittags stiegen wir weiter. Aufwärts, weil uns der Rückzug zu lang und zu gefährlich erschien. Die Platten waren leichter als wir am Vortag gedacht hatten. Mit nur sechs Zwischenhaken stieg ich über den 200 Meter hohen Plattenpanzer, einmal rechts, dann links vom Wasserstreifen, immer dem freiesten Weg folgend.

Heini führte durch den überhängenden Riss in die Ausstiegsschlucht. Oben sprang ein kleiner Bach aus der Schlucht und überrieselte uns beim Klettern. Wir fühlten uns wie unter der Dusche. Die Gipfelschlucht war nicht besonders schwierig, einige nasse Stellen, brüchige Kamine.

Auf der anderen Seite, in der Biwakschachtel unterm Gipfel, richteten wir uns beim Abstieg für die Nacht ein. Während wir in der Morgensonne unsere Kleider trockneten, kam Erich. Er war überrascht, uns in der Biwakschachtel anzutreffen. Er hatte unten im Zelt nicht mehr an einen guten Ausgang dieses Abenteuers glauben können.

Wir wollten weiter.

»Vielleicht finde ich ein anderes Wandproblem für diesen Urlaub«, sagte der große Aste. Wir wünschten es ihm.
»Arrivederci – auf Wiedersehen, Aste.«
Auf Wiedersehen, Agnér.

Der Bauer saß immer noch vor der Hütte und sah uns entgeistert nach.

»Verglichen mit seinem berühmten Schwager Tita Piaz war Checco Jori entschieden ausgeglichener und von einer unsagbaren Bescheidenheit, der nichts von schillernder Selbstdarstellung hielt, was ihn noch sympathischer machte. Der Kletterer Checco Jori – so urteilten seine Seilgefährten einstimmig – war Tita Piaz mindestens ebenbürtig, wenn nicht sogar überlegen.«

Bepi Pellegrinon

Die letzten Probleme der Alpen

Die Lösung der »drei letzten Probleme der Alpen« steht in Zusammenhang mit der Bergsteigerjugend in München. Deren Vorbilder – Hans Dülfer, Otto Herzog, Emil Solleder – wollte man in den Dreißigern übertreffen. Nein, es wurde dabei nicht viel über den Sinn des Bergsteigens nachgedacht. Hauptsache war die Tat. Was blieb sonst zum Erproben der jungen Kräfte? Zum überall aufkeimenden Faschismus kamen damals die Arbeitslosigkeit und die Unabhängigkeit der Kletterer von allen Bindungen.

Vom Problem Matterhorn-Nordwand sprachen Hermann Kobel und Emil Solleder bereits im Jahr 1925 – es kam nicht einmal zu einem Versuch. Solleder, einem Meister im Fels, fehlte es allerdings an Erfahrung im Eis. Wie damals nahezu allen Anwärtern auf diese »letzten großen Wandprobleme in den Alpen«! Um in der Matterhorn-Nordwand durchzukommen, genügte es nicht, ein guter Felskletterer zu sein. Da spielten Kondition, Härte, Eistechnik und nicht zuletzt das Orientierungsvermögen eine wichtige Rolle.

1931 plötzlich – es gibt noch kein Internet – geht die Nachricht um die Welt: »Die Matterhorn-Nordwand ist bezwungen!«

Aber nicht Leo Rittler und Hans Brehm waren, wie viele erwarteten, die Bezwinger, sondern die Brüder Schmid. Sie hatten ihr Vorhaben vollkommen geheim gehalten.

Es waren Dutzende gewesen, die von diesem Problem gewusst hatten und die es gerne gelöst hätten. Zweien ist die Durchsteigung am Ende gelungen: Franz und Toni Schmid. Sie waren mit dem Fahrrad von München gekommen, und mit dem Fahrrad fuhren sie nach geglückter Durchsteigung auch wieder nach Hause.

Die beiden hatten, nachdem das steile Einstiegseisfeld hinter ihnen lag, die schräge Verschneidung in der Wandmitte angepackt und an deren Ende biwakiert. Die vereisten Felsen in der Nordwand waren ungut geschichtet, teilweise brüchig, und zudem kamen am zweiten Tag Nebel und Schneetreiben auf. Erst am späten Nachmittag erreichten die zwei Brüder den höchsten Punkt. Sie wurden, da sie weder in der Gipfelwand noch beim Abstieg zur Solvay-Hütte, wo sie der Sturm festhielt, von unten gesehen werden konnten, für vermisst gehalten.

Mit der Erstbegehung der Direkten Nordwandführe im Winter und zudem im Alleingang hat Walter Bonatti 1965 zwar einen neuen Grenzwert im klassischen Alpenbergsteigen markiert, seine Führe aber – obwohl bereits mehrmals wiederholt – ist zweitrangig. Die klassische, weil logischere, bleibt die Schmid-Route.

Nächstes Ziel: die Grandes-Jorasses-Nordwand. In den dreißiger Jahren war eine Fahrt in die Westalpen ebenso schwierig und umständlich, wie es heute eine Expedition ist. Als Gustl Kröner und Anderl Heckmair im Juni 1931 nach Chamonix radelten, um einen Versuch an den Nordabstürzen der Grandes Jorasses zu wagen, hatten sie ihre Ausrüstung als Frachtgut aufgegeben. Fast zwei Wochen lang mussten sie am Fuß des Mont Blanc warten, bis es ankam; eine Zeitspanne, die ausreichen könnte, um eine moderne, leichte Achttausender-Expedition zu starten.

Von einigen vergeblichen Versuchen französischer Bergsteiger unter der Führung von Armand Charlet abgesehen, wurde an der Jorasses-Wand 1932 und 1933 nichts unternommen. Gustl Kröner aber war nach wie vor »heiß« auf sie, und er tat sich dafür mit Walter Stösser zusammen. Sie wandten sich zuerst noch der Matterhorn-Nordwand zu, um die zweite Begehung zu machen. Bei diesem Versuch verunglückte Kröner durch Steinschlag tödlich.

1934 verband sich Anderl Heckmair mit Martin Meier, einem der besten Münchner Kletterer, und Ludwig Steinauer von der Sektion Bayerland für die Jorasses-Wand, die zeitgleich auch Rudolf Peters und Rudolf Haringer angingen. Das Wetter jedoch war unbeständig, die Stimmung zwischen den beiden Partien feindselig. Die Leschaux-Hütte wurde damals gerade umgebaut, und die fünf mussten daher ein Höhlen- beziehungsweise Zeltlager aufschlagen. Eines Nachts, bei einem fürchterlichen Gewitter, zog die Heckmair-Seilschaft aus ihrer Höhle in die halb fertige Hütte.

»Schwarze Felsrippen, vereist und plattig, erforderten größte Vorsicht. Unser Ziel war die große, durch den mittleren Wandteil führende Einkerbung, die unheimlich steil leicht rechts abwärts führt und hoch oben unter der 500 Meter hohen, plattigen Gipfelwand endet.«

Franz Schmid

»Grandes Jorasses! Diese Wand bestimmte wie ein Dämon mein ganzes Denken und Leben. Von vielen kleineren Problemen wusste ich, aber sie interessierten mich nicht, ich konzentrierte mich ganz auf die große Aufgabe.«

Anderl Heckmair

Bild links: Die Eiger-Nordwand aus der Froschperspektive.

»Erschreckt fahre ich empor. Was ist los? Ein feuchtes Seil streift mir übers Gesicht. Erstaunt bemerke ich, dass es schon Tag ist. Eine Gestalt sehe ich am Grat über uns, weiter unten kommt der Begleiter nachgehastet. Das Seil lassen die beiden ganz getrost über mein Gesicht schleifen. Neben mir schimpft auch schon Rudi: ›Verdammt, der Charlet ist da!‹ Richtig, jetzt erkenne ich ihn erst.«

RUDOLF PETERS

Armand Charlet in der Nordwand der Grandes Jorasses.

Peters und Haringer aber blieben trotz der Aufforderung Heckmairs, ebenfalls in die Hütte umzuziehen, im Zelt. Als der Benzinkocher von Peters explodierte und das Zelt in Flammen stand, hatten alle Mitleid mit dem Rudl. Das neuerliche Angebot, in die Hütte zu kommen, nahm aber nur Haringer an. Peters blieb in den Resten seiner Ausrüstung liegen. Trotz des ununterbrochenen Regens. So viel Dickköpfigkeit und Eigensinn verlangten zwar einem Heckmair Respekt ab, brachten aber nicht den Erfolg. Heckmair zog weiter.

Auch Meier und Steinauer brachen ihren Versuch, bei dem sie in der Wand biwakiert hatten, ab. Nun stiegen Peters und Haringer ein. Armand Charlet, der schon viele Versuche an den Jorasses-Wänden unternommen hatte, folgte.

Als die Partie Charlet aufgab, stiegen Peters und Haringer unbeirrt weiter. Am dritten Wandtag aber – die beiden befanden sich nur noch etwa 200 Meter unterhalb des Gipfelgrates – verschlechterte sich urplötzlich das Wetter. Bald stürmte, hagelte und schneite es, der Rückzug war zwingend geworden. Während des Abseilens wurden die Kletterer vom Einbruch der Dunkelheit überrascht. Notbiwak! Die dritte Nacht in der Wand. Haringer band sich, trotz der Warnung Peters', vom Seil los, um einen halbwegs annehmbaren Biwakplatz zu suchen. Dabei rutschte er plötzlich aus und verschwand in der Tiefe. Peters, starr vor Schreck, hörte dumpfe, immer schwächer werdende Aufschläge. Dann Stille.

Rudolf Peters, nass, ausgehungert, verzweifelt, wartete und döste die ganze kalte Nacht lang. Am Morgen versuchte er, sich selbst zu retten! Ein Teil der Ausrüstung war mit Haringer im Abgrund verschwunden. Sogar Peters' Schneebrille war verloren gegangen. Trotzdem kam Rudl Peters langsam tiefer: teils absteigend, teils abseilend. Schneeblind, an der Grenze seiner Leistungsfähigkeit, tappte er dem Wandfuß zu. Am Nachmittag trieb er wenige Meter oberhalb des Bergschrunds, fast blind, seinen letzten Eishaken zum Abseilen ein. »Unvorstellbar – auch mir selbst – ist der Aufwand an letzten, nochmals wütend aufgejagten und wirklich letzten Kräften, mit denen mich mein Wille und mein Stern damals versehen haben.« (Peters). Er erreichte das Zelt in der Gletscherspalte, in dem sie vor dem Einsteigen in die Nordwand übernachtet hatten, und fiel in den Schlaf des Erschöpften. Währenddessen fanden Bergsteiger, die zu Hilfe geeilt waren, den Körper Haringers. Auch Peters erklärten sie zunächst für tot, ehe er abgestiegen war. Haringer wurde in Chamonix beerdigt, und Peters nahm auf dem leergewordenen Soziussitz seines Motorrads Martin Meier mit nach München.

Ein Jahr später gelang Peters das Unglaubliche, schier Unmögliche: die Grandes-Jorasses-Nordwand. Peters und Meier bezwangen den Croz-Pfeiler! Aber schon ein zweites Rennen – bei dem es um den Walker-Pfeiler, das »allerletzte Problem der Alpen« ging – hatte begonnen.

Mit der ihm eigenen Entschlossenheit war Riccardo Cassin, nachdem er für die Eiger-Nordwand zu spät gekommen war, zu den Grandes Jorasses geeilt, wo ihm 1938 gemeinsam mit Ugo Tizzoni und Gino Esposito in drei Tagen die Erstbegehung einer der »schönsten Routen der Alpen« gelang. Cassin, zweifellos der weltbeste Bergsteiger seiner Zeit, hatte damit eine Führe neben jene von Peters und Meier gelegt, die diese an Steilheit, Länge und Schwierigkeit noch übertraf.

Heute, nachdem der Walker-Pfeiler einige tausend Begehungen aufweist, öfters im Winter (erstmals von Walter Bonatti und Cosimo Zappelli, 1963) und allein (erstmals von Alessandro Gogna, 1968) durchstiegen worden ist, gewinnt der Croz-Pfeiler wieder an Bedeutung. Die anderen Routen, die später, zum Teil im Expeditionsstil und im Winter, durch die Nordwand der Grandes Jorasses gelegt wurden, bleiben daneben zweitrangig.

»Glatt und absolut unersteigbar«, hatte der Engländer Moore die Eiger-Nordwand charakterisiert, nachdem er 1864 anlässlich der dritten Besteigung des Berges über den Nordwestgrat die Wand hatte einsehen können. Der Eiger, 1858 von Charles Barrington mit den Führern Christian Almer und Peter Bohren erstmals bestiegen, sollte zuerst über alle Grate und Kanten erklettert werden, bevor man im kleinen Kreis der Spitzenalpinisten an die Nordwand dachte. Willo Welzenbach erwog als einer der Ersten ernsthaft eine Durchsteigung. In den Jahren der Versuche konnte er aber nicht mehr dabei sein, da er 1934 am Nanga Parbat umgekommen war. Welzenbach vereinigte – obwohl kein exzellenter Felskletterer – alle Eigenschaften und Fähigkeiten in sich, um in einer Wand wie der Eiger-Wand durchzukommen: Beherrschung der neuzeitlichen Fels- und Eistechnik, Ruhe, Kraft, Ausdauer, Erfahrung in großen Wänden und die Fähigkeit zur Partnerschaft. »In unserem Münchner Alpenclub ›Hochempor‹ hatten wir einen Schmiedemeister, der für die ganze Münchner Klettergilde die

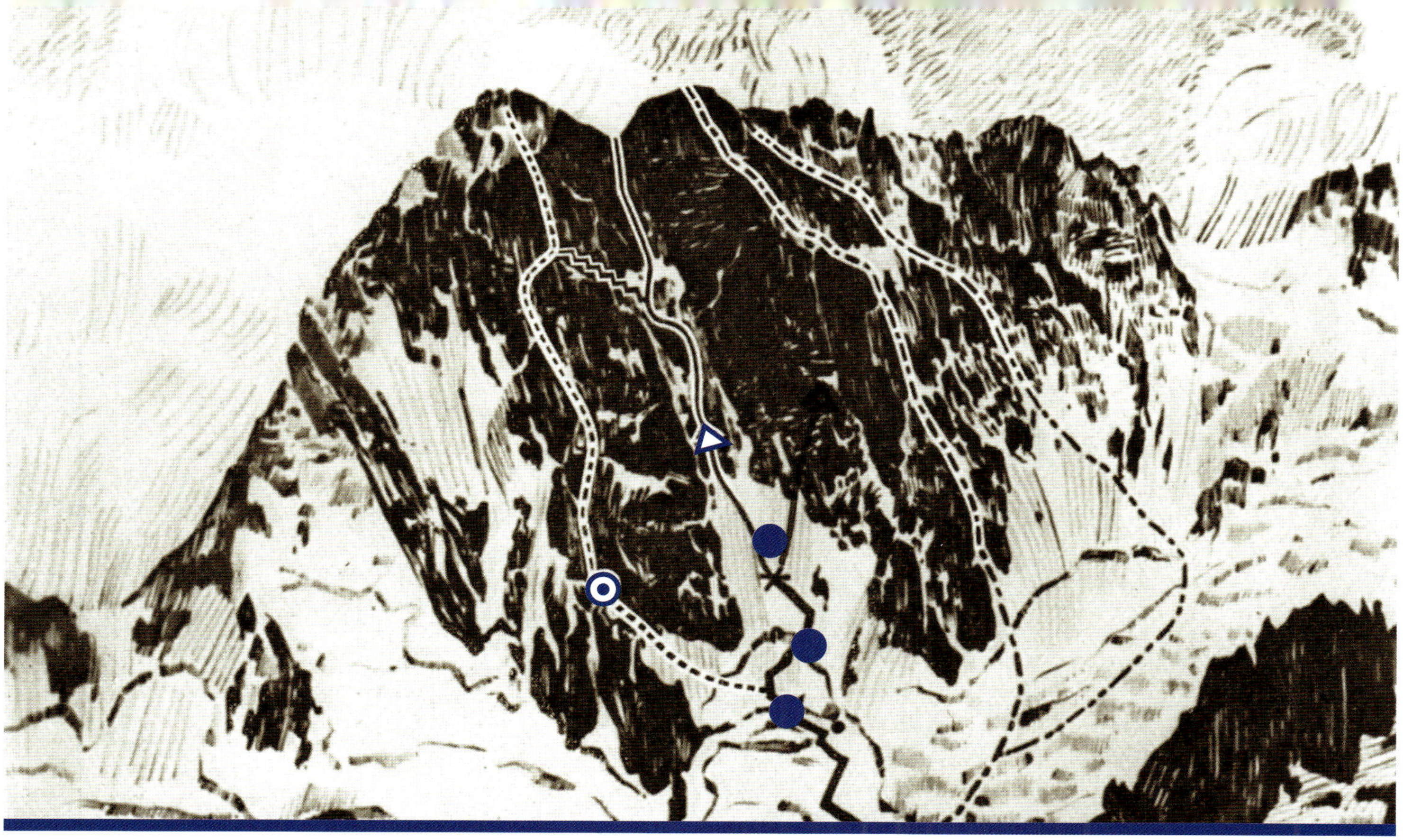

Mauerhaken schmiedete«, erzählt Anderl Heckmair. Ob auch Welzenbach dort einkaufte?

Den ersten ernsthaften Versuch – eine Art Angriff auf die Eiger-Nordwand – starteten die Münchner Max Sedelmayr und Karl Mehringer. Beide waren ausgezeichnete Kletterer – Sedelmayr hatte die dritte Begehung der Sass-Maor-Ostwand gemacht. Beide hatten aber nicht die nötige Eiserfahrung. Und sie müssen sich in den Dimensionen ihrer selbst gestellten Aufgabe getäuscht haben.

Die Eiger-Nordwand hat eine relative Wandhöhe von 1800 Meter! Sedelmayr und Mehringer packen den ersten Abbruch oberhalb des Vorbaus in der direkten Gipfelfalllinie an. Zweites Biwak – ein furchtbar kaltes Biwak – im ersten Eisfeld. Am dritten Tag kommen sie nur sehr langsam aufwärts. Von der Kleinen Scheidegg aus werden die beiden Bergsteiger beobachtet. Dann bildet sich Nebel in der Wand. Drittes Biwak vermutlich am oberen Rande des zweiten Eisfeldes. Am vierten Tag herrscht fürchterliches Wetter. Als es gegen Mittag des fünften Tages aufreißt, kann man die beiden erkennen. Sie steigen auf, dem Grat des später so genannten Bügeleisens entgegen. Dann Nebel, Sturm, Steinschlag, Lawinen. Sedelmayr und Mehringer werden nicht wieder gesehen.

Die Münchner Bergwacht organisiert eine Rettungsaktion. Aber alle Versuche, zu helfen sind vergebens. Als die Sonne wieder durchkommt, ist die Wand mit Eis und Neuschnee bedeckt. Nicht die geringste Spur der Vermissten! Erst über drei Wochen später, als der berühmte Flieger Ernst Udet mit seinem Flugzeug auf zwanzig Meter an die vermutlich letzte Biwakstelle in der Wand heranfliegt, entdeckt er einen der Bergsteiger: Starr, wie eine Eissäule, steht er an die Wand gelehnt; tot.

1936 wollten gleich drei Partien in die Wand: die Münchner Herbst und Teufel, die Berchtesgadener Hinterstoißer und Kurz, die Salzburger Rainer und Angerer. Hinterstoißer und Kurz gehörten zu den besten Felskletterern im Ostalpenraum. Herbst und Teufel, die bereits Ende Mai auf der Kleinen Scheidegg eintrafen und sahen, dass es für die Eiger-Wand noch zu früh war, verunglückten Anfang Juli während des Abstiegs vom Schreckhorn tödlich. Wenige Tage später hatten Angerer und Rainer einen Versuch in der Eiger-Wand unternommen, kehrten jedoch aufgrund der schlechten Verhältnisse bereits im unteren Wandteil um. Am 18. Juli, um 2 Uhr morgens, stiegen sie erneut ein. Gleichzeitig mit der Seilschaft Kurz/Hinterstoißer. Wenig später schlossen sich die beiden Partien zusammen.

Zeichnung Gustl Kröners von der Grandes-Jorasses-Nordwand mit den damals für möglich gehaltenen Durchstiegsrouten.
● = untere Randkluft,
● = obere Randkluft,
● = Umkehrstelle Heckmair/Kröner 1931,
△ = vermutliche Absturzstelle Brehm/Rittler,
⊙ = Umkehrstelle Heron und Gefährten 1928.

»Ich fürchtete ein gegenseitiges Treiben und machte Peters, der ebenso wenig wie Haringer jemals im Eis war, auf die besonderen Gefahren in dieser Wand aufmerksam.«

Anderl Heckmair

Der Eiger in seiner ganzen Breite von Norden. Links die Nordostwand, in der Mitte die berühmte Nordwand.

»Die Eiger-Nordwand ist schließlich keine Eiger-Sportwand, irgendeine x-beliebige Kletterherausforderung aus einem Erlebnispark. Der schrundige Abgrund hat eine opferreiche Geschichte und vor allem: Er reicht tief in die Abenteuerherzen ganzer Generationen.«

DER SPIEGEL

Im Gegensatz zu Sedelmayr und Mehringer umgehen sie die erste Felsbarriere rechts, und Hinterstoißer gelingt der Seilzugquergang zum ersten Eisfeld. Eine der Schlüsselstellen der Wand ist gelöst. Aber gerade dieser Quergang sollte zum Verderben für die vier Bergsteiger werden, denn mit dem Abziehen des Geländerseiles haben sie sich den Rückweg abgeschnitten. Angerer wird weiter oben vom Steinschlag verletzt, doch gemeinsam kommen die vier bis ans obere Ende des zweiten Eisfeldes. Erstes Biwak. Am zweiten Tag sind Nebel in der Wand. Nichts zu sehen. Nur 200 Meter werden zurückgelegt. Am dritten Tag endlich der Rückzug! Wieder ist Nebel aufgekommen, kaum Sicht.

300 Meter tiefer verbringen die Kletterer völlig durchnässt, ermüdet und steifgefroren die dritte Nacht. Das Wetter hat sich weiter verschlechtert. Sturzbäche brausen durch die Wand. Der Schnee rutscht allerorten. An den ungangbaren Platten unterhalb der Roten Flüh, wo sie das Seil abgezogen hatten, stehen sie am vierten Tag stundenlang. Ohne sich zu bewegen. Wie hinunter? Zum Verzweifeln: Der Quergang ist rechts aufwärts nicht zu erzwingen. Wertvolle Zeit vergeht. Hinterstoißer stürzt bei einem letzten Versuch ins Seil. 200 Meter Abgrund gähnt unter den Kletterern. In ihrer Verzweiflung fassen sie den verhängnisvollen Entschluss, sich über die teils überhängende Wandstufe direkt abzuseilen.

Später sind Hilferufe zu hören. Aber nur einer ruft noch! Der Streckenwärter der Jungfrau-Bahn alarmiert eine Rettungsmannschaft, die am gleichen Nachmittag aus dem Stollenloch in die Wand hinaussteigt. Es gelingt ihr, bis auf 100 Meter an die Bergsteiger heran zu kommen. Näher hin schaffen sie es nicht.

Ist Toni Kurz der Überlebende? Ja, Hinterstoißer ist abgestürzt, Rainer erfroren, und Angerer wurde beim Sturz ins Seil erdrosselt. Kurz aber hat kein Material mehr, um sich weiter abseilen zu können. Er sitzt auf einem winzigen Felsvorsprung und die Retter können ihn nicht erreichen. Nein, es ist nichts zu machen: Steinschlag, Unwetter, Dämmerung!

Am anderen Morgen lebt Toni Kurz immer noch. Er schreit um Hilfe! Geschieht ein Wunder? Bis auf etwa 40 Meter können nun die Bergführer der Rettungsmannschaft an Kurz heranklettern. Der löst mit einer Hand – die andere hat er sich während des schrecklichen Biwaks erfroren – und mit Hilfe der Zähne einen Rest Seil in mehrere Stränge auf und bindet sie zusammen, bis sie als Schnur zu den Rettern reichen. Diese befestigen zwei Seile, Haken, Karabiner und Proviant. Kurz zieht alles zu sich herauf, und endlich kann er damit beginnen, sich abzuseilen. Im Karabinersitz. Am Verknüpfungsknoten der Seile aber bleibt Kurz hängen. Drei Meter über den Rettern! War alles vergebens? Ja, Toni Kurz stirbt an Erschöpfung.

Nach diesen Versuchen mit tödlichem Ausgang waren es 1937 Hias Rebitsch und Ludwig Vörg, die der Wand entkamen, denen der Versuch, vom »Todesbiwak« abzusteigen, gelang. Somit war bewiesen, dass ein Rückzug bei schlechtem Wetter möglich ist.

Im Hochsommer 1938 dann glückte Anderl Heckmair, Ludwig Vörg, Fritz Kasparek und Heinrich Harrer die erste Durchsteigung in vier Tagen. Bei einem Wettersturz in der Gipfelwand musste Heckmair alles daransetzen, die Viererseilschaft, zu der sich die Deutschen und die Österreicher zusammengeschlossen hatten, aus der Wand zu führen.

Der Nimbus der Wand, entstanden durch die dramatischen Erstbegehungs-Versuche und die abenteuerliche Erstbegehung selbst, steigerte sich nach dem Zweiten Weltkrieg mit den ersten Wiederholungen. Zahlreiche Tragödien folgten.

Auch nach der ersten Winterbegehung (Toni Kinshofer, Walter Almberger, Anderl Mannhardt, Toni Hiebeler, 1961) und der ersten Alleinbegehung (Michel Darbellay, 1963) blieb die Wand ein weiteres Jahrzehnt die gefürchtetste im Alpenraum.

Nun, nach nicht mehr registrierbaren Wiederholungen, nach Helikopter-Rettung und Handy-Kultur, hat die Wand viel von ihrer Unheimlichkeit verloren. Ja, vor allem die geglückten Rettungen aus dem Hubschrauber haben dazu beigetragen, dass die Eiger-Wand – wenigstens in Fachkreisen – nicht mehr als »Mordwand« eingestuft wird. Seit den siebziger Jahren ist sie entzaubert.

Die Eiger-Nordwand ist, betrachtet man es von diesem Gesichtspunkt aus, mit jeder gelungenen Besteigung, vor allem aber durch die moderne Flugrettung »kleiner« geworden. Obwohl nach der Harlin-Direttissima (Winter 1966) und der nicht gerade logischen Japaner-Route (Sommer 1969) viele weitere Führen durch die Wand gelegt wurden, wird die Heckmair-Route die klassische, die ideale bleiben.

Robert Jasper, einer der besten Eiskletterer unserer Zeit, in einer der modernen Eiger-Touren. Jasper ist ein exzellenter Allround-Bergsteiger und kennt mehr als ein Dutzend Routen in der Eiger-Wand.

Matterhorn-Nordwand

Der »Kampf ums Matterhorn« kennzeichnet das Ende der Eroberung der großen Alpenberge. Der Wunsch, als Erster auf dem Gipfel zu stehen, hatte viele der romantischen Gefühle, die den Anfang des Alpinismus geprägt hatten, verdrängt, und auch die Furcht vor Geistern verschwand. Sogar Wettkampfgedanken machten sich unter den führenden Bergsteigern breit. Wohl deshalb ist dieser »schönste Alpengipfel« 1865 gleich kurz hintereinander über zwei völlig verschiedene Routen erklettert worden: von Whymper und seiner Gruppe über den Schweizergrat, von Carrel und seinem Freund über die italienische Seite. Auf den Gedanken, dass auch die Nordwand des Berges bezwingbar sei, kam man allerdings erst mehr als sechzig Jahre später, zu einem Zeitpunkt, als die Erschließung der schwierigen Wände und Kanten in den Alpen ihrem Höhepunkt entgegenging.

Und genauso wie der Gipfel des Matterhorns im Zuge des Eroberungsalpinismus eine besondere Anziehungskraft auf die Bergsteiger ausgeübt hatte, zog jetzt, in der klassischen Zeit des Schwierigkeitsalpinismus, die Nordwand dieses formschönen Viertausenders viele Pioniere an. Nicht nur die Steilheit, auch die Linie war herausfordernd.

Heute noch begeistert ihr Anblick jeden Spitzenbergsteiger, auch wenn er weiß, dass sie brüchig und gar nicht so schwierig ist, wie sie aussieht. Ihrer logischen Linie, der großzügigen Freikletterei und vor allem der Tatsache, dass sie zum Gipfel des Matterhorns leitet, verdankt die Nordwandführe ihren Ruf.

Die Matterhorn-Nordwand und ihre Erstbegeher Toni und Franz Schmid (Bild oben).

Grenzsituationen am Matterhorn

Ende Juli 1974 gegen 7 Uhr morgens standen Peter Habeler und ich unentschlossen unter dem Schwierigen Riss in der Eiger-Nordwand. Es war warm und daher alles so nass, dass wir uns nicht recht entscheiden konnten, weiterzuklettern. Auf den Bändern unter dem ersten glatten Felsaufschwung war es so unangenehm, dass unser zügiges Steigen plötzlich ins Stocken kam. Auch nur zehn Schritte weit nach links zu gehen, bedeutete eine ernste Gefahr. Immer wieder schlugen Eisstücke dort ein. Wasserfälle ergossen sich über die Rote Flüh, und auch über dem Hinterstoißer-Quergang hing die Morgenluft voller Sprühwasser. Wir gaben auf und stiegen durch die Wand ab.

Am gleichen Abend noch saßen wir in der Hörnli-Hütte unterm Matterhorn und versuchten mit den anwesenden Bergführern ins Gespräch zu kommen. Von ihnen wollten wir die Verhältnisse in der Nordwand erfahren. Den Versuch in der Eiger-Wand hatten wir schon vergessen. Wir waren ins Tal abgestiegen und noch am selben Tag nach Zermatt gefahren. Beim Aufstieg zur Hütte hatte Peter ein flottes Tempo vorgelegt.

Die Bergführer waren einer Meinung darüber, dass die Wand zwar keine guten Verhältnisse aufwies, aber doch möglich sein müsste. Mit zwei Tagen allerdings sollten wir rechnen, und ein Gewitter am Nachmittag sei nicht ausgeschlossen, meinten sie. Wir blätterten, da uns diese Auskünfte unbefriedigt ließen, im Hüttenbuch. In der Hoffnung, eine Nordwand-Eintragung aus den vergangenen Tagen zu finden, verbrachten wir den Abend im ungemütlichen Raum. Wir fanden keine. Erst knapp vor dem Schlafengehen – Peter unterhielt sich gerade mit einigen jungen Amerikanern über ihre geplante Normalwegbegehung – traf ich im Vorraum mit einem japanischen Kletterer zusammen, der nordwandmäßig ausgerüstet war. Er war so erschöpft, dass er auf mich einen ausgeflippten Eindruck machte. Im ersten Augenblick wusste ich nicht recht, ob ich einen Haschbruder oder einen extremen Bergsteiger vor mir hatte und fragte etwas zögernd: »Matterhorn-Northface?« Er nickte und gab mir zu verstehen, dass es sehr schwierig gewesen sei. »Die Wand ist vereist, und wir haben am Ende des Schrägcouloirs biwakiert. Eine Nacht lang saßen wir auf einer ganz schmalen Leiste. Es war sehr kalt. Eben sind wir vom Gipfel heruntergekommen.« Sein Freund, ebenfalls Japaner, hatte sich inzwischen gleichwohl eingefunden und strahlte übers ganze Gesicht, als er mein Interesse bemerkte.

Dieses nächtliche Zusammentreffen stärkte uns im Entschluss, am nächsten Morgen in die Nordwand einzusteigen. Wir prüften am gleichen Abend noch unsere Ausrüstung, steckten die allernötigsten Biwaksachen in den Rucksack und stellten den Wecker auf 2 Uhr.

Als wir kurz nach zwei die Hütte verließen, waren schon zahlreiche Seilschaften am Hörnligrat unterwegs, was die vielen Lichtlein verrieten, die dort immer wieder aufglimmten. Ein Schweizer Bergführer, der zum Zmuttgrat aufgebrochen war, hatte schon vor uns die Querung unter der Nordwand begonnen. Peter und ich – noch gleichzeitig kletternd – überholten ihn, während der Führer seinen Gast am steilen Eisaufschwung sorgfältig sicherte. Das Eis war teilweise blank, und wir waren froh, als, auf dem Plateau unter der Nordwand angekommen, der Tag graute.

Über sulzigen Schnee stapften wir einige hundert Meter weit, bis wir von unten eine günstige Möglichkeit entdeckten, über die Randspalte zu klettern. Unmittelbar über uns stand jener steile Eisschild, der blank und jäh hinaufleitet zum Beginn des Schrägcouloirs und meist beinhart ist. Wir hielten auf den Abbruch der Randspalte zu, seilten uns an und überwanden sie ohne Schwierigkeiten. Das Eis im großen Eisfeld war glasig und die Kletterei nicht ganz ungefährlich, so dass wir immer wieder Zwischenhaken setzen mussten.

In der Zwischenzeit hielten die grauen Nebel, die den Gipfel des Matterhorns in aller Morgenfrühe schon eingehüllt hatten, auch die umliegenden Gebirgsketten verdeckt. Über uns hingen sie bereits bis in etwa 4000 Meter Meereshöhe herab. Nachdem Peter und ich aber bis zum Beginn der großen Querung sehr rasch vorangekommen waren, hofften wir, in wenigen Stunden am Gipfel zu sein.

Die Gewissheit, die Nordwand in den späten Vormittagsstunden hinter uns zu haben, steigerte sich noch, als wir die letzte gefürchtete Seillänge über verglaste Felsen ins Schrägcouloir traversierten. Keiner von uns beiden war bis dahin auch nur einmal ins Zögern geraten.

Alles lief – wie wenig später auch in der steilen und teilweise brüchigen Riesenverschneidung – so rasch und reibungslos, als ob wir in einer klassischen Dolomitentour kletterten. Ich hatte bis zum Biwakplatz der Japaner, den einige Abfallreste markierten, nicht einen Augenblick lang das Gefühl verspürt, in einer der großen Wände

»Die richtige Wahl des Partners für ein bestimmtes bergsteigerisches Unternehmen ist eine Grundvoraussetzung für den Erfolg. Das gegenseitige Vertrauen muss da sein, insbesondere in kritischen Fällen, ja, es kann sogar lebensrettend sein. Ich habe in meiner bisherigen Bergsteigerlaufbahn keinen besseren Partner kennen gelernt als Peter Habeler, und obwohl wir relativ wenige Touren miteinander gemacht haben, sind wir bei diesen immer blendend miteinander ausgekommen. Das liegt nicht allein daran, dass Peter ein großer Könner ist, dass seine Kondition jederzeit bestechend ist und mir auch seine Art zusagt, sondern in seinem Wesen schlechthin.«

Reinhold Messner

»Intuitiv übernimmt bei einer Bergtour einer die geistige und/oder die physische Führung. Auch bei Peter Habeler und mir ist das so, nur mit dem Unterschied, dass sich diese Situation während ein und derselben Kletterei öfter ändert, dass sich jeweils der als Führender der Seilschaft einsetzt, der die Situation besser beherrscht. Es entsteht bei uns dabei keine Rivalität.«

Reinhold Messner

Peter Habeler und Reinhold Messner in der Matterhorn-Nordwand; Versuch der Bonatti-Route im Winter 1966.

der Alpen zu sein. Obwohl seit einer Stunde schon die ersten Schneeflocken wirbelten, waren wir bester Laune, vielleicht sogar übermütig.

Erst auf den glatten, abschüssigen Platten, die nach rechts in die flachere Gipfelwand leiten, spürte ich plötzlich, dass wir unsere Überlegenheit einzubüßen begannen. Der Schnee, der bisher gefallen war, reichte aus, um die kleinen Leisten und Spalten, die uns als Griffe und Tritte hätten dienen sollen, zu verdecken. Ich führte gerade und rief Peter kletternd zu, wie schwierig nun alles würde: das Reibungsklettern, das Anbringen von Standhaken, gar nicht erst zu reden vom freien Abklettern. Zudem war ich nicht mehr ganz sicher, wo es am besten weiterging. Ich versuchte es links, dann weiter rechts, überall gleichbleibend steile, abschüssige Felsplatten. Unter der lockeren Neuschneeschicht klebte eine hauchdünne Eisglasur auf dem Gestein, die besonders dann heimtückisch wirkte, wenn ich keine waagrechte Leiste als Tritt ertastete.

Mitten in einem haltlosen Plattenschuss ging zu allem Unglück noch das Seil aus. Ich sah mich gezwungen, ein halbes Dutzend Messerhaken in zwei feine Ritzen zu schlagen. Nur so konnte ich einen verlässlichen Standplatz bauen.

Peter stieg, nachdem er bis zu mir geklettert war, auf Seilzug nach rechts und versuchte dann im Schneesturm, zu dem sich das Flockentreiben ausgewachsen hatte, über mir nach links auf eine Pfeilerkante zu gelangen. Da die Originalroute, die nach rechts aufwärts zu leiten schien, fortwährend von kleinen Neuschneelawinen überspült wurde, blieb ihm keine andere Wahl als dieser hervorspringende Pfeiler. An der Kante, die zwar die steilste Felspassage der ganzen Umgebung war, lief Peter wenigstens nicht Gefahr, von diesen periodisch abgehenden Lawinen mit in die Tiefe gerissen zu werden. Von seinem Standplatz aus versuchte ich dann über einige Rinnen nach links auf die Schulter des Matterhorns auszusteigen. Vergeblich. Die Rinnen waren jetzt auf Grund der Schneerutsche unmöglich, und wir mussten weiter versuchen, am Pfeiler voranzukommen, der sich steil und abweisend über uns aufbaute.

Zentimeterweise schob ich mich – jeden Tritt und jeden Griff putzend – aufwärts. Wenn sich wie ein Wasserfall eine Pulverschneelawine über mich ergoss, blieb ich geduckt, fast in mich verkrochen, stehen und wartete, bis der eisige Schauer vorbei war. Dann begann ich instinktiv, die Griffe und Tritte, die in der Zwischenzeit wieder zugeweht waren, zu suchen und mit den Fingerspitzen für den nächsten Bewegungsablauf freizukratzen. Ich hatte einige Haken schlagen können, und so stärkte mich die winzige Hoffnung, nicht grenzenlos zu stürzen, wenn ich plötzlich auf dem vereisten Gelände ausgleiten würde.

An einer schmalen Leiste, die ich unter der jungen Schneeschicht zu erkennen glaubte, balancierte ich weiter oben mit angehaltenem Atem nach links.

Die wenigen Sturmpausen erlaubten uns kurze Gespräche, und während ich immer wieder betonte, dass ich an der Sturzgrenze ging, munterte Peter mich auf, nicht aufzugeben, die wenigen Meter noch bis unter den schützenden Überhang zu klettern. Dort angelangt, versuchte ich, einige Haken für den Standplatz unterzubringen, merkte aber bald, während ich Ewigkeiten nach Ritzen suchte, dass dieses Stehen noch schlimmer war als das Klettern. Ich war unterkühlt und nass. Der feine Triebschnee, den der Sturm, der sich inzwischen zum Orkan gesteigert hatte, unter die Kleider blies, schmolz jetzt auf der Haut.

Und wieder prasselte eine Lawine auf mich herab. Der Überhang, unter dem wir uns Schutz erhofft hatten, kragte zu wenig aus, um die Schneerutsche von uns abzuhalten. Als Peter am fixen Seil nachsteigend meinen Standplatz erreichte, war er etwas aufgewärmt. Die Seillänge aber, die ihn erwartete, und die Lawinen, die weiterhin periodisch über uns hinwegfegten, sollten trotzdem seinen äußersten Einsatz, all sein Können fordern. »Ich bin froh, dass gerade du dabei bist«, sagte ich, während er am Stand vorbeikletterte, um die Führung zu übernehmen. »Jetzt würde ich sonst wohl keinen anderen mehr führen lassen.«

Die Wand war von einer Eis- und Schneeschicht überzogen, immer wenn ein Blitz in die Gipfelfelsen fuhr, warteten wir auf die Steine, die an uns vorbeischwirren mussten. Beide waren wir unterkühlt. An einen Rückzug war nicht mehr zu denken. Wir mühten uns irgendwo an einem Pfeiler zwischen Hauptgipfel und Schulter aufwärts. »Nur jetzt nicht stürzen«, hörte ich Peter murmeln. Er kletterte in einer steilen Verschneidung. Wieder ergossen sich Pulverschneelawinen über ihn, so dass ich ihn für einige Minuten nicht mehr sehen konnte. »Aufpassen!«, kam seine Stimme von oben. Peter kletterte ohne Handschuhe, Griff für Griff, immer an der Sturzgrenze; jeder andere würde …, aber Peter stürzte nicht, er kam weiter, Meter für Meter.

Nicht nur das Seil verband uns jetzt, in dieser sturmumtosten Gipfelwand, in dieser Grenzsituation; auch die Angst vor dem Blitz, der jedes Mal, wenn er irgendwo

einschlug, eine Folge von Steinlawinen auslöste. Über uns, neben uns schwirrten sie in die Tiefe. Nur das Vertrauen, das einer in den anderen setzte, half uns Ruhe zu bewahren, die nächsten zwei Seillängen ohne Sturz durchzustehen.

Plötzlich wurde der Fels merklich flacher, auch besser gegliedert und deshalb leichter zu klettern. Immer noch schneite es, immer noch krachte der Donner hart neben uns, wir aber wähnten nun den Gipfelgrat im Nebel und Schneetreiben über uns. Dort oben würden alle objektiven Gefahren, denen wir stundenlang erbarmungslos ausgesetzt gewesen waren, aufhören; dort oben lag die vorläufige Erlösung.

Es war schon Mittag vorbei, als wir uns am Grat die Hände schüttelten. Auf Grund der Blitzgefahr trachteten wir danach, so schnell wie möglich von der Höhe des Gipfels herunterzukommen.

Wir stiegen, nachdem wir uns losgebunden hatten, bis zur Schulter ab. Von dort überblickten wir den Großteil der Abstiegsroute, die zwar keiner von uns beiden kannte, die aber von vielen absteigenden Seilschaften markiert war. Sie hoben sich in ihren bunten Farben deutlich vom schmutzig verschneiten Fels ab.

Der Abstieg machte uns ebenso viel Spaß wie Stunden vorher der Aufstieg über die mittlere Wandhälfte. Die Führer, die ihre Klienten von Stufe zu Stufe hinuntersicherten, staunten nicht wenig, als wir sie – von oben kommend – begrüßten, hatten sie doch alle gehofft und angenommen, wir wären vor dem Gewitter noch abgestiegen, hätten die Tour abgebrochen. Auf der Hütte angekommen, gratulierten sie uns herzlich, was uns bei den zurückhaltenden Schweizer Bergführern doppelt freute.

Das Matterhorn aus dem Flugzeugfenster. Rechts die Nordwand.

»Das Wissen, dass die Alpen uns nicht trennen, sondern zur Einheit zusammenführen, gibt uns Bergsteigern Europas die Basis.«

Guido Tonella

Grandes-Jorasses-Walker-Pfeiler

Die Nordwand der Grandes Jorasses besteht aus einer Serie von Felspfeilern, die nach rechts hin an Höhe abnehmen. Sie stehen zwar versteckt im großen Massiv des Mont Blanc, sind aber doch schon früh von den Bergsteigern entdeckt worden. Zunächst allerdings wurde diese Granitmauer lediglich gezeichnet, später dann fotografiert und im Jahre 1935 erstmals durchstiegen. Die ideale Route aber, der Walker-Pfeiler, wurde erst einige Jahre später begangen und gilt seitdem als »die schönste extreme Führe der Alpen«.

Obwohl es an der Nordwand der Grandes Jorasses heute bereits mehr als ein Dutzend Routen gibt, ist der Walker-Pfeiler die klassische geblieben, und wenn von den »drei großen Wänden der Alpen« die Rede ist, denkt in Bezug auf diese Wandflucht jeder an den Granitpfeiler auf die Pointe Walker. Seine Steilheit und Geschlossenheit geben ihm eine Faszination besonderer Art. Ist es beim Matterhorn die Form des Berges, die sich auch in der Nordwand widerspiegelt, bei der Eiger-Wand die Größe und Logik der Route, die besticht, so sind es beim Walker-Pfeiler die Eleganz und Direktheit der Linie, die den Bergsteiger geradezu herausfordern.

Die Nordwand der Grandes Jorasses im Profil und die Bergsteiger bei ihren Versuchen in dieser Wand (Bild oben), die Rudolf Peters und Martin Meier 1935 erstmals gelang.

Biwak am Walker-Pfeiler

Wir versprachen uns viel von jenem Sommer. Wir hatten uns in den Dolomiten für die Westalpen vorbereitet und redeten gern und oft vom Walker-Pfeiler, der »schönsten Route in den Alpen«, wie wir in Büchern gelesen hatten. Als Günther, mein Bruder, und ich dann im Bahnhof von Mailand auf Anschluss warteten, fragten einige Leute, ob wir vom Mount Everest kämen – so groß waren unsere Rucksäcke, unsere Gesichter von der Sonne verbrannt. Ein Jahr lang hatten wir für unsere erste Fahrt in die Westalpen gespart, waren zum Training viele tausend Höhenmeter gelaufen, und nun warteten wir auf den Zug, der so viele Pläne, so viele Sehnsüchte, Träume und Hoffnungen nach Courmayeur bringen sollte.

Als wir dort ankamen, regnete es in Strömen, und auch am nächsten Morgen bekamen wir den Mont Blanc nicht zu sehen. Trotzdem trampten wir noch am gleichen Tag nach Chamonix, um von dort zur Argentière-Hütte aufzusteigen.

Am anderen Morgen stapften wir in aller Herrgottsfrühe zum Einstieg der Courtes-Nordwand. Schnee rieselte über die eisigen Hänge, und die anderen Bergsteiger stiegen in Gruppen ab. Günther und ich kamen in vier Stunden durch, suchten im Nebel nach dem höchsten Punkt und warteten dort vergeblich auf den Windstoß, der Wolken und Nebel verlagen würde.

Das Wetter war unsicher geblieben, und nur ein einziges Mal konnten wir für wenige Minuten vom Gipfel aus die Nordwand der Grandes Jorasses sehen. Wir wussten alles über die schwierigen Routen in dieser mehr als 1000 Meter hohen Fels- und Eiswand, nahmen ihr Bild tief in uns auf und begannen erst dann mit dem Abstieg, als der Wind wieder eine dicke Nebelbank vor die gigantische Wand geschoben hatte.

Meine zweite Fahrt in die Westalpen fiel mit der Schönwetterperiode im Herbst 1966 zusammen. Der frische Schnee, der damals in allen Wänden lag, würde kein Hindernis für große Touren sein, dachten wir. Die Bergführer in Chamonix aber sprachen, wenn auch nur leise, von schlechten Verhältnissen: überall zuviel Neuschnee, im Argentière-Becken, an der Brenvaflanke, auch an den Grandes Jorasses. »Der Walker-Pfeiler ist bis zum Einstieg herunter mit einer Eisglasur überzogen und praktisch unmöglich«, wusste einer der Einheimischen zu berichten. Da wir aber mit dem geheimen Wunsch nach Chamonix gekommen waren, gerade diesen Pfeiler zu machen, wollten wir den Gerüchten vorerst nicht recht glauben.

Dreimal am Tag erkundigten wir uns in Chamonix nach dem Wetterbericht. Dieser war so verheißungsvoll, dass sogar unsere Gespräche darüber übermütig klangen. Berauscht von der Aussicht auf so viele wundervolle Tage, wussten wir zuerst nicht, wozu wir uns entscheiden sollten. Aufgemuntert durch das anhaltende Schönwetter und gleichzeitig verunsichert durch das Gerede der Einheimischen fuhren wir vorerst mit der Zahnradbahn nach Montenvers, um uns an Ort und Stelle von den Verhältnissen in der Wand zu überzeugen.

Wir verbrachten einen halben Nachmittag dort, begafften die Dru-Westwand, den Bonatti-Pfeiler und die Charmoz-Nordwand und richteten das Fernglas immer wieder auf die Jorasses-Wand. Obwohl ich heimlich noch immer mit dem Walker-Pfeiler liebäugelte, besprach ich – beeindruckt durch das viele Eis in der oberen Wandhälfte – mit Sepp Mayerl und Fritz Zambra, den beiden Osttirolern in unserem Viererteam, zu dem noch Peter Habeler zählte, alle möglichen gleichwertigen Touren in der Umgebung.

Wir standen an einem großen Fernrohr, und immer, wenn Peter durchgeschaut hatte, drehte er es anschließend so, dass ich stets den berüchtigten roten Kamin am Walker-Pfeiler im Blickfeld hatte, wenn ich hineinsah. Er sah winterlich aus, gewiss, aber das Wetter war gut, und zudem versuchte Peter uns immer wieder nachdrücklich klarzumachen, dass es zum Walker-Pfeiler im ganzen Mont-Blanc-Gebiet kein einziges vergleichbares Gegenstück gäbe. So kam es, dass wir eine Stunde später, gegen den Willen der beiden Älteren, aber voller Erwartungen, über das Mer de Glace zur Leschaux-Hütte marschierten. Wir wollten den Pfeiler anderntags wenigstens versuchen.

Gebückt unter der Last der Rucksäcke und verbissen in unseren Plan schwiegen wir eine Zeit lang, während wir hintereinander herstapften. Weit drinnen am toten Gletscher erst blieben wir alle vier stehen und betrachteten die Cassin-Führe, die weißer und weißer wirkte, je näher wir kamen.

Peters Können war damals schon unübertroffen. Sein Diplom als Bergführer hatte er mit Auszeichnung erworben. Noch mehr als seine Fähigkeiten im Fels bewunder-

»Ich wusste nun, mit welcher Konkurrenz ich es zu tun hatte, und wollte 1935 unter allen Umständen der Erste an der Grandes-Jorasses-Nordwand sein.«

Anderl Heckmair

»Die Haken, die von Heckmair und Cassin, von Frendo und Lachenal, von Terray und Rébuffat in die senkrechten Felsen der weltberühmten Nordwände der Grandes Jorasses und des Eigers eingeschlagen worden sind, lassen unter dem glorreichen Rost keine Spur ihrer ursprünglichen Herkunft mehr sehen; darum gelten sie als perfekte Sicherungen einer idealen europäischen Seilschaft.«

Guido Tonella

»Das ursprüngliche Motiv von Kampf und Eroberung, das allein imstande ist, die Jugend für das Bergsteigen zu begeistern, haben die glorreichen Erstürmer des Matterhorns, des Eigers und der Grandes Jorasses in der Vorkriegswelt wieder zum Erklingen gebracht.«

GUIDO TONELLA

Bild rechts: Unter der Nordwand der Grandes Jorasses.

Bild unten: Reinhold Messner im Schlussteil der Cassin-Route (Walker-Pfeiler) an den Grandes Jorasses.

ten die Ausbilder seine Vielseitigkeit und seine Härte gegen sich selbst. Sein schlanker, fast zarter Körper schien für extreme Touren denkbar ungeeignet. Doch sobald er in der Wand war, wurde er wie eine Katze. Seine Bewegungen strahlen Kraft und Geschicklichkeit aus. So klettert er in jedem Gelände, im Fels, im Eis, im kombinierten, allein und im Winter. Neben seiner Begabung besitzt er auch jene Ausdauer, die man nur durch unnachgiebige Selbstzucht und jahrelanges Training erwerben kann. Ich hätte ihm damals schon alle jene Touren zugetraut, die in extremen Bergsteigerkreisen als »kriminell« bezeichnet werden.

Wie ein riesengroßes S zieht sich das Mer de Glace von Montenvers hinein bis an den Wandfuß der Grandes Jorasses. Rechts die Aiguille du Charmoz mit ihrer steinschlaggefährlichen Nordwand, links die Aiguille du Dru, die wie ein riesiger gotischer Turm aus Granit der Aiguille Verte vorgelagert ist. Die Spalten am toten Gletscher waren vielfach mit Steinen ausgefüllt, so dass wir anfangs rasch vorwärts kamen. Weiter drinnen lagen nur mehr einzelne Eisklötze auf dem Gletscher und bildeten da und dort imposante Gletschertische. Die Sonne hatte das Eis um die Steine herum weggeschmolzen, so dass Felsen, so groß wie ein Zimmer, auf schmalen Eiskegeln ruhten, Riesenpilze aus Stein und Eis.

Am späten Nachmittag betraten wir die Biwakschachtel am rechten Gletscherrand, dem Walker-Pfeiler unmittelbar gegenüber. Als wir sie am nächsten Morgen verließen, war es noch dunkel. An der Türe blies uns ein eisiger Wind ins Gesicht, und die Steine vor der Hütte waren mit einer Reifschicht überzogen. Im Lichtkegel einer Taschenlampe suchten wir einen Weg zum Einstieg, mussten über Gletscherspalten springen, einigen Séraczonen ausweichen, und noch bevor wir den Bergschrund erreicht hatten, begann es zu tagen. Guter Firn erlaubte uns ein zügiges Steigen, und für einen Augenblick überlegten wir ernsthaft, ob wir uns überhaupt anseilen sollten.

Der Gedanke aber, in eine der größten Alpenrouten einzusteigen, ließ uns dann doch Vernunft annehmen, und so kletterten wir am Seil, Fritz und ich als erste Seilschaft, Peter und Sepp als zweite. Alles ging so lange gut, wie wir den vereinzelten Felsinseln im Eisfeld ausweichen konnten oder diese nur zur Sicherung benutzten.

Weiter oben aber ging der Eishang in eine Felsbarriere über, und nur noch vereinzelt griffen überaus steile Eisschilde zwischen die Felsen hinein. Das Eis war glasig und hart, oft lag es nur in einer dünnen Schicht auf glatten Granitplatten und klang hohl, wenn ich mit dem Pickel dagegen schlug.

Zwei Möglichkeiten blieben uns zum Vorwärtskommen: die Felsen oder das dünne Eis auf ihnen. Einmal schlugen wir den Eispanzer ab und versuchten, am Fels zu klettern. Mit scharrendem Getöse stürzten die Schollen in die Tiefe, und wenn wir wieder ein Stück erklettert hatten, begann erneut das Abschälen riesiger Eisplatten. Dann wieder versuchten wir auf den Frontalzacken der Steigeisen vorwärts zu kommen, ein nicht ungefährlicher Tanz auf handdicker Eisglasur.

Mit jedem Meter, den wir an Höhe gewannen, nahm die Steilheit der Wand zu. Nur im Grund der Risse und Verschneidungen lag noch Eis, und einmal musste ich am Ende einer Verschneidung sechsmal ansetzen, um auf die darüber liegende Plattform aussteigen zu können, immer wieder sackte ich zurück in den letzten Griff.

Völlig ausgepumpt ging ich dann den Rébuffat-Riss an. Inzwischen hatten Peter und Sepp die Führung übernommen. In kameradschaftlicher Arbeitsteilung nur konnten wir bei diesen winterlichen Verhältnissen etwas erreichen. Die sogenannte 75-Meter-Verschneidung am Ende des ersten Wanddrittels war innen so vereist, dass kein Haken mehr freilag. Ganz außen spreizte Sepp hinauf, dann übernahm Peter die Führung, jeder gab sein Bestes. Es wurde Nacht, bevor der letzte von uns das erste Cassin-Biwak am Ende des Pendelquergangs erreicht hatte. Die Nacht war sternenklar und die Temperatur dementsprechend tief. Auf zwei abschüssigen Leisten saßen wir zwei und zwei eng aneinandergedrängt und warteten auf den Morgen. Nach den gefährlichen Situationen und Anstrengungen des verflossenen Tages, nach dem Wirbel von Spannungen und Ängsten, Zweifeln und Nöten, noch tief erstaunt darüber, dass alles gut gegangen war, dösten wir anfangs im Biwaksack. Der Wind aber fuhr mit seltsamer Regelmäßigkeit in unsere Hülle und riss uns immer wieder aus dem Halbschlaf.

Mein Blick schweifte über Bergrücken, Gletscher, wilde Türme bis hinaus ins Tal … alles fremdartig, unerreichbar und etwas sinnlos, Schattenrisse, die ich in meiner Erinnerung schon einmal gesehen zu haben glaubte. Dies nun war der Walker-Pfeiler, hier saß ich, frierend und mit eingeschlafenen Füßen. Nach unten gab es vorerst kein Entkommen. Die Haken würden schon ausreichen, um bis zum Gipfel zu klettern, auch die Eisschrauben.

Der Gedanke, dass wir jetzt in Sicherheit waren, dass wir hier im Biwak und ob der Nacht vorläufig nichts tun konnten, dieser angenehme und doch beunruhigende Gedanke machte sich in mir breit. Mein ganzer Körper steckte voll Verlangen, sich in dieser Nacht zu wärmen, auszuruhen. Aber die weitere Nacht war wie eine Decke, auf der ich saß. Ich schlief nicht, ich tat kein Auge mehr zu, die Müdigkeit fiel wie Blei in Arme und Beine. Es war seltsam, und es fiel mir in den frühen Morgenstunden wiederholt auf: Ich konnte nicht denken, woran ich wollte, hatte keine Macht über meine Gedanken. Sie streunten herum wie sie wollten, und sie kehrten trotz meines Sträubens immer wieder zu Vorstellungen zurück, die mich beunruhigten: steile, vereiste Platten, mit Pressschnee gefüllte Kamine, senkrechte Pfeiler. Es war zum Verzweifeln. Vielleicht waren es nur Schlaflosigkeit und Kälte – es wurde ja schon hell –, vielleicht war es die lange Untätigkeit, die mich in meinem Willen lähmte wie der Schlaf den träumenden Körper.

Dieser Wachschlaf fiel von mir ab, als ich die erste Seillänge hinter mir hatte. Die Platten am Grauen Turm und den anschließenden Eselsgrat konnten wir am Vormittag schneller überwinden als erwartet. Hier hatte der Wind gute Arbeit geleistet, die scharfe Kante war trocken, und erst das darüber liegende Eisfeld verlangte wieder den vollen Einsatz. Durch das ständige An- und Ausziehen der Steigeisen verloren wir so viel Zeit, dass wir im brüchigen Roten Kamin kaum zu hoffen wagten, am selben Tag den Gipfel zu erreichen.

Mühsam suchten wir den Weg nach oben. Wir gaben es auf, unter dem Eispanzer nach Haken zu suchen und schlugen unsere eigenen. Wie ermüdend das war! Überhaupt – wenn man sich von Anfang an klar darüber wäre, wie wahnsinnig mühsam es ist, den vollkommen vereisten Walker-Pfeiler zu klettern, würde man gern auf gute Verhältnisse warten, vielleicht auch mehrere Jahre lang.

Umso größer war unsere Freude, als wir uns in den späten Nachmittagsstunden desselben Tages auf der Pointe Walker die Hände drückten.

Das Biwak im Abstieg an der Gegenseite nahmen wir gern in Kauf, wussten wir doch, dass wir anderntags die Hütte erreichen würden. In der Nacht aber schneite es, in gleichmäßigen Zeitabständen rutschte der Schnee vom Biwaksack, und immer, wenn ich ihn hob, blies der Wind feinen Schneestaub unter die Nylonhülle.

Wieder froren wir, die Feuchtigkeit kroch unter die Kleider. Wir hatten keine Lust, den Kocher anzuzünden und brachen auf, bevor der Morgen graute. Wir wollten der Lawinengefahr entgehen, die durch den starken Schneefall entstanden war, und frühzeitig im Tal sein.

Wie bei der Eiger-Wand gab es auch bei der »Eroberung« der Jorasses-Wand Eifersucht, Wettstreit und Missgunst unter den Anwärtern.

»Es wäre interessant zu verfolgen, ob die Missgunst unter den vielen leistungsbetonten Bergsteigern nachließe, wenn man – dem Beispiel russischer oder lombardischer Kletterer folgend – einen alljährlichen, weltweiten Aktivitätswettbewerb einführen würde. Beim Preis ›Grignetta d'oro‹, so hieß einer dieser Wettbewerbe, wurden jedes Jahr die Bergsteiger mit dem besten Tourenbericht prämiert. Dabei zählte eine bestimmte Anzahl von Touren und deren Schwierigkeiten, und wer auch nur einmal stürzte, schied aus. Die gewerteten Touren zählten nach Punkten, und dabei stand, was die Alpen betraf, der Walker-Pfeiler mit an der Spitze.«

Reinhold Messner

Eiger-Nordwand

Der Rummel um die Eiger-Nordwand, ausgelöst durch die dramatische Ersteigungsgeschichte und die vielen Tragödien der fünfziger und sechziger Jahre, ist zum Glück vorbei. Die Wand, die ein volles Vierteljahrhundert lang die gefürchtetste der Welt war, gilt heute unter Fachleuten als eine der großen Westalpenwände, auch wenn sie für viele Laien nach wie vor der Inbegriff des »gewagten, mörderischen Alpinismus« blieb.

Nicht zuletzt haben die ersten Erfolge an den Riesenflanken der Achttausender, die mehr als doppelt so hoch und zum Teil schwieriger sind als die Eiger-Wand, dazu beigetragen, diese zu redimensionieren. Trotzdem darf sie auch heute nicht unterschätzt werden.

Von der Kleinen Scheidegg aus betrachtet, übt die Eiger-Wand – nach Professor Brückner der höchste Wandabbruch der Alpen – eine starke Faszination aus. Die unheimlich steile Wandflucht mit den eingelagerten Eisfeldern wirkt zwar abweisend, die Gliederung aber schreibt die Linie der klassischen Route so klar vor, dass sie viele extreme Alpinisten wiederholen möchten. Mit Ausnahme der Schrofen unterhalb des Schwierigen Risses und des flachen Gipfeleisfeldes verlangt die Wand immer die volle Konzentration des Bergsteigers. Die häufige Abwechslung zwischen Eis- und Felskletterei, die Nässe und Steinschlaggefahr, die plötzlichen und heftigen Wetterstürze geben ihr dazu etwas Unbarmherziges. Keine andere Westalpenwand wird dem Charakter einer großen, kombinierten Kletterei so gerecht wie gerade die Eiger-Wand.

Die Eiger-Wand und ihre Erstbegeher: Heinrich Harrer, Fritz Kasparek, Anderl Heckmair und Ludwig Vörg (Bild oben).

Die Eiger-Nordwand ist bezwungen

Der Bericht von Anderl Heckmair im »Völkischen Beobachter« vom Juli 1938 ist der erste, den es zur Erstbegehung der Eiger-Nordwand gibt, und nur deshalb stütze ich mich auf ihn. Diese Geschichte ist darin realitätsnah und im Geist jener Zeit erzählt, so dass wir uns beim Lesen in die Bergsteiger von damals versetzen können.

»Es ist ja auch wirklich ein Heldenlied, das Du uns durch Deine dramatische Schilderung singst. Ein Heldenlied mit den Namen all derer, die unterwegs gefallen sind, und jener, die auf strahlenden Gipfeln vom Ruhm gekrönt wurden – ein Lied, das uns in ewiggleicher Sprache vom Kampf und Sieg des Menschen erzählt.«

Guido Tonella an Anderl Heckmair

Der Aufstieg bis hinauf zum zweiten verschrundenen Pfeiler schien uns nur wegen der ungeheuren Last der Rucksäcke schwer. Wir hatten die Strecke schon mehrmals zurückgelegt, kannten also genau jeden Tritt und bald – es mag gegen 2 Uhr gewesen sein – waren wir dort angelangt, wo wir das erste Biwak errichten wollten.

Überraschend war, was wir bei diesem Aufstieg alles gefunden hatten: mehrere Seilstücke, die noch in den Haken hingen, einen zerrissenen Rucksack, einen abgebrochenen Eispickel und dann die Sturmmütze unseres Kameraden Kurz, der seinerzeit in der Wand abgestürzt war, Spuren also von den vielen früheren Unternehmungen.

Fast glaubten wir schon, auf die Leiche Mehringers oder des einen abgestürzten Italieners zu stoßen, den die Wand noch nicht herausgegeben hat. Am Kopf des Pfeilers aber, dort, wo wir die Nacht verbringen wollten, fanden wir einen gefüllten Rucksack vor, ein Zettel war daran und darauf stand: »Bitte nichts herausnehmen, gehört Kasparek und Harrer!« Die Wiener hatten also, das war sehr klug von ihnen, vor dem endgültigen Einstieg ihre schweren Lasten in die Wand ein großes Stück hinaufgebracht, waren wieder abgestiegen, um dann schnell und ohne unnötigen Kräfteaufwand am ersten Tag ein möglichst großes Stück zu schaffen. Wir wussten also, dass sie vorbereitet waren.

Die Nacht im Biwak war recht angenehm. Wir schliefen gut und lange, und als wir am nächsten Morgen nach dem Erwachen abgekocht und gegessen hatten, zog eine Morgenröte am Himmel auf. Übrigens war unser Barometer um einige Striche gefallen, schlechte Aussichten für die nächsten Tage. Während wir noch überlegten, was nun zu tun sei, verzog sich langsam der Dunst, der über Nacht die Wand eingehüllt hatte. 600 Meter hoch standen wir über den Geröllfeldern, die Sicht wurde frei hinunter nach Alpiglen, nach Grindelwald, und hinaus ins enge Lötschental.

Da tauchte unter uns ein blonder Schopf auf, ein Kletterer schwingt sich über die Kante, und vor uns steht Harrer. Eine Seillänge nach ihm Kasparek und dann etwas später Brankowski und Fraißl. Bei diesem ersten Zusammentreffen haben wir alle recht dumme Gesichter gemacht. Wir sagen den Wienern, dass das Barometer gefallen ist, machen sie auf die Morgenröte und die aufkommenden Cirrus-Wolken aufmerksam und sagen ihnen, dass wir wahrscheinlich absteigen werden. Überdies hat es keinen Zweck, mit drei Seilschaften zu gleicher Zeit in einer so schweren Wand zu klettern. Sie aber wollen weiter. Wir wünschen ihnen alles Glück, unterhalten uns noch ein wenig mit ihnen, versprechen ihnen Hilfe, wenn sie in Gefahr kommen sollten, und dann ein Sieg-Heil, die erste Seilschaft, Kasparek voran, verschwindet nach links auf einem Quergang, an den sich ein ziemlich schwieriger Riss nach oben hin anschließt. Die anderen folgen. Wir machen uns an den Abstieg.

Um 10 Uhr stehen wir wieder am Fuße der Wand. Das Wetter hat sich nicht verschlechtert. Wir laufen ans Fernrohr in Alpiglen und verfolgen die Kameraden auf ihrem Weg in die Wand. Kasparek führt wieder, Stufe um Stufe schlägt er in das harte Eis. Langsam queren sie hinüber zum ersten Eisfeld. Die Schwierigkeiten scheinen groß zu sein. Vorsichtig und langsam arbeiten sich die vier höher.

Dann – auf einmal – bleibt die zweite Seilschaft zurück. Sie hängt in einem engen Riss. Schon 15 Minuten jetzt und jetzt – jetzt kehren sie um. Fraißl hat, so erzählt er später, in einem Steinschlag eine Verletzung am Kopf davongetragen und eine kleine Hirnerschütterung dazu. Er wird ab und zu leicht schwindlig, und richtig war es, wenn er mit seinem Kameraden aus der Wand zurückkehrte.

Wir aber eilen zu unserem Zeltlager hinauf.
Eine Partie ist nur noch in der Wand. Wir sind durch Steinschlag nicht zu sehr gefährdet. Wenn nur das Wetter

gut bleibt! Um 6 Uhr brummt unser Kocher sein Lied. Wir essen in Ruhe ausgiebig, und bald schlafen wir auf den Gummimatratzen, schlafen, um uns Kraft zu holen für die Anstrengungen des kommenden Tages.

Es ist 2 Uhr morgens. Die Sterne stehen klar am Himmel. Wir haben wundervoll geschlafen und sind frisch. Noch schnell eine kräftigende Mahlzeit. Mit dem Morgengrauen geht's hinein in die Wand. Zum letzten Mal nun. Die Rinnsale des Tages, die in den tausend Runzeln der Flanke niederstürzen, sind vereist. Schnell aber sind wir wieder oben am Pfeiler. Packen unsere Rucksäcke, legen die Steigeisen ab, und um 7 Uhr schon packen wir die erste uns bekannte Schwierigkeit an, den Hinterstoißer-Quergang. Es geht überraschend gut. Von den Bergungsaktionen der Deutschen Bergwacht 1936 hängt noch ein Seil in schwierigem Stück. Es ist uns wertvolle Hilfe. Schnell geht's weiter. Wir müssen uns beeilen. Bald ist die vereiste Stelle überwunden, wo ein Wasserfall über den Quergang fällt, dann stehen wir, es mag 10 Uhr geworden sein, am Fuße des ersten Eisfeldes. Und schon kommen die Zeichen der anderen Partie zu uns herunter: Eisbrocken kommen vom zweiten Eisfeld heruntergeprasselt, Eisbrocken, die Kasparek beim Stufenschlagen losgebrochen hat. Die Stufen der Wiener vom Vortag sind in der Nacht vereist. Wir können sie nicht benützen. Schnell, sehr schnell steigen wir die stark geneigte, spiegelnde Eisfläche hinauf, um aus dem Bereich des Eishagels zu kommen. Und schon kommt eine neue Schwierigkeit. Der Übergang zum zweiten Eisfeld ist überraschend schwer.

Die Schlucht, durch die wir hindurchmüssen, ist ein gefrorener Wasserfall. Scharf müssen wir die Zinken unserer Grivel-Steigeisen in das harte Eis stoßen, um Halt zu bekommen und dann – dann haben wir das auch geschafft. Jetzt geht's im zweiten Eisfeld hinauf. Links drüben an der westlichen Begrenzung haben die beiden Wiener ihre erste Nacht verbracht. In der Nacht, es mag um $^{3}/_{4}$ 2 Uhr gewesen sein, hab' ich dort das Aufblitzen eines Feuerscheins gesehen. Dort haben sie sich also heißen Tee oder Kaffee gebraut. Jetzt stoßen wir auf die frischen Spuren dieses Tages. Schnell geht's nach links hinauf, und dann um $^{1}/_{2}$ 12 Uhr, haben wir unsere Kameraden eingeholt. Wir stehen nebeneinander, die Wiener und wir. Und da gibt es jetzt nur noch eines: zusammen weiter, durchhalten, durchkämpfen bis zum Sieg!

Wir lösen Kasparek, der Blasen an den Händen hat von den vielen tausend Stufen, die er nun schon geschlagen hat, ab, übernehmen die Führung, weiter geht's, zum dritten Eisfeld nun. Schwere Kamine gilt es zu überwinden. Durch Eisrinnen geht es hoch. Um 2 Uhr sind wir oben. Wir haben Hunger bekommen. Essen können

Ein Teil der Ausrüstung (»Schlosserei«, Seil, Kocher, Pickel) der Seilschaft Heckmair/Vörg.

»Eiger-Nordwand – jeder hat von ihr gehört. Sie ist nur eine von vielen großen Wänden, die zwischen den beiden Kriegen erobert wurden. Sie ist nicht die schwerste. Vielleicht die längste, die gefährlichste.«

Reinhold Messner

»Die Eiger-Nordwand selbst gliedert sich in drei gleichmäßige Drittel. Vom Fußpunkt bei 2200 Meter bis auf 2800 Meter reicht der sogenannte Vorbau. Das mittlere Drittel bis auf 3400 Meter schließt das erste, zweite und dritte Eisfeld mit ein, und das letzte Drittel bis auf den 3970 Meter hohen Gipfel wird durch den in unheimlicher Steilheit aufragenden Gipfelaufbau gebildet, in dessen Mitte ebenfalls wieder ein Eisfeld eingelagert ist, die sogenannte Spinne.«

ANDERL HECKMAIR

wir nichts, nur trinken. Und so schlagen wir uns einen Stand und kochen Ovomaltine und essen Zwieback. Wir vier sind zu einer Einheit geworden.

Um 3 Uhr haben wir den Rand des dritten Eisfeldes erreicht. Dort finden wir einen alten Standhaken, den Mehringer geschlagen hat.

Wände türmen sich auf, die noch nie ein Mensch vor uns betreten hat. Alle vier sind wir uns einig, dass wir möglichst schnell weiterkommen müssen. Wir sind uns einig, dass der beste Weg nur nach links hinüber durch eine steile Rinne führen kann. Die Rampe, die wir vorfinden, ist verhältnismäßig leicht. Ich steige voran, sichere Vörg herauf, dann folgen Kasparek und Harrer. Die Schwierigkeiten sind denen des vereisten Kopftörlgrats im Wilden Kaiser ähnlich. 150 Meter führt die Rampe hinauf, verengt sich immer mehr und schließt sich zu einem überhängenden Eiskamin. Auf der einen Seite schwarzes Wassereis, auf der anderen unerhört brüchiges Gestein. Unterdessen ist Nebel aufgekommen, der die schweigenden Wände verhüllt. Unten in der Tiefe ahnen wir das Tal. Die Nebelfetzen schleichen um die Zacken und Türme und hüllen alles ein. Wir müssen einen Biwakplatz finden. Wir erreichen einen kleinen Überhang über einem abschüssigen Eisband und beschließen, zu bleiben. Wie wir, ungesichert, beieinander stehen, reißt plötzlich der Nebel auf, wir schauen schaudernd in die Tiefe: 1500 Meter fallen lotrecht vor unseren Füßen hinab. Und schleunigst schlagen wir einige Standhaken, sichern uns, kochen unter den schwierigsten Umständen ab und versuchen zu schlafen. Unsere erste Nacht in der Wand. Unglaublich sind die Anstrengungen gewesen. 1500 Meter dieser schrecklichen Wand haben wir an einem Tage durchstiegen. Auch die Kameraden sind müde. Es wird kalt, und fröstelnd sitzen wir nebeneinander auf dem engen Band, hüllen uns in den Zdarsky-Sack und warten auf Schlaf.

Wir sitzen auf unserem schmalen Band, angeseilt. Die Stunden schleichen. Es wird kälter und kälter. Ab und zu schläft einer von uns ein wenig. Ich habe vorhin beim Abkochen eine Dose Ölsardinen gegessen. Sie bekommen mir schlecht. Mir wird übel! Das auch noch! Da aber packt Kamerad Kasparek neben mir schon den Primuskocher wieder aus und bereitet mir mitten in der Nacht – es mag 12 Uhr sein – einen heißen Tee. Rührend von ihm! Dann dösen wir weiter in das Morgendämmern hinein.

Wie viele solcher Nächte haben wir schon durchwacht! Wie oft schon sind wir auf dezimeterbreiten Felsbändern gehockt, unter uns die gähnende Tiefe, schwarz und unheimlich, oben manchmal das Aufleuchten eines Sternes. Wenn es nur nicht so kalt wäre! Wir sind von den Rinnsalen und Eiswänden durchnässt und jetzt kriecht uns die Kälte durch die Kleider. Fröstelnd erschauern wir.

Dann wird es langsam heller, Gott sei Dank. Um 5 Uhr reiben wir uns die erstarrten Glieder wieder warm. Alle Knochen tun uns weh von der unbequemen Lage. Um 7 Uhr trinken wir heißen Kakao, der schmeckt herrlich. Und dann klettern wir weiter, möglichst weit noch an diesem Tag. Wir verfolgen den Riss weiter nach links oben hin. Er wird immer schwieriger. Wir kommen in ein kurzes Stück, das uns an den Dülfer-Riss erinnert. Zehn Meter nur gehen senkrecht hinauf. Zehn Meter, die erkämpft sein wollen, die an unseren Kräften zehren, die schwieriger sind als alles andere vorher. Einmal bricht mir ein Griff aus, doch ich bin gut gesichert. Das Gestein ist hier unheimlich brüchig. Wir umgehen dann den unüberwindlichen Überhang, den ich nicht habe schaffen können.

Der Kamin wird immer enger! Und da – ein Eisüberhang, ein Dach, schließt den Kamin nach oben hin ab. Draußen an seiner Kante hängen lange Eiszapfen herunter. Ich schiebe mich im Kamin weiter und weiter hinauf, bis dicht unter dieses vorspringende Dach. Die Wände sind glattes, schwarzes Eis. Unmöglich, den Kamin zu verlassen. Unmöglich, diesen Übergang zu nehmen.

Unmöglich? Wir sind schon zu weit oben in der Wand. Ein Zurück gibt es nicht mehr. Wir müssen durch, wir müssen! Aussichtslos, die Stelle anzugehen, und doch, wir müssen drüber. Ich schlage mit dem Pickel die im Rücken herabhängenden Eiszapfen weg, schlage hinten im Riss einen Haken ins Eis, hänge eine Reepschnur durch die Öse, stemme mich fest in das harte Eis des Kamins und jetzt – ich muss es versuchen – beuge ich mich langsam hinaus, in der einen Hand die Reepschnur haltend, weiter hinaus und weiter – wenn nur der Haken hält! Mein ganzes Gewicht hängt an ihm! Jetzt lange ich mit der freien Hand nach hinten oben hinaus, packe einen Eisstummel. Wie soll ich da hinaufkommen? Das ist ja Wahnsinn?

Da, der Eiszapfen bricht – ich stürze – schwer haut es mich nach unten in den Kamin zurück! Verflucht! Gleich winde ich mich wieder nach oben. Es muss gehen. Wieder beuge ich mich rückwärts hinaus, weit, weit hinaus. Ich bekomme einen Eiszapfen zu greifen – er hält. Die andere Hand lässt die Reepschnur los, langt über den Überhang. Ich kann mit der Eishacke oben Halt bekommen, zwei, drei Sekunden unmenschlicher

Kraftanspannung – es muss gehen – ich schaffe es, ich würge mich über den Überhang hinauf, ich würge mich hinauf auf das steile Eisfeld! Schnell noch ein paar Meter weiter. Aufatmend stehe ich oben! Das Unmögliche ist geschafft. Der Überhang ist bezwungen. Ich schlage einen Stand für beide Füße in die Eiswand und sichere meine Kameraden. Die Schlüsselstellung der Nordwand ist gefallen!

Wir müssen ein paar Minuten rasten. Dann über blaues Eis nach rechts hinüber zu den Felsen. Unterdessen ist mit Gebrumm ein Flieger erschienen, immer näher kommt er an uns heran, zieht steile Kurven an der Wand. Wir winken hinüber. Da drunten liegt im Sonnenschein Grindelwald mit seinen vielen verstreuten Häusern. Wir stehen schon sehr hoch oben. Wie viel Meter mögen es noch zum Gipfel sein? Wie viel Schwierigkeiten erwarten uns noch bis zum endgültigen Sieg?

Weiter geht's. Wir müssen zur »Spinne« hinüber. Eine sehr kraftraubende Seillänge und andere schwere Stellen werden überwunden, dann haben wir das Felsband erreicht, das zum Eisfeld der Spinne hinüberführt. Sechs Seillängen vielleicht sind's bis dorthin. Es ist 3 Uhr geworden. Besorgt schauen wir nach Westen. Dort ist ein Gewitter im Anzug – höchste Eile ist geboten! Wir lassen die österreichischen Kameraden zurück, steigen in das Eisfeld der »Spinne« ein. In aller Eile schlage ich die Stufen hinauf, damit wir drüben an den Felsen geschützt sind, wenn das Gewitter losbricht. Wir haben es so eilig, dass wir gar keine Eishaken mehr schlagen. Ungesichert steigen wir das steile, harte Eisfeld hinauf. Dann schlagen wir einen Standhaken. Ein paar Meter weiter unten sehen wir eine kleine Kanzel, der einzige Platz, auf dem wir einigermaßen bequem stehen können. Vörg kann sich irgendwie sogar niedersetzen.

Unterdessen sind die Wolken heran. Es wird dunkel wie die Nacht, jetzt, um $^3/_4$ 4 Uhr. Wir sind glücklich, aus der Hauptfallrinne heraus zu sein. Unsere Kameraden queren unter uns durch die »Spinne« herauf; wir können sie in der Dunkelheit nicht mehr sehen. Da beginnt es wüst zu graupeln und jetzt – ich schaue zufällig hinauf – kommt eine Lawine oben durch die Eisflucht herunter, sie wächst und wächst, kommt auf uns zugeschossen in unheimlicher Geschwindigkeit. Wir stehen frei und ungesichert mitten in der abschüssigen Eisfläche. Ich schlage meinen Pickel in das Eis, packe mit der anderen Hand Vörg am Kragen und da – jetzt ist sie bei uns – die Massen stürzen auf uns ein. Wir können uns gerade noch halten.

Immer mehr und immer mehr kommt, der Druck wächst ins Ungemessene. Wir sehen nichts mehr, es ist fürchterlich! Wie lange kann ich noch stehen? An mir, an meinem Pickel teilt sich die Lawine, minutenlang stehen wir in der fürchterlichen Flut, die gegen uns anbrandet und uns wegzuschwemmen droht.

Nach langen, langen Minuten lässt die Wucht nach. Es wird etwas heller. Wir wagen kaum hinunterzuschauen, wo vorhin noch unsere Kameraden in der freien Fläche standen, und da – es ist ein Wunder! – sie sind noch da! Die Lawine hat sie nicht mit hinabgerissen in die Tiefe – es ist wirklich ein Wunder! Schnell sind wir die paar Meter am Haken oben. Wir rufen den Österreichern zu, ob sie noch heil sind. Dann knüpfen wir zwei Seile aneinander und kommen Kasparek und Harrer zu Hilfe. Kasparek ist an der Hand verletzt, mit der er sich im Sturm der Lawine an einem Haken schnell festgehalten hat. Wir verbinden ihn, denn eilig müssen wir weiterkommen.

Das Wetter hat umgeschlagen. Lawinen werden noch herunterkommen und wir sind im Trichter, in dem alle Rinnen dieses Systems zusammenlaufen – der gesammelten Wucht der Lawinen wären wir ausgesetzt. Wir müssen versuchen, heute noch möglichst hoch hinaufzukommen, um dann morgen auch bei ganz schlechten Wetterverhältnissen noch sicher den Gipfel zu erreichen. Trotz unserer ungeheuren Müdigkeit kommen wir gut vorwärts. Wir klettern nun wieder nach links hinauf zur Ausstiegsrampe. Wolken hüllen den Berg ein. Es schneit langsam, und polternd stürzen Lawinen rechts von uns über die glatten Eisfelder in die Tiefe hinaus.

Um 9 Uhr sind wir noch unterwegs. Dann finden wir ein schmales Band, kaum einen Fuß breit, unter einem kleinen Überhang. Hier werden wir biwakieren. In der Dunkelheit schlagen wir noch ein paar Steine und das Eis weg, schlagen Sicherungshaken über uns in die Wand, hängen die Zdarsky-Säcke in die Haken ein und sitzen nebeneinander unter dem dürftigen Schutz dieser kleinen Zeltwände auf dem schmalen Gesims, mitten in der Eiger-Nordwand.

Hier ist das Abkochen schwierig. Kaum haben wir Platz, den Kocher hinzustellen. Unsere zweite Nacht beginnt, die dritte schon für Kasparek und Harrer. Wieder wird es empfindlich kalt. Kleine Lawinen stürzen über uns hinweg, rauschen an uns vorbei. Vörg lässt mich meinen Kopf auf seinen Rücken legen. Wir alle sind schrecklich müde. Ich schlafe bald fest ein. Es ist 12 Uhr nachts. Um 6 Uhr kochen wir uns wieder etwas Warmes. Vörg reibt seine Glieder, denn die ganze Nacht hat er, um mich schlafen zu lassen, ohne eine Minute Schlaf unbequem gesessen. Und ich hatte das gar nicht gewusst! So aber

»Die Hysterie ging so weit, dass von der Schweizer Regierung ein gesetzliches Verbot gegen die Besteigung der Eiger-Nordwand gefordert und auch erwirkt wurde. Dagegen lehnten sich jedoch namhafte Schweizer Alpinisten auf, die dann auch durchsetzten, dass dieses unsinnige Gesetz wieder zurückgenommen wurde. Nur sollten die Schweizer Rettungsmannschaften keine Verpflichtung mehr haben, bei einem Unfall eingreifen zu müssen. Diese Parole bestand jedoch vorher schon, und doch waren im Ernstfall Schweizer Bergführer in kameradschaftlicher Weise zur Stelle.«

ANDERL HECKMAIR

»Sie haben das Wunder erneuert, die Alpen wieder zum wahrhaften Stadion Europas zu machen. Das war jener Augenblick, als die Großtaten des Bergsteigers in der öffentlichen Meinung den größten Tagesereignissen gleichkamen und dadurch unserem Sport einen nie geahnten propagandistischen Widerhall bereiteten. Alle Bergsteiger, die jene unvergessliche Periode der großen Versuche und großen Eroberungen zwischen 1931 und 1938 erlebt haben, alle Bergsteiger im Norden und Süden der Alpen werden mit mir einig gehen, wenn ich behaupte, dass wir damals die schönsten Erlebnisse hatten, die uns je durch den Mythos des Bergsteigens vermittelt wurden.«

GUIDO TONELLA

In den Ausstiegsrissen. Anderl Heckmair führt: Sturm, Neuschnee, Nässe und Kälte.

war ich einigermaßen ausgeruht und frisch für die letzten Schwierigkeiten auf den 300 Metern bis zum Gipfel, für die ich wieder die Führung übernahm. Wir queren von unserem Biwakplatz hinüber in die Hauptrinne, die uns nach oben führen soll. Das Wetter ist endgültig schlecht geworden. Es schneit. In Abständen von fast einer Stunde kommen die Lawinen durch die Rinne gebraust, dann eben, wenn sich genügend Schnee auf den steilen Eisflanken niedergesetzt hat, um nicht mehr haften zu können. Immer bleibt uns etwa eine halbe Stunde zur Kletterarbeit, dann suchen wir den sichersten Stand, um die nächste Lawine vorüberzulassen. Die Rinne ist sehr schwer. Sie fordert von uns das Letzte. Oben verengt sie sich zu einem Kamin, der nur mit Aufbietung aller Kraft und Geschicklichkeit zu überwinden ist. Ich schlängle mich an der schwersten Stelle hoch, sichere Vörg hinauf, bevor die nächste Lawine durch die Rinne kommt. Wir finden Stand außerhalb der Falllinie, die anderen aber stecken noch mitten im Kamin. Und schon kommt die nächste Lawine. Jetzt sehen wir, wie sie sich löst, wir können, während sie an uns vorbeirauscht, denen unten zurufen, wann sie kommt, wann der größte Druck zu erwarten ist. Dann legen die beiden mitten in der vereisten Stelle ihre Rucksäcke über den Kopf und halten die Wucht aus. Es ist sehr schwer.

Dann sind wir auch durch. Und immer noch sind die letzten Gefahren nicht überstanden. Ein Eisüberhang ist zu nehmen, und beinahe scheitern wir noch daran. Ich stehe 8 Meter über Vörg in einem engen Riss, der keinen Platz mehr gibt für beide Füße. Und da – ich verliere das Gleichgewicht, ich rutsche – ich stürze – ein Eishaken bricht aus, ich fliege hinunter und – werde von Vörg aufgefangen.

Die Wucht des Aufpralls wirft ihn aus dem Stand – ich komme mit meinen Steigeisen auf der Eiswand zum Stehen, klammere mich fest und – neben mir steht Vörg. Auch er hat sich gerade noch halten können. Das Ganze hat vielleicht eine Sekunde gedauert. Was haben wir für ein Glück gehabt! Die Hand Vörgs blutet heftig. Als er mich auffing, ist eine Zinke meines Steigeisens in seine Hand gefahren. Schnell wird sie verbunden.

Auf einmal hören wir Zurufe vom Gipfel her. Ein Schweizer Bergführer war trotz des wahnsinnigen Wetters zum Gipfel aufgestiegen über den Westgrat, um Ausschau zu halten nach uns. Wir hören ihn deutlich, wir antworten ihm – nicht. Denn es fällt Schnee und wieder Schnee. Wie leicht könnte er droben, wenn er sich auf unsere Antwort hin weiter herunterwagte, eine Lawine lostreten, die uns dann zum Verhängnis werden könnte. Wie im Traum überwinden wir die letzten schweren Stellen.

Hias Rebitsch, ein Ausnahme-Bergsteiger der dreißiger Jahre, 1937 im Hinterstoißer-Quergang.

Immer noch kommen Lawinen die Wand herunter. Wir können uns aber sichern.

Und dann – endlich, nach fünfstündigem Kampf, haben wir die 140 Meter geschafft. Ein letzter Überhang noch – wir schwingen uns auf den Ostgrat, wir sind durch! Die Wand ist bezwungen.

Dann die letzten 150 Meter zum Gipfel. Es herrscht ein wüster Schneesturm. Oben liegt fast ein halber Meter Neuschnee.

Wir stehen auf dem Gipfel des Eiger. Unsere Freude ist unvorstellbar. Lachend schauen wir uns in die Augen und drücken uns die zerschundenen Hände. Harrer, der SS-Mann aus Graz, holt aus seinem Rucksack einen Hakenkreuzwimpel heraus und pflanzt ihn im Schnee auf! Der Sieg ist unser! Die letzte Wand der Alpen ist bezwungen. $^1/_2$ 4 Uhr ist es, am Sonntag Mittag. Und wie wir dann den Westgrat hinuntersteigen, gegen Schnee und Sturm, und wie uns das Eis immer wieder die Augen verkleistert, da fällt die Müdigkeit über uns her. 61 Stunden hingen wir in der Wand, die anderen gar 86. Sehr, sehr schwere Stunden.

Dann sehen wir von der Station Eiger-Gletscher Bergsteiger heraufkommen, und dann erleben wir die Freude unserer Kameraden aus Deutschland, die gekommen waren, uns zu helfen, wenn wir nicht mehr allein durch die Wand kommen sollten. Wir sind so müde. Wir stolpern mehr noch als wir gehen den Weg zur Station hinunter, und bald wissen's dann alle: Die Eiger-Nordwand, die schwerste Wand der Alpen, ist bezwungen worden von deutschen Bergsteigern, die sich zusammenfanden in unlöslicher Kameradschaft.

»In den Zeiten der Wirtschaftskrise und der Arbeitslosigkeit wuchs im verarmten Deutschland und Österreich eine neue Bergsteigergeneration heran. Sie war auf Fahrrädern unterwegs, nächtigte kostenlos in Zelten und Heustadeln. Vielen jungen Bergsteigern schien das Klettern eine tröstliche Alternative zu sein. Der Bergvagabund wurde zu einem Begriff.«

Fritz Schmitt

Die Klassiker

Die »drei großen Nordwände der Alpen« wurden bald zu einem festen Begriff. Die entsprechenden Routen sind heute Klassiker. Später zählte man auch die Badile-Wand dazu, die Zinnen-Wand, die Nord- und die Westwand an den Drus, die Charmoz-Nordwand und viele andere. Jede Clique setzte am Schluss auf ihre eigenen »großen Wände«. Ganz zuletzt wurden sie wieder zur Privatsache.

Sechs große Wände stellte der Franzose Gaston Rébuffat in den Mittelpunkt seines Bergsteigerlebens, zehn große Wände wurden zu Radovan Kuchařs »zweiter Heimat«, und immer war die Eiger-Nordwand dabei.

Mit der Internationalisierung des Bergsteigens kamen Wände im Kaukasus, am Mount Cook in Neuseeland, am Fitz Roy in Patagonien und in Alaska dazu. Dann die Troll-Wand in Norwegen, später die Wände an den Trango-Türmen im Karakorum, am Yerupaja und am Huandoy in den Anden. Inzwischen aber ging es für einen kleinen Kreis von Höhenbergsteigern bereits um die »großen Wände der Welt«. Und als Christophe Profit innerhalb 24 Stunden durch die drei Wände der Alpen kletterte – solo, zuerst im Sommer, dann, etwas langsamer mitten im Winter – begann eine neue Zeit.

Was für eine Leistungssteigerung! Wie anders vor allem die Einstellung der Akteure den Wänden gegenüber geworden war, ist dabei so bemerkenswert, dass ich der Frage nachgehe.

Die Pioniere von einst – jene wortkargen Burschen, die ebenso bescheiden wie entschlossen auftraten – gab es 1980 nur noch virtuell. In irgendwelchen verstaubten Berichten. Diese wandervogelseligen Zivilisationsverweigerer, die monatelang im Zelt unter irgendeiner Wand ausgeharrt hatten, um auf Tod und »Bewährung« zu warten, waren jungen Profibergsteigern gewichen, die sachlich und schnell agierten und ihren Erfolg oder ihr Scheitern analysierten wie ein sportliches Event. Begriffe wie »Erster Pfeiler«, »Zerschrundener Pfeiler«, »Schwieriger Riss«, »Rote Flüh«, »Schwalbennest«, »Bügeleisen«, »Götterquergang«, »Spinne«, »Ausstiegsrisse« sind zwar die gleichen geblieben, aber die entsprechenden Emotionen waren abhanden gekommen – wenigstens in den Köpfen der Aktiven. Werten wie »Tod oder Leben«, die »Seilschaft als großartige Kameradschaft«, »Kampf« kann die junge Bergsteigergeneration heute nicht mehr viel abgewinnen. Zum Glück!

Nein, die Präsenz der Medien stört die modernen Bergsteiger nicht – egal ob TV, Internet oder Satellitentelefon. Umgekehrt aber empfinden sie die »Todessehnsucht« vergangener Klterergenerationen als lächerlich. Auch von der Publikumsverachtung wollen die neuen Helden nichts mehr wissen, produzieren sie doch ihre Abenteuer für einen breiten Interessentenkreis.

Dramatische Rettungsshows im Fernsehen oder die Dhaulagiri-Wand als Live-Event im Internet sind heute in. Dabei wäre man nicht am »Thrill des Todes« interessiert, Bergsteigen solle nur als normale sportliche Übung erscheinen. Routine demnach. Im Fernsehen

»Den schroffsten Wänden, die noch niemand berührt hat, Trotz zu bieten, das bedeutet noch Suche nach dem Mysterium.«

Guido Magnone

»War die Westwand der Drus wirklich ein ›allerletztes Problem‹, das nicht mehr überboten werden kann? Wer die Geschichte des Alpinismus kennt (...), der wird eine starke Hemmung gegen jeden derartigen Superlativ empfinden. Und doch – man kann sich nur schwer vorstellen, wie diese zur ›Vertikal-Expedition‹ gewordene Über-Kletterei noch übertroffen werden könnte.«

Günther Oskar Dhyrenfurth

Badile-Nordostwand (Bild ganz links) und Dru-Nord- sowie Westwand zählten lange zu den »Klassikern« in den Alpen.

Bild oben: Christophe Profit hat in den Alpen – alle drei großen Nordwände an einem Tag –, in den Anden – Huandoy-Südwand –, im Himalaja – Lhotse-Südwand, Everest-Südwestwand (Versuche) – und im Karakorum – K 2-Nordwestflanke – die Geschichte des Große-Wände-Bergsteigens weitergeschrieben.

Bild rechts: Die Yerupaja-Nordostwand in den Peruanischen Anden.

»Ich erinnere mich noch gut daran, wie Peter Habeler in der steilen Nordostflanke des Yerupaja Grande in den Peruanischen Anden die Führung übernahm, nachdem ich durch Einnahme von Traubenzucker plötzlich mit Übelkeit zu kämpfen hatte.«

Reinhold Messner

wirkt so zwar der »Mythos Eiger« banal, doch der echte Grenzgang ist nicht mehr nachvollziehbar.

Die kulturkritische Spekulation, wonach das Bergsteigen zum Gladiatorentum tendiere, ist zwar widerlegt, sein Hintergrund aber bleibt weiter verschleiert. Das »Große-Wände-Bergsteigen« muss also wohl all jenen, die Lebensqualität mit Komfort und Sicherheit gleichsetzen, unverständlich bleiben. Weil es viel zu gefährlich, zu anstrengend, zu schwierig, zu unmenschlich ist? Ja, weil das Lebensgefühl des Große-Wände-Bergsteigens niemals nur Plaisir, Fun und Kick sein wird!

Die Dych-Tau-Nordostwand

Nein, mit dem Besingi-Kessel im Kaukasus kann kein Gebiet in den Alpen verglichen werden. Ähnliche Talabschlüsse findet man vielleicht im Pamir, im Karakorum oder im Himalaja, aber nicht in der alten Welt. 12 Kilometer erstreckt sich die »Besingi-Mauer«, deren Überschreitung – eine mehrtägige Unternehmung und 1938 erstmals durchgeführt – immer noch eine Herausforderung für klassische Extrembergsteiger ist.

Die nördliche Begrenzung des Besingi-Gletschers wird als »Besingi-Saum« bezeichnet. Der Hauptgipfel dieser Kette, der Dych-Tau, ragt mit einer über 2000 Meter hohen Wand über dem Mischirgi-Gletscher auf. Sie gehört zu den »großen Wänden«.

Radovan Kuchař glückte mit zwei tschechischen Freunden die vierte Begehung der Dych-Tau-Nordostwand. Düster, nasskalt, steil und abweisend ist diese Wand. Sie liegt ewig im Schatten, die Felsen sind von Eis überglast und verwittert, unberechenbar. Lawinenbahnen müssen auf dem Weg zum Gipfel gequert werden.

Die Erstdurchsteigung dieser Wand war 1954 gelungen, und zwar sowjetischen Bergsteigern – angeführt vom damals erfolgreichsten unter ihnen, Vitalij Abalakow. Der Dych-Tau, was »Schrecklicher Berg« bedeutet, von A. F. Mummery 1888 mit seinem Bergführer H. Zurfluh ersterstiegen, war über Jahrzehnte hinweg das große Ziel vieler Ost-Bergsteiger gewesen, die nicht ins Ausland reisen durften – Polen, Ungarn, Slowaken, Tschechen...

»Die scheppernde Stimme des Reiseweckers reißt uns vor 2 Uhr früh unbarmherzig aus dem Schlaf«, erzählt Kuchař über seine Tour. »Ich reibe mir die Augen und schaue ins Dunkel hinaus. Ein einziger Blick genügt jedoch, um meine Laune unter den Gefrierpunkt sinken zu lassen. Es ist warm, und undurchdringlicher Nebel hüllt die Gegend ein. Was fangen wir an, wenn es zu regnen beginnt? Bedeutet das für heute einen erzwungenen Ruhetag? Dann aber beginne ich zu überlegen: In den Alpen wäre es unverzeihlich, unter solchen Umständen aufzubrechen. Wir sind jedoch im Kaukasus, und ich habe mich bereits einige Male davon überzeugen können, dass hier andere Gesetze gelten. Es ist hier viel wärmer, da der Kaukasus südlicher liegt als die Alpen. Es genügt, einige hundert Meter hinaufzusteigen, und alles ist anders. Während wir noch debattieren, beginnen wir das Frühstück zu kochen. In einer halben Stunde gehen wir über die buckelige Moräne zum Gletscher hinunter. Wir sind gespannt, ob unsere Annahmen richtig sind.«

Um $^1/_2$ 4 Uhr stehen sie an der Randkluft. Sie bietet keine besonderen Schwierigkeiten! Also steigen sie sofort in die eigentliche Wand ein. »Die Temperatur fällt ständig. Wir hatten also recht. Auch der Nebel wird dünner und zerreißt. Nach einer Stunde können wir den Himmel sehen, der mit Sternen übersät ist. Der Horizont wird langsam grau, ein neuer Tag bricht an.«

Gute Bedingungen, es gefriert, die Seilschaft kommt zügig voran. Plötzlich bricht die Hölle los: ohrenbetäubendes Krachen irgendwo über ihnen, das in der Luft stillzustehen scheint. Instinktiv schmiegen sich die Bergsteiger an die Wand und warten. Aber nichts geschieht. Eine Eislawine, die vom Sérac-Gürtel unterhalb des Gipfels abgebrochen ist, geht durch die linke Rinne nieder.

Inzwischen »steht die Sonne bereits hoch am Himmel. Aus den Schneefeldern oben stürzt eine Lawine nach der

»Hier wird es ernst. Wer in der Mulde des Mischirgi-Gletschers steht, den Kopf zurück in den Nacken legt und mit weit aufgesperrtem Mund grübelt, ob es da wirklich eine Route durch diese Eiskaskaden geben kann, der sollte sehr kritisch überlegen, ob er den Rucksack aufmacht oder zulässt. Die Felskletterein sind äußerst schwierig, die Firnpartien sind sehr steinschlaggefährdet, und Lawinen sind hier die Regel. Dennoch: eine urwüchsige Herausforderung!«

Friedrich Bender

Peter Habeler am Yerupaja.

Die Besingi-Mauer ist eine einzige große Wand mit vielen Routen.

»Die höchsten kaukasischen Berge – mit Ausnahme des Elbrus und des Kasbek, die vulkanischen Ursprungs sind – konzentrieren sich auf einem verhältnismäßig kleinen Raum, den Besingi-Kessel. Man kann also sagen, dass erst der Bergsteiger eine richtige Vorstellung vom Kaukasus haben kann, der den Besingi-Kessel kennt.«

Radovan Kuchař

anderen zu Tal. Sie dröhnen links von uns, rasen durch die Rinne und verschwinden im Abgrund. Den aufgewirbelten Schneestaub trägt der Luftstrom bis zu uns. An der Kante des Pfeilers sind wir jedoch sicher. Ich kann mir nicht vorstellen, dass einmal jemand direkt durch eine Lawinenrinne aufsteigen könnte.«

Kuchař klettert in einer Dreierpartie, und die ist – obwohl die Wandzonen sehr steil aufragen und exponierte Kletterei an festem Fels verlangen – sehr schnell. Von Zeit zu Zeit scheint es, dass dachartige Überhänge den Weiterweg versperren. Aber immer wieder findet sich ein waagrechtes Band, das in gangbares Gelände führt. Die drei sind eine gut eingespielte Seilschaft, nichts kann sie aufhalten.

»Eine Seilschaft bildet ein unteilbares Ganzes. Auf Tod und Leben verbindet sie das Seil. Können, Besonnenheit und gegenseitige Rücksichtnahme sind Eigenschaften ihrer Mitglieder«, schreibt Kuchař. »Der Fehler des Einzelnen ist der Fehler aller. Ein hochentwickeltes Gefühl der Verantwortlichkeit für die Gefährten ist die wichtigste Charaktereigenschaft des Bergsteigers. Auch der leistungsfähigste Führer ist nichts ohne die anderen. Es siegt die ganze Seilschaft.«

Ja, wenn sie durchkommt.
»Plötzlich bricht sich das Relief des Pfeilers, die Felswände gehen in einen zurückweichenden Grat über. Nach drei Seillängen stehen wir alle drei auf einer geräumigen, mit Schnee bedeckten Plattform – auf dem Pfeilerkopf.« Zwei Drittel der Wand, der schwierigste Abschnitt, liegen hinter ihnen. Bald sind die Bergsteiger direkt unterhalb der Eistürme, die wie Damokles-Schwerter über ihnen drohen. Sie klettern jetzt in der Höhe des Mont Blanc. Nebelfetzen hängen wieder in der Wand, es ist kalt und unheimlich. Der Wind jagt Eiskristalle vor sich her, die durch die Kleider dringen.

»Die Berge haben sich in weiße Finsternis gehüllt. Der Horizont existiert nicht mehr. Die Welt ist auf das Stück Eishang zusammengeschrumpft, durch das wir uns schräg in die Höhe schieben. Wir nehmen weder die anderthalb Kilometer Wand unter uns wahr noch denken wir an den Gipfel, der uns in diesem Augenblick so unwirklich erscheint. Vielleicht hat die Wand auch keinen Gipfel. Nichts erinnert uns daran, dass wir im Kaukasus sind.« Endlich erreichen sie eine Rinne und finden einen ausgezeichneten Biwakplatz. Aber nein, in der Rinne dürfen sie nicht bleiben, es könnten nachts Lawinen durch sie schießen. Also weiter! Vergangenheit und Zukunft sind bedeutungslos geworden, nur das Oben zählt. Aufwärts geht ihr Weg, in Richtung des nächsten Sérac-Gürtels.

Sie bewegen sich jetzt in einer Höhe von 5000 Metern. »Die feuchten Schuhe sind steinhart gefroren, die Kälte dringt durch die Kleider. Bei der geringsten Unvorsichtigkeit drohen uns Erfrierungen. Wir versuchen den Blutkreislauf dadurch anzuregen, dass wir beim Sichern immer einige Minuten aufs Eis stampfen.«

Bald ist es dunkel und sie haben noch immer keinen Biwakplatz. Plötzlich wird die Rinne weiter, sie traversieren ein breites Eisfeld nach rechts und müssen wieder zurück, weil sie bis über die Knie im lockeren Schnee einsinken. Unsicher geworden, hoffen sie im Sérac-Gürtel nächtigen zu können. Doch der Hang ist immer noch zu steil. Endlich, hinter einer Kante, finden sie eine Spalte, die voll Pulverschnee ist. Ein idealer Biwakplatz!

»Wir überlegen eine Weile. Bei dem unsicheren Wetter wird es wohl am besten sein, unser Lager so gründlich wie möglich herzurichten. Wir haben zwar außer den Daunenjacken noch Elefantenfüße, wie man den Teil des Daunenschlafsackes nennt, den man an der Jacke befestigen kann, aber es ist fraglich, ob wir morgen weiterkönnen. Wir entschließen uns daher, ein Schneeloch zu graben. Das ist die wärmste und sicherste Art, auf einer schweren Tour zu übernachten. Mit dem Eispickel den Schnee auszugraben und wegzuschieben ist eine schreckliche Schinderei. Es kann immer nur einer arbeiten. Müdigkeit und die 5000 Meter Höhe machen sich bemerkbar. Nach einstündiger schwerer Arbeit ist jedoch die Höhle fertig. Jetzt kann uns kein Unwetter mehr etwas antun, auch die Lawinen nicht.«

Am anderen Morgen strahlt die Sonne von einem dunkelblauen, wolkenlosen Himmel. Sie waten durch lockeren Schnee zum Gipfel. Unter ihnen bleiben Furcht und die vielen Viertausender zurück – und die Steilhänge der Dych-Tau-Nordostwand. Der Aufstieg gehört der Vergangenheit an und sie können endlich aufatmen. Haben sie doch die größte Wand im Kaukasus durchstiegen und ihr Leben dabei gewonnen – bis zur nächsten großen Wand.

»Nach Beendigung eines schwierigen Aufstiegs scheint die Sonne wärmer, die Gipfel sind herrlicher, der Himmel blauer, das Eis weißer und die Freude grenzenlos. Nach überwundener Gefahr scheint einem das Leben wertvoller.«

Radovan Kuchař starb in den Anden, unter dem Huascarán. Er wurde Opfer jener Naturkatastrophe, bei der ein Stück der riesigen Wand des Huascarán Norte abbrach, als alles vernichtende Lawine zu Tal fegte, den Ort Yungay zerstörte und eine gewaltige Flut auslöste.

Die Nordostwand des Dych-Tau. Sie steht in unmittelbarer Nachbarschaft des Besingi-Kessels.

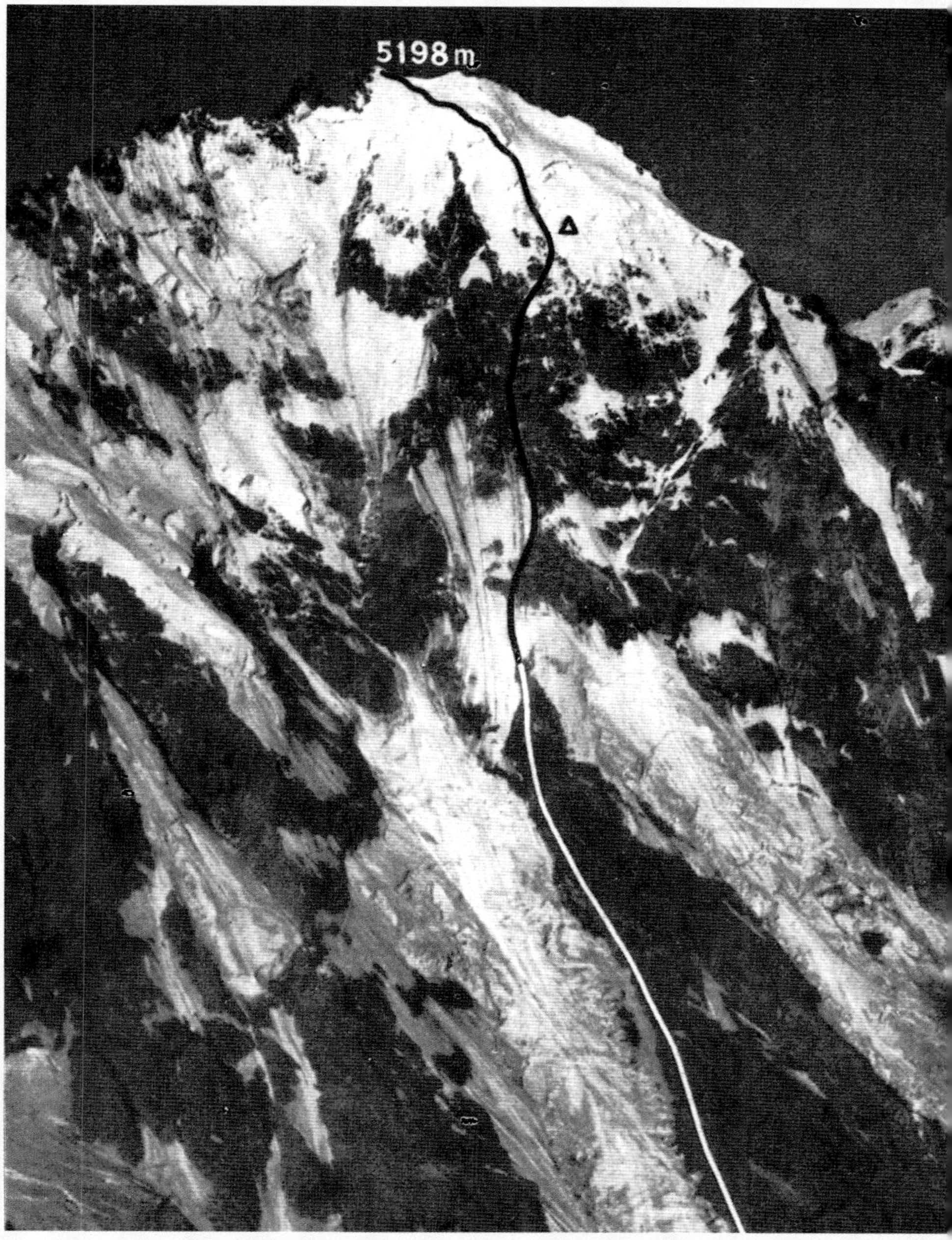

Die grossen Wände der Welt

Der Begriff der »drei großen Wände der Alpen«, geboren aus den »drei letzten Problemen« und von Anderl Heckmair in Buchform gefasst, war Teil des klassischen Bergsteigens geworden. Die »Matterhorn-Nordwand«, die »Nordwand der Grandes Jorasses« und die »Eiger-Nordwand« charakterisieren das extreme, klassische Alpenklettern so treffend, dass sie – als Dreigestirn begangen – bis 1970 das Ziel des rein alpinen Bergsteigens blieben. Diese drei Wände hatten immer wieder für Sensationen gesorgt, und es wurden immer wieder neue Kombinationen dazu gefunden. Bis heute gilt jeder, der sie »gemacht« hat, als guter Bergsteiger, auch wenn er deshalb nicht unbedingt ein exzellenter Kletterer sein muss.

Es gibt unbestritten schwierigere Wände in den Alpen, vielleicht sogar schönere, trotzdem haben nie Zweifel darüber bestanden, dass gerade diese drei Wände »die drei großen« sind. Die Nordwestwand der Civetta, die Lalidererwände, der Frêneypfeiler am Mont Blanc, die Nordwand der Droites, die Nordostwand des Piz Badile, die Westwand der Drus und viele andere – sie alle sind groß und extrem schwierig. Es fehlen ihnen aber ganz bestimmte Kriterien, um neben den »drei großen« bestehen zu können.

Abgesehen von den geschichtlichen Zusammenhängen trugen meiner Ansicht nach vor allem die Gipfelhöhen, die relativ großen technischen Schwierigkeiten, die absolute Wandhöhe, die Mischung aus Eis- und Felskletterei und nicht zuletzt die Tatsache, dass in allen drei Wänden kein einfaches Auskneifen möglich ist, zu ihrem Mythos bei. Und sie hatten lange Zeit als »unbezwingbar« gegolten! »Die großen Wände« haben also etwas mit dem »Mythos des Unbezwingbaren« zu tun, dem Unmöglichen, das zuletzt trotz allem möglich wurde.

Setzen wir nun neben den unumstößlichen Begriff der »drei großen Wände der Alpen« den neuen der »drei großen Wände der Welt«, so müssen auch für diese Wände Kriterien gefunden werden. Blieben wir den vorgenannten Richtlinien treu, so wären alle großen Wände der Welt im Himalaja und Karakorum zu finden. Die Südwand der Annapurna und der Westpfeiler des Makalu stünden zur Auswahl, die Rupal-Wand am Nanga Parbat, die Lhotse- und Dhaulagiri-Südwand, aber auch die Everest-Südwestwand, der Südpfeiler am K2.

So wie es aber in den Alpen drei Wände aus völlig verschiedenen Gebieten sind, und auch die Art der Kletterei – da es sich jeweils um andere Gesteinsarten handelt – immer eine andere ist, so sollten beim Begriff der »Wände der Welt« sowohl die geographisch wichtigsten und größten Gebirge der Erde berücksichtigt werden als auch der Wandaufbau, die Geschichte und das lokale Klima. Bleibt man bei den Kriterien der Gipfelhöhe, der technischen Schwierigkeiten, der Abgeschiedenheit und wählt die höchste Wand des jeweiligen Kontinents beziehungsweise Gebirges, so gibt es keinen Zweifel, um welche es sich bei den großen Wänden handeln muss.

Die »Rupal-Wand am Nanga Parbat« gilt als höchste Wand der Erde, und als solche ist sie natürlich auch die höchste Wand des Himalaja-Gebirges und Asiens. Zudem führt sie auf einen der vierzehn Achttausender. Die höchste Wand Amerikas, die »Aconcagua-Südwand«, leitet auf den höchsten Gipfel der Anden, und sie ist extrem schwierig. Nimmt man die »Eiger-Nordwand« als den höchsten Wandabbruch der Alpen mit in den Begriff auf, so ergibt sich an dieser, nachdem sie auch zu den »drei großen Wänden der Alpen« gehört, eine Schnittstelle beziehungsweise eine Vergleichsmöglichkeit.

Im heutigen Entwicklungsstand des Alpinismus – dem allgemeinen Ausbruch der extremen Kletterer aus lokalen Gebirgen wie den Pyrenäen oder den Alpen in die Berge der Erde – reizen natürlich die »großen Wände der Welt«. Wenn es unter diesen auch zahlreiche Drei-Sterne-Ziele wie die Dych-Tau-Nordostwand im Kaukasus, die Trollryggen-Wand in Norwegen, die Granitflucht des El Capitan in Kalifornien, die riesige Eisflanke des Mount Cook in Neuseeland – um nur einige zu nennen – gibt, so bleiben die Rupal-Wand am Nanga Parbat, die Aconcagua-Südwand und die Eiger-Nordwand doch drei klassische Ziele, die den modernen Alpinismus charakterisieren.

Die Trollryggen-Wand mit einer Reihe von Routen.

»Der gescheiterte Versuch an der ›jungfräulichen‹ Wand eines Achttausenders gibt mir mehr als die gelungene Besteigung über eine bekannte Route.«

Reinhold Messner

Bild links: Die Gipfelregion des Nanga Parbat von Süden (Rupal-Wand).

»Wie viele von uns leiden in irgendeiner Form darunter, dass ihre Fähigkeiten und Energien nicht gefordert werden. Mehr als drei Viertel aller Menschen aus den westlichen Industrieländern, sagen die Statistiker. Ich weiß es nicht. Ich weiß nur, dass Unterforderung der körperlichen und emotionalen Reserven den Seelenkrebs des ungelebten Lebens fördert. Es gibt viele Gegenmittel, Möglichkeiten, sich selbst zu fordern. Die ›großen Wände‹ sind eine davon.«

REINHOLD MESSNER

Interessant zu beobachten ist der Umstand, dass bei den Erstbegehungen all dieser fünf Wände Grenzsituationen auftraten, Beinahe-Tragödien – auch Tragödien –, wie sie in der Geschichte des Bergsteigens selten sind. Und dies, obwohl jeweils führende Alpinisten der jeweiligen Epoche daran beteiligt waren.

Es dürften heute jährlich einige hundert Kletterer sein, die die drei Nordwände der Alpen begehen, und weil es auf diesem Gebiet nur noch zweitrangiges Neuland gibt, bleibt es für einen Bergsteiger von Rang ein vordringliches Ziel, sie alle drei kennen zu lernen. Anders ist es mit den Bergen der Welt: Ein Teil der Wände im Himalaja ist noch zu »erobern«, und es stellt sich die Frage, ob es interessanter wäre, eine der zahlreichen »jungfräulichen« Wände anzugehen, als eine »klassische« zu wiederholen. Trotzdem, bald wird die Zeit anbrechen, in der es für einen Bergsteiger zum Lebensziel werden könnte, nach den drei großen Wänden der Alpen auch die Wände der Welt zu durchklettern. Eine Zielsetzung, die weit über das Achttausender-Sammeln hinausgeht. Denn zu den großen Wänden gehört das Ausgesetzt-Sein.

Mit der Durchsteigung der Rupal-Wand am Nanga Parbat kam eine neue Dimension zum Große-Wände-Bergsteigen dazu.

Aconcagua-Südwand

Lange Jahre blieb die Aconcagua-Südwand, die erste unter den Riesenflanken der Erde, die erobert werden konnte, unbekannt. Auch heute noch wissen nur Insider von ihr.

Mehrere Kilometer breit und drei Kilometer hoch ragt sie über dem Horcones-Gletscher auf. Die an sich trostlose Landschaft unter ihr – tote Gletscher, riesige Schutthalden und Schneefelder – erhält durch die abgehenden Lawinen etwas Wildes, Bedrohliches.

Die völlige Abgeschiedenheit und der ständige Wind im hintersten Horcones-Tal lassen diese Wand doppelt unangenehm erscheinen. Und erst beim Blick von oben, hinab auf den gebogenen Strom des toten Gletschers, werden die Dimensionen klar, kommt Begeisterung auf.

Die in ihrer Steilheit und Schwierigkeit sehr ungleiche Wand hält alle Zwischenstufen von der Schrofenkletterei bis zu Überhängen im VI. Grad, von flachen Schneefeldern bis zu riesigen, senkrechten Eisabbrüchen bereit. Besonders unangenehm sind die steilen, brüchigen Wandstufen sowie plötzlich auftretende Stürme. Einen besonderen Genuss allerdings bieten der Sandsteingürtel in der Wandmitte und das steile Gipfeleisfeld in der Direktroute.

Der höchste Andengipfel ist über den flachen Normalweg leicht zu erreichen und deshalb für viele Extrembergsteiger trotz der großen Meereshöhe kein lockendes Ziel. Den Berg aber über die Südwand zu erklettern, bedeutet für den modernen Spitzenbergsteiger ein Abenteuer, das Können, Erfahrung und Ausdauer verlangt.

3000 Meter fällt der Aconcagua nach Süden hin steil ab. Auf den Südgipfel (links) und auf den Hauptgipfel führen mehrere schwierige Routen.

»Dieser Dämon von Zurbriggen nahm kein Blatt vor den Mund, auch nicht gegenüber diesen ›edlen und vornehmen Herren‹. Und die Alten in Macugnaga sprechen heute noch widersprüchlich über ihn, den ›Tifal‹, Teufel.«

Teresio Valsesia

»Eine wirklich Ehrfurcht einflößende Ansicht der Südwand bietet sich nach einem Tagesmarsch den Horcones-Fluss und -Gletscher hinauf zur Plaza Francia. Von hier aus stellt sich die Felswand jäh auf, als ob die Erdkruste in einem rechten Winkel geknickt worden wäre.«

Barry Blanchard

Am 14. Januar 1897 stand der eigenwillige Bergführer Matthias Zurbriggen aus der Schweiz, der vorher im Himalaja und in Neuseeland Bergbesteigungen geführt hatte, als erster Mensch auf dem Gipfel des Aconcagua. Sein Klient, der Engländer E. Fitzgerald, war etwa 600 Meter unterhalb des Gipfels höhenkrank geworden, hatte es Zurbriggen jedoch erlaubt, allein weiterzusteigen. So wurde die Eroberung des höchsten Andengipfels, die der deutsche Gelehrte Dr. Paul Güßfeldt als erster ernsthaft versucht hatte, noch vor der Jahrhundertwende abgeschlossen.

Vorerst dachte kein Mensch daran, am Aconcagua weitere Routen zu erschließen. Der Gipfel wurde über den schottrigen Normalweg wiederbestiegen und forderte bald die ersten Opfer. Die Stürme, die große Meereshöhe und die enormen Ausmaße des Berges waren für viele Alpenkletterer neu und ungewohnt, so dass sie nur Schritt für Schritt Erfahrungen in diesen Dimensionen sammeln konnten. Im Jahre 1934 dann – in den Alpen hatte das Rennen um die letzten großen Nordwände begonnen – stieg eine polnische Gruppe über die Ostseite auf den Berg und eröffnete damit einen klassischen Eisanstieg, der heute die ideale Route für all jene wäre, denen es nicht nur um den Gipfel geht.

Die Südwand, die vom Gipfel fast 3000 Meter zum Horcones-Gletscher abfällt, hielt man lange Zeit für unbezwingbar. In den Alpen waren mit der Eroberung der Matterhorn-Nordwand und der Eiger-Nordwand zwar ähnlich schwierige Steilabbrüche gelungen, aber was sind schon die Alpen? Die Eiger-Nordwand stellte vorerst jenen Grenzwert für die Größe »kletterbare Wand« dar, der sich in Wandhöhe, Schwierigkeiten und Gefahren ausdrückt.

Solange die Eiger-Nordwand der Prüfstein für die erfahrensten und besten Alpenkletterer blieb, konnte die Aconcagua-Südwand, die eineinhalbmal so hoch und schwieriger ist als die Eiger-Wand, nicht durchstiegen werden. Zudem reicht die Aconcagua-Wand in eine Meereshöhe von fast 7000 Meter, wo sich die »dünne Luft« bemerkbar macht. Trotzdem, es war vorauszusehen, dass – ebenso wie in den Alpen der Schwierigkeitsalpinismus den Eroberungsalpinismus abgelöst hatte – früher oder später die großen Wandfluchten an den Sieben- und Achttausendern erklettert werden würden.

Bald nach dem Zweiten Weltkrieg galt es, alle Achttausender im Himalaja und Karakorum erst einmal über die Normalwege zu besteigen, die »großen Wände« blieben zunächst unbeachtet. Louis Lachenal, der zusammen mit Lionel Terray als zweite Seilschaft die Eiger-Nordwand durchstiegen hatte, glückte mit Maurice Herzog 1950 die Eroberung der Annapurna I – der erste Achttausender war damit bestiegen worden. 1953 standen Sir Edmund Hillary und Sherpa Tensing Norgay am Gipfel des Mount Everest, und wenige Wochen später erreichte Hermann Buhl den Nanga-Parbat-Gipfel. Wie lange sollte es noch dauern, jetzt nachdem die besten Alpenbergsteiger Erfahrung in großen Höhen gesammelt hatten, bis die Jungen die großen Wände an den höchsten Bergen angriffen; bis sich in den Anden und im Himalaja das Rennen um die »großen Wände« wiederholte, das in den Alpen bereits abgeschlossen war?

Die 3000 Meter hohe Südwand des Aconcagua – 1952 von Lionel Terray und Guido Magnone als alpinistisches Problem entdeckt – wurde 1954 nach wochenlangen Vorbereitungen unter dramatischen Umständen erstmals durchstiegen! Der kleinen Gruppe französischer Alpinisten, die unter der Leitung von René Ferlet die Wand angriff, bestätigte der expeditionserfahrene Terray höchstes bergsteigerisches Können. Um der Eisschlaggefahr in dieser brüchigen Riesenmauer zu entgehen, wählten die Franzosen für ihren Aufstieg einen markanten Pfeiler im Zentralteil der Wand, der in etwa 5000 Meter Höhe extreme Schwierigkeiten aufweist und versichert werden musste. Die darüber liegenden Eisfelder, den Sandsteingürtel in der Wandmitte, den Eiswulst sowie die Ausstiegsrampe bewältigte man im Alpenstil. Sieben Tage kletterten die Franzosen beim letzten Versuch in der Wand. Ein Wettersturz im oberen Drittel verlangte von der sechsköpfigen Seilschaft letzten Einsatz, und nur weil es kein Zurück mehr gab, rangen sich Lucien Bérardini, Edmond Denis, Pierre Lesueur, Robert Paragot, Guy Poulet und Adrien Dagory zum Gipfel durch. Trotz Erschöpfung und schwerer Erfrierungen. Die höchste Wand Amerikas, die »Eiger-Wand der Anden«, wie sie auch genannt wurde, war bezwungen.

Die Route, die 1966 von Georg Aikes und Omar Pellegrini, zwei Argentiniern, diagonal durch den rechten Wandteil gelegt wurde, mündet zwar in die

Die Gipfelwand der Aconcagua-Südwand durchstieg Reinhold Messner 1974 im Alleingang, um rasch bei den Kameraden zurück zu sein.

»Die Tatsache, dass der jeweils Stärkere die Führung übernimmt, ist im Grunde in jeder zwischenmenschlichen Beziehung selbstverständlich und durch die Natur gegeben. Nicht selten aber kommt es vor, dass bergsteigerischer Ehrgeiz, Selbstüberschätzung oder Imponiergehabe diese natürliche Ordnung stören und daraus für die Seilschaft oder eine ganze Expedition gefährliche Situationen entstehen. Ich bin sicher – wie oft schon habe ich dies an Freunden oder an mir selbst erlebt –, dass der jeweils Führende besonders dann über sich hinauswächst, wenn es gilt, den Gefährten in Sicherheit zu bringen.«

REINHOLD MESSNER

Auch die Südwand des Aconcagua wird inzwischen für Dutzendaufstiege abgesichert.

»Heute ist das Bergsteigen einer breiten Bevölkerungsschicht möglich und mehr eine Zeit- als eine Geldfrage. Wer zum Beispiel an einer Expedition teilnehmen will, muss sich Monate lang freihalten können, eine Zeitspanne, die nur den allerwenigsten als Urlaub zusteht. Ich zum Beispiel habe den unsicheren Weg des freiberuflichen Alpinisten gewählt, um mir die größtmögliche Unabhängigkeit zu bewahren, um die Voraussetzung zu haben, große Bergfahrten in aller Welt und in Serie durchführen zu können – 30 Jahre lang.«

REINHOLD MESSNER

Ausstiegsrampe der Franzosenführe, bleibt aber als Südwandanstieg sekundär, da sie den zentralen Wandteil umgeht. Ebenfalls 1966 gelang Hans Schönberger und José Luis Fonrouge im Rahmen der Internationalen Naturfreunde-Anden-Expedition unter Fritz Moravec eine Blitzdurchsteigung der Wand, wobei im unteren Teil eine neue Route eröffnet worden war, die sich unterhalb des Sandsteingürtels mit der Franzosenführe vereint. Diese Route ist zwar leichter als die der Franzosen, jedoch so eisschlaggefährlich, dass ich von ihr abraten möchte.

Der von der Südtiroler Anden-Expedition 1974 eröffnete Direktausstieg vom großen Schneefeld zum Gipfel ergänzt die Franzosenführe ideal und ergibt mit dieser die klassische Anstiegsroute durch die Wand. Während die ersten Wiederholer der Südwand – Expeditionen aus Japan und Spanien – die Franzosenführe wählten, wird heute von vielen Seilschaften und Sologehern mehr und mehr die Südtirolerführe auf den Hauptgipfel des Aconcagua angepeilt.

Die Südwand des Pik Kommunismus

Nicht ganz so hoch wie die Aconcagua-Südwand, aber viel schwieriger und gefährlicher ist die Südwand des Pik Kommunismus im Pamir-Gebirge. Diese »Wand der Wände« der Bergsteiger der ehemaligen Sowjetunion, 2900 Meter hoch, gelang erstmals 1968 E. Myslovsky, A. Ovchinnikov, V. Gluhov und V. Ivanov, und zwar in ihrem rechten, südwestlichen Teil. Sie gipfelt in 7495 Meter Meereshöhe. Später kam eine Reihe noch schwierigerer Anstiege dazu, und obwohl diese Wand zwei Jahrzehnte lang das begehrteste Ziel aller Spit- zenbergsteiger aus dem ehemaligen Ostblock gewesen war, wurde sie von Bergsteigern aus dem Westen gemieden. Wenn auch inzwischen vor allem Ostberg-steiger die Richtung der modernen Alpinistik im Himalaja und Karakorum bestimmen, wagt sich kaum ein Westbergsteiger an die »große Wand« im Pamir. Auch heute noch nicht.

Vielleicht haben wir, in unseren Reisemöglichkeiten in der ehemaligen Sowjetunion einst eingeschränkt, jene »Meisterwerke« östlicher Kletterkunst auch deshalb nicht aufgesucht, weil es Probleme dieser Größenordnung ebenso im Karakorum und Himalaja gab. Heute aber, nachdem fast alle großen Gebirge zugänglich sind und Erstbegehungsmöglichkeiten logischer Routen rar werden, ist es an der Zeit, dass Bergsteiger aus den Alpenländern und den USA jene Wände im Tien Shan und im Pamir wiederholen, die der Stolz der Lokalbergsteiger sind. Die Südwand des Pik Kommunismus braucht den Vergleich mit anderen großen Wänden nicht zu scheuen. Wer »die großen Wände der Welt machen« will, kommt nicht an ihr vorbei.

Sowjetische Bergsteiger in ihrer typischen Ausrüstung und dahinter die Gipfelwand der Pik-Kommunismus-Südwand.

»Als größte Ziele der 1950er und 60er Jahre galten, nun immer drängender, die Idealdurchstiege von Wänden, versinnbildlicht durch die Linie des fallenden Tropfens. (...) Bei so übergeordneter Zielsetzung wie der formalen Linienführung galt die Frage nach dem notwendigen Hilfsmittelaufwand als verhältnismäßig zweitrangig.«

DIETRICH HASSE

Den ersten Durchsteigungsversuch wagte 1962 eine Expeditionsgruppe unter Vitalij Abalakov. Sie gelangte bis über das erste Felsdreieck im unteren Teil des Wandzentrums und kehrte um. Die Gründe dafür sind nicht bekannt. Es könnte am sehr schlechten Wetter und an der extremen Steinschlaggefahr, der die Wand in jenem Jahr ausgesetzt war, gelegen haben. »Die Bereitschaft des Teams nämlich, die Wand zu erobern, stand außer Frage: Es setzte sich aus den besten Kletterern der Sportgemeinschaft ›Spartak‹ zusammen.« (Victor Sedelnikov)

Für 1968 hatte der Bergsteigerverband der UdSSR geplant, eine sowjetisch-französische Expedition für die Ersteigung der Pik-Kommunismus-Südwand zu organisieren, was man dem Club Alpin Française im Februar 1968 vorschlug. Doch die Franzosen hatten nicht genügend Zeit zur Vorbereitung und mussten ihre Teilnahme ausschließen.

Die wichtigsten Routen in der Pik-Kommunismus-Südwand:
1 = Myslovsky (1968)
2 = Onichienko (1970)
3 = Koustovski (1973)
4 = Nepomniachi (1977)
5 = Valiev (1980)
6 = Solonnikov (1981)
7 = Petrov (1987)

Das Basislager der sowjetischen Bergsteiger stand auf dem Belyaev-Gletscher. Die Wand wirkte unnahbar und schien großes Können und Kaltblütigkeit zu verlangen. Am 19. Juli begann die Ersteigung. Eine Viererseilschaft erkundete. Danach stand fest, dass der untere Wandteil brüchig und extrem steinschlaggefährlich ist, und dass es für ein Vier-Mann-Team schwierig werden würde, die Wand zu erklettern und das Material hochzubringen. Es zeigte sich als notwendig – und die zweite Mannschaft schlug dies auch vor – zu acht in die Wand zu steigen. Der Angriff sollte im Alpenstil erfolgen. »Einen anderen Stil hätten sowjetische Kletterer zu dieser Zeit abgelehnt.« (Sedelnikov)

Doch in einer Diskussion wurde offenbar, dass die Teilnehmer jener Mannschaft, die zur Erkundung in der Wand gewesen war, noch nicht die Moral für eine derartige Ersteigung aufbrachten. Deshalb war es notwendig geworden, umzudenken. Bis zum 24. Juli hatte ein Viererteam, in dem sich die Teilnehmer untereinander abwechselten, 600 Meter der Wand erklettern können, Haken geschlagen und an den schwierigen Passagen Seilgeländer gespannt. Danach erholten sich die Bergsteiger im Basislager.

Am 31. Juli befand sich wieder ein Wandteam in der Route. An die Gefahr hatte man sich mittlerweile gewöhnt. Am 1. August wurde eine Plattform erreicht, an der der erste Ansturm geendet hatte. Am nächsten Morgen begannen Myslovsky und Ovchinnikov weiter aufzusteigen. Doch vom Basislager kam eine Zweierseilschaft mit der Nachricht herauf, dass es am Pik Patriot einen Unfall gegeben hätte. Es war zwingend, abzusteigen und zu helfen. Der Abstieg, das Überwechseln zum anderen Berg, der Abtransport eines Verletzten, der sich bei der Ersteigung des Pik Patriot ein Bein gebrochen hatte, und die Rückkehr ins Basislager fraßen fast eine Woche Zeit.
Am 8. August konnte das Basislager wieder bezogen werden, und am Morgen darauf stieg eine Viererseilschaft in die Wand. An ihrem Fuß war es schwarz von heruntergefallenen Steinen. Als die Kletterer ihr Zelt, das sie in der Route stehen gelassen hatten, erreichten, sahen sie, dass es von Steinen zerschlagen war. Steine fielen von links und von rechts, erst nach 19 Stunden ließ der Steinschlag nach. Neun Tage dauerte der endgültige Wanddurchstieg, und es gab dramatische Szenen.

»Myslovsky näherte sich einem Felsvorsprung und versuchte dort, einen Haken zu schlagen. In dem Moment sah Ovchinnikov, dass ein Stein auf ihn zuflog. Auf die Seite zu springen war nicht möglich, Myslovsky wäre dann aus dem Stand gerissen worden. Ovchinnikov krümmte sich so weit es ging und vertraute auf seinen Schutzhelm. Der Stein flog ganz nahe an seinem Gesicht vorbei.« (Sedelnikov)

Am Abend des 14. August begann es zu schneien, und bald schossen Schneerutsche über die Wand. Am Morgen war das Zelt eingeschneit. Die Kletterer kamen nur schwer heraus. Es herrschte große Kälte. Trotzdem entschieden sie sich dafür, den Aufstieg fortzusetzen.

In der zweiten Tageshälfte geschah etwas Ungeheuerliches. Myslovsky hatte das Seil halb ausgegangen und hielt inne, um einen Haken zu schlagen. Plötzlich glitt er aus und rutschte nach unten. Ovchinnikov sprang geistesgegenwärtig auf einen kleinen Absatz hinunter. Falls der Haken hielt, würde er einen Teil der Fallenergie aufnehmen können. Hielte er nicht, würden sich beide Kletterer in wenigen Minuten auf dem Belyaev-Gletscher befunden haben. Es gab einen Ruck und der Sturz war aufgehalten worden. Ovchinnikov rief: »Wie geht es Dir?« Es kam zunächst keine Antwort, aber dann hörte er: »Alles in Ordnung.«

Eine kurze Pause und weiter. Sie überwanden den zentralen Felsgürtel und querten nach links. Alle waren nun müde geworden und es galt, den Gipfel möglichst rasch zu erreichen. Am Abend des 17. August stieg das Wandteam zum Grat aus, und am darauffolgenden Tag erreichte es den Gipfel.

Die Ersteigung erfuhr in Bergsteigerkreisen eine derartige Wertschätzung, dass das Sportkomitee der UdSSR die Bewilligung gab, die Teilnehmer mit dem Rang »Internationale Meister des Sports« auszuzeichnen.

»Die Südwand des Pik Kommunismus ist nun so populär, dass die besten Seilschaften es als eine Prestigeangelegenheit ansehen, sie zu durchsteigen. Die Erschließung der Wand ging weiter. Die sich links der Myslovsky-Route befindlichen Führen sind schwieriger. Der etwa 600 Meter hohe, in 6500 Meter ansetzende und 90° steile zentrale Wandgürtel (›Bauch‹) bildet den Schlüssel für alle diese Anstiege.« (Sedelnikov)

Bild oben: Der »Bauch« (Pusa) in der Pik-Kommunismus-Südwand.

Bild links: Sowjetischer Kletterer beim Sichern in der Südwand des Ahmadi Donish.

»Mit ihrem ständigen Steinschlag ist die 2000 Meter hohe Süd- oder Südwestseite ein sehr ernstes Unternehmen. Sie ist kompromisslos steil und stellenweise überhängend. Eine besonders auffällige Formation ist die Pusa (›Bauch‹) genannte Passage, die über 600 bis 900 Meter 80 bis 85° steil ist.«

MIKE SMITH

Nanga-Parbat-Südwand

Die Südwand des Nanga Parbat, auch Rupal-Wand genannt, ragt 4500 Meter hoch über die Tap-Alpe auf und gehört zu den größten Steilabbrüchen der Erde. Sie ist nicht so abweisend wie andere Achttausenderflanken, erhält aber durch den Kontrast zu den unmittelbar darunter liegenden Almmatten eine besondere Faszination.

Als A. F. Mummery, später Willo Welzenbach und Willy Merkl die Rupal-Wand sahen, dachte keiner an eine Möglichkeit der Durchsteigung. Sogar Hermann Buhl, der den Walker-Pfeiler und die Eiger-Nordwand begangen hatte und später für kurze Zeit mit dem Plan Aconcagua-Südwand spielen sollte, hielt die Südwand des Nanga Parbat für unmöglich, nachdem er von oben einige Male die Südostflanke hatte einsehen können.

Alle aber, die unter dieser Wand standen, in sie hineinsahen oder an ihr vorbeiflogen, waren begeistert von dieser »höchsten Fels- und Eiswand der Erde«. Die Wand – in den ersten 2000 Höhenmetern relativ flach und leicht – bäumt sich nach oben hin auf. Die Route, die sich am pfeilerartigen Mittelteil der Wand abwickelt, ist logisch und relativ sicher. Eine Folge von Eisfeldern, Pfeilerkanten und Rinnen leitet vom Einstieg bis zum Gipfel des neunthöchsten Berges der Erde, eine herausfordernde Möglichkeit für den modernen Alpinisten.

»Eine Schönwetterperiode bahnt sich an. Wir wollen die Tage für den ersten und vielleicht auch letzten Gipfelvorstoß nutzen. Am Abend des 18. Juni steigen die Gebrüder Messner zusammen mit Werner Haim, Elmar Raab und zwölf Hochträgern ins Lager 1 auf. (...) Anderntags (...) in der frühen Morgenstunde erreichen sie das total verschüttete Hochlager 2 und machen sich sofort an die Ausgrabungsarbeiten.« So beginnt Dr. Karl M. Herrligkoffer in seinem offiziellen Expeditionsbericht »Kampf und Sieg am Nanga Parbat« die Schilderung des letzten Aufstiegs.

Die Geschichte

Eine Kundfahrt 1963 unter Dr. Karl M. Herrligkoffer entdeckte zwei mögliche Anstiegsrouten durch die Rupal-Wand, den Toni-Kinshofer-Weg links hinauf zum Westsattel und eine Direttissima in Falllinie der Südschulter, die an Eleganz und Steilheit ihresgleichen im Himalaja sucht. Sogar eine dritte Möglichkeit, der Südostpfeiler, wurde diskutiert.

Der Zentralpfeiler wurde im Winter 1964 erstmals versucht. 1968 erreichte eine ausgezeichnete Mannschaft, die aus dem Hauptteil der Eiger-Direttissima-Expeditionsmannschaft bestand und mit vielen Vorschusslorbeeren von Europa aufgebrochen war, das Merkl-Eisfeld, den Beginn der Hauptschwierigkeiten. Diese Expedition, die wie alle vorherigen Rupal-Expeditionen unter Herrligkoffers Leitung stand, sollte die Voraussetzung für den Erfolg der Expedition von 1970 schaffen.

Gestützt auf die Nanga-Parbat-Erfahrungen von 75 Jahren, nach einer Erkundungsexpedition und den zwei gescheiterten Versuchen brachte die Sigi-Löw-Gedächtnis-Expedition unter Leitung von Dr. Herrligkoffer, der auch ich und mein Bruder Günther angehörten, im Sommer 1970 den lang ersehnten Erfolg an der Rupal-Flanke. Weitere Teilnehmer des Unternehmens waren: Michl Anderl, Gerhard Baur, Wolf Bitterling, Werner Haim, Alice von Hobe, Max von Kienlin, Günter Kroh, Dr. Hermann Kühn, Felix Kuen, Gert Mändl, Elmar Raab, Hans Saler, Peter Scholz, Peter Vogler, Jürgen Winkler. Mit der Unterstützung einer ausgezeichneten Mannschaft also stieß die fünfköpfige Spitzengruppe bis unter die Merkl-Rinne, die Schlüsselstelle der Wand, vor. Dann ging alles sehr schnell. Günther stieg mir, der ich aus Wettergründen allein zu einem Blitzversuch zum Gipfel aufgebrochen war, aus freien Stücken nach, und gemeinsam erreichten wir den Gipfel. Felix Kuen und Peter Scholz folgten einen Tag später. Während die zweite Seilschaft am 28. Juni zum Gipfel aufstieg und nach einem Biwak nahe der Südschulter über die Anstiegsroute ins Basislager zurückkehrte, sah ich mich an diesem 28. Juni, einen Tag nach unserem Gipfelgang, gezwungen, mit meinem höhenkranken Bruder über die leichtere Diamir-Seite abzusteigen. Es war für uns ein Abstieg in die Verzweiflung, und damit nahm diese Expedition eine tragische Wende.

Von den acht Bergsteigern, die bis 1970 den Gipfel des Nanga Parbat erreicht haben, leben heute nur noch zwei. Hermann Buhl stürzte am 27. Juni 1957 an der Chogolisa im Karakorum ab. Günther Messner, mein Bruder, der am 27. Juni 1970 mit mir auf dem Gipfel gestanden hatte, sollte zwei Tage später am Fuße der Diamir-Flanke von einer Lawine verschüttet werden. Sigi Löw war acht Jahre vorher beim Abstieg tödlich verunglückt. Toni Kinshofer, der wohl beste Bergsteiger Deutschlands nach dem Zweiten Weltkrieg, stürzte wenige Jahre nach seiner Nanga-Besteigung am Battert zu Tode, Peter Scholz an der Aiguille Noire. Felix Kuen nahm sich am 23. Januar 1974 das Leben.

Trotz dieser Zufälle ist es Unsinn, vom »Fluch des Nanga Parbat« zu sprechen, und wenn der Nanga zum »Schicksalsberg der Deutschen« geworden ist, dann nicht deshalb, weil ein »Dämon« dort regiert, sondern einfach deshalb, weil er so unendlich viel größer ist als wir Menschen.

»Die phantastische Südwand des Nanga Parbat, die Rupal-Flanke, ist der größte vertikale Wandabbruch der Erde.«

Richard Cowper

»In einer ziemlich großen Expedition, mit erfahrenen deutschen und österreichischen Bergsteigern, kletterten Günther und ich im Mai und Juni 1970 etwa 40 Tage lang, mit Unterbrechungen, in der Südwand des Nanga Parbat. Meist waren wir an der Spitze der Gruppe.«

Reinhold Messner

Das viele schlechte Wetter und die Lawinengefahr sind neben der Höhe und der Größe der Wand die Probleme bei einer Durchsteigung der Rupal-Wand.

»Dagegen bricht der Berg im Süden, gegen das Rupal-Tal, mit einer gewaltigen Wandflucht ab, so steil, dass sich hier nur eine schwache Firn- und Eisverkleidung, durch Felspfeiler unterbrochen, bilden konnte.«

GÜNTHER OSKAR DHYRENFURTH

»Ein alpiner Scharlatan ist, wer an einem Trekking in Nepal teilnimmt und seine Mitwelt anschließend glauben lässt, er sei Teilnehmer einer Himalaja-Expedition gewesen. Ein Scharlatan ist, wer seine Zuhörer oder Leser glauben lässt, er hätte den Nanga Parbat bestiegen, ohne selbst oben gewesen zu sein.«

REINHOLD MESSNER

Bild rechts: Die Diamir-Wand des Nanga Parbat, links oben die Bazhin-Mulde.

Dreißig Jahre sind seit der Erstbegehung der Rupal-Wand vergangen, Jahre, in denen ich andere Berge bestiegen und viele neue Erfahrungen gewonnen habe. In sieben Jahren, sagt man, erneuere sich der Mensch, sind alle seine Zellen ausgetauscht. Ob das auch für seinen Geist gilt?

Über die Erstbegehung der Rupal-Wand am Nanga Parbat, über die »rote Rakete«, ist in der Zwischenzeit so vieles geschrieben worden, dass die damaligen Begebenheiten hinlänglich bekannt sein dürften und sich jeder, der sich mit allen Schilderungen auseinandersetzt, sein eigenes Urteil bilden mag.

Ich will hier nicht von den 40 Tagen erzählen, die mein Bruder Günther und ich in der Rupal-Wand zugebracht haben, die wir uns voll eingesetzt haben, um diese höchste Fels- und Eiswand der Erde zu bezwingen. Der anschließende Abstieg über die Diamir-Flanke, der sich uns als einzig möglicher Ausweg zurück ins Tal, ins Leben, anbot, ist zwar bis jetzt mein härtestes Bergerlebnis geblieben – aber auch er gehört nicht hierher. Es war ein Abstieg in die Verzweiflung, nicht ein Einstieg in eine große Wand. Mir genügt zwar heute die Erinnerung an die gemeinsame Gipfelstunde mit Günther, um die Empfindungen von damals wachzurufen, aber alles erscheint in abgeblendetem Licht.

Einmal bin ich gestorben bei dieser Expedition. Gestorben nicht im eigentlichen Sinne – ich glaube nicht an eine Auferstehung –, gestorben war nicht mein Körper, sondern mein Geist, mein Wille, meine Hoffnungen. Ich hatte an der Merkl-Scharte das Gefühl gehabt, »als Bündel selbst hinter mir herzurollen«, und im Diamir-Tal war mein letztes Hoffen geschwunden. Und wenn ich mich auch wiederfand, so war es ein neuer Geist, ein neuer Wille, neue Hoffnungen, die mich weitertrugen.

Beim Aufbruch und vor allem die Jahre vorher, als ich mich immer intensiver mit den Versuchen an der gigantischen Rupal-Flanke beschäftigte, ging es auch mir mehr um »Kampf und Sieg am Nanga Parbat«, um die höchste Wand der Welt. Heute, im Rückblick, ist mir das alles nicht wichtig. Einer der Erstbegeher der Rupal-Wand zu sein, was ist das schon!

Doch damals galt all unser Wille dieser Wand. Günther und ich wollten möglichst bis zum Gipfel kommen, und hinter diesem Wunsch stand auch eine gute Portion Egoismus. Aus einem Brief, den Günther wenige Tage vor dem Gipfelangriff an unsere Eltern und Geschwister schrieb, geht das deutlich hervor. Auch wenn unsere Chancen zu diesem Zeitpunkt klein schienen, hatten wir unsere ehrgeizigen Hoffnungen nicht aufgegeben.

Rupal-Tal, Tap-Alpe, 15. Juni 1970

Liebe Eltern, liebe Geschwister,

heute ist es genau ein Monat, dass wir am Berg sind. Am 15. Mai haben wir hier auf der Tap-Alpe unser Hauptlager erstellt. Inzwischen hat sich vieles ereignet und verändert. Der Schnee ist bis weit hinauf geschmolzen, und die Tap-Alpe ist grün geworden. Sie steht voller Blumen, teilweise ähnelt sie einem englischen Garten. Halbwilde Jakherden tummeln sich im kesselartigen, wildromantischen Hochtal. Abgemagerte Pferde erholen sich hier vom strengen Winter.

Ich sitze jetzt ziemlich genau über dem Basislager und übersehe den ganzen Talkessel: Die Alpe selbst ist ein fast tischebener Weideplatz. In der Mitte steht Wald. Gewitter und Lawinen haben ihre Spuren hinterlassen. Jeder zweite Baum ist kahl, verdorrt. Abends bringen uns die Träger oft fünf bis sechs solcher verdorrter Bäume, die ein riesiges Lagerfeuer geben.

Im Norden, gerade über uns, steht die Rupal-Flanke. 4500 Höhenmeter sind es bis zum Gipfel, unglaublich beeindruckend. Zwei riesige Moränen grenzen die Alpe im Osten und Westen ab. Im Süden beherrscht der Rupal Peak das Tal. Er ist ein begehrtes Ziel unserer »Amateurbergsteiger«; bisher jedoch haben sie den Gipfel nicht erreicht.

In der Nordwestecke etwa liegt unser Basislager, daneben zwei Quellen. Sie sind fünf Minuten entfernt. Unsere Zeltstadt besteht aus fünfzehn Zelten, einschließlich Trägerzelten, Küche, Esszelt, Leaderzelt. Alles ist fein eingezäunt, und mitten im Kreis steht ein Stamm mit der deutschen und der pakistanischen Flagge. Jeder hat sein Zelt, in dem er notfalls (wenn es regnet oder schneit) schreibt, liest, schläft, wo er seine persönlichen Sachen aufbewahren und auch wiederfinden kann. Reinhold und ich haben zusammen ein Drei-Mann-Zelt. Wir haben's recht bequem. Luftmatratze und Schlafsack haben wir natürlich auch, und es schreibt uns niemand vor, wie wir unser Zelt einzurichten haben. Das war kurz ein Einblick ins Basislager, das Mutterlager aller unserer exponierten und vorgeschobenen Hochlager.

Warum ich Euch heute einen Brief, einen Lagebericht, aus dem Hauptlager schreibe, während der Brief vom Lager III noch gar nicht abgegangen ist? Seit gut zehn Tagen ist hier die Hölle los, nicht unter der Mannschaft, die hat sich kameradschaftlich vorbildlich zusammengearbeitet, nein, das Wetter ist große Scheiße; seit 3. Juni schneit und stürmt es praktisch ununterbrochen. In den Hochlagern gibt es täglich große Mengen Neuschnee (ein Meter und mehr!). Die Lawinen donnern die endlose Steilflanke herunter. Nur gut, zu gut, dass ich weiß, dass Reinhold und ich bisher jeden Lagerplatz ausgesucht haben und die Lage besonders auf Lawinen- und Steinschlaggefahr geprüft haben. Dann erst haben wir die Zelte aufgebaut. Lager I unter einem großen Felsvorsprung, Lager II unter einem etwa 20 Meter hohen senkrechten Sérac-Abbruch, der oben einen Grat bildet, der die Lawinen teilt und links und rechts hinunterdonnern lässt. Lager III ist unser berühmter Eisdom, dem die Lawinen ebenfalls nichts anhaben können. Lager IV wurde bisher nicht bezogen (erreicht am 3. Juni – Rückzug wegen Schneetreibens).

Die Wand ist bei Neuschnee ungemein gefährlich und heimtückisch. Wenn Lawinengefahr besteht, wird auch bei schönem Wetter nicht gegangen und getragen. Innerhalb von zwölf Tagen wurden alle Hochlager geräumt, und die ganze Mannschaft ist ins Basislager zurückgekehrt. Nur das erste Mal, wie ihr aus einem anderen Brief entnehmen könnt, sind Reinhold und ich zehn volle Tage bei Schneesturm im Lager III geblieben und haben auf schöneres Wetter gewartet. Wir sind auch deshalb oben geblieben, weil ein Abstieg später doch zu riskant gewesen wäre.

Am 10. Juni war dann wieder ein einigermaßen sonniger, windstiller Tag, und der viele Schnee ist entweder abgegangen oder er hat sich gesetzt, und die übrige Mannschaft, die seit dem 5. Juni im Basislager war, stieg im Lauf des Tages wieder in die Lager auf. Neue Hoffnung und viel Auftrieb schienen einen neuen Abschnitt im Expeditionsgeschehen einzuleiten. Am 11. Juni wollten Reinhold und ich zum Lager IV aufsteigen, um endlich einen guten Platz am unteren Rand des Merkl-Eisfeldes ausfindig zu machen und ein Zelt einzurichten. Für zwei bis drei Tage hätten die Lebensmittel, die wir bereits am 3. Juni hochgeschleppt hatten, gereicht, dann wären die anderen mit

»Günther, Gerhard Baur und ich stiegen noch einmal zum letzten Lager auf, wo Felix Kuen und Peter Scholz auf etwa 7400 Meter ein Zelt aufgestellt hatten. Von dort aus erreichten wir am 27. Juni, zuerst getrennt, im letzten Stück gemeinsam kletternd, den Gipfel des Nanga Parbat. Die Rupal-Wand, die höchste Fels- und Eiswand der Erde, war durchstiegen.«

REINHOLD MESSNER

»In einem Absteigen an der Diamir-Wand sah Reinhold Messner zu Recht die einzige Überlebenschance für seinen Bruder. Diese Wand ist in ihrem oberen Bereich nicht supersteil, und mit Erreichen der Mummery-Rippen befanden sich die Brüder Messner in bereits 1895 begangenem Gelände.«

HORST HÖFLER

Nachschub gekommen. Doch morgens empfing uns ein Graupelschauer, und eine schwarze Wolke umschloss wie ein Ring den Nanga. Schnell verkrochen wir uns wieder ins Zelt. Um 6 Uhr war dann die Hölle wieder los. Wir waren sauer. Erstens waren wir bald volle 14 Tage auf Lager III in 6000 Meter Höhe, zweitens fühlten wir, dass wir Bewegung unbedingt nötig hatten, deshalb beschlossen wir am 12., spätestens am 13. Juni, falls das Wetter wirklich nicht schön würde, abzusteigen. Dank der guten Akklimatisation sind wir dann am 13. Juni nachmittags in wenigen Stunden bis ins Basislager hinuntergestiegen.

Der Wetterbericht aus Peschawar war immer noch schlecht, so dass auch die übrige Mannschaft (neun Mann) am 14. Juni die Hochlager wieder räumte (die Lebensmittel waren inzwischen auch knapp geworden, weil der Transport mit den Hochträgern praktisch seit 3. Juni nicht mehr läuft). Heute, 15. Juni, sind wir alle (18 Sahibs, 15 Hochträger und der fünfundzwanzigjährige Begleitoffizier) hier im Basislager versammelt. Der Nebel hängt herunter bis zur Tap-Alpe, und oft regnet es leise. Oben in der Rupal-Flanke donnern die Lawinen. Ihr könnt Euch denken, dass die Stimmung etwas gedrückt ist, auch wenn man es nicht jedem ansieht. Die Hoffnung auf den Gipfel ist durch dieses Sauwetter viel kleiner geworden, und manche meinen, es hätte gar keinen Sinn mehr.

Einige von uns wollen auf keinen Fall aufgeben und sagen sich, es ist billiger, länger hier zu bleiben, als noch einmal zu kommen. Im extremen Fall möchten wir bis zum 15. Juli bleiben, weil mit der Monsunzeit erfahrungsgemäß eine Schönwetterperiode eintritt.

Leider wird es mit den Lebensmitteln knapp werden. Wir besprechen schon jetzt eine Rationierung hier im Basislager. Heute haben wir zum Beispiel einen jungen Jak gekauft (200 Rupien = etwa 156 DM), den wir im Lauf der nächsten Schlechtwettertage verzehren werden. Außerdem wollen wir Eier, Mehl, Kartoffeln und Reis bei den Bauern kaufen und uns hier im Basislager »rupalisch« ernähren und die wertvollen Lebensmittel für die Hochlager aufsparen. So können wir ein plötzliches Ausgehen der Lebensmittel vermeiden. Gemüsedosen haben wir noch im Überfluss, und Rhabarber gibt es hier auch in rauen Mengen.

Gerade fangen unsere Träger zusammen mit einigen heimischen Bauern den jungen Ochsen, den wir in den nächsten Tagen am Spieß braten werden. Wie die Steinzeitmenschen sind sie hinter dem halb wilden Vieh her!

Alles ist gesund. Nur unser Jüngster, Peter Vogler, ist schwer erkrankt, er hat sich unter unendlichen Qualen vom Windenlager ins Basislager geschleppt. Rippenfellentzündung ist die Diagnose. Reinhold und mir geht es gut, obwohl wir abgenommen haben oder gerade deswegen. Unsere Nasen häuten sich schon wieder.

Alle vier oder fünf Tage kommt der Postläufer, ein flinker, kleiner Bauer aus Tarshing, und bringt Post und Eier. Er reitet oder fährt mit dem Jeep am jeweils übernächsten Tag zurück nach Gilgit, wo inzwischen die Straße wieder in Ordnung sein soll. Beim Anmarsch war sie kaputt, und deshalb gingen wir zu Fuß. Morgen also wird er mit ca. 20 Briefen von uns, von denen wir die meisten im Lager III während des erwähnten Dauersturms geschrieben haben, und mit anderer Post wieder nach Gilgit reiten.

Inzwischen ist bei Euch die Schule aus, und wir sind neugierig, wo ihr alle seid, wenn wir heimkommen. Haben Helmuth, Erich und Waltraud unsere Briefe erhalten? Die Post ist schwerfällig, und ich glaube, dass manche Briefe verloren gehen.

Der Ochse ist geschlachtet, und wir freuen uns auf Leber, Lunge und auf das Fleisch am Spieß mit viel Gemüse.

Bis Ende Juni könnt ihr uns noch schreiben, weil wir die Post auch in Gilgit erhalten, notfalls in Rawalpindi. Wie lang die Rückreise dauert, hängt vom Wetter ab. Auf jeden Fall sechs Tage ab Basislager.

Auf ein Wiedersehen freuen sich
Günther und Reinhold

Zu einem Wiedersehen ist es nicht mehr gekommen. Günther blieb nach der Überschreitung des Nanga Parbat verschollen. Ich kam allein zurück – als ein anderer.

Jahrelang habe ich mich gewehrt gegen all die Anfeindungen und Vorwürfe, die diese Nanga-Parbat-Überschreitung nach sich gezogen hatte. Inzwischen weiß ich, dass es mich nicht weiterbringt, ständig über das Warum des Unglücks nachzudenken. Und ich bin auch nicht mehr enttäuscht über den Ausgang der Expedition – nur traurig, dass Günther nicht mehr da ist.

Mit der großen Enttäuschung bin ich fertig geworden, indem ich mich gewissermaßen in sie hineinfallen ließ; ich habe angefangen, mehr in mich selbst hineinzuhorchen, als auf das zu hören, was andere mir glaubten

vorwerfen zu müssen oder mir einzureden versuchten. Für den Entschluss, in die Diamir-Seite abzusteigen, trage ich allein die Verantwortung. Ob es richtig war oder nicht, wer kann es wissen? Obwohl viele darüber gerichtet haben, wir hatten keine andere Wahl.

Solche Irrgänge sind im Moment zwar zum Verzweifeln, ansonsten aber gut für einen jungen Menschen, weil solche Erfahrungen Empfindungen vertiefen.

Ich hatte das Glück, sehr früh »zu sterben«. Was wiederum die Voraussetzung schaffte, mich mit den Grundfragen des Daseins zu beschäftigen.

Die Nanga-Parbat-Odyssee gab mir die Kraft, auch weiterhin Risiken zu akzeptieren oder aber sie zu meiden, und jedes einzelne Wagnis, ob es »erfolgreich« endet oder nicht, sehe ich als einen unverzichtbaren Bestandteil meines Lebens.

Lange glaubte ich: Nachdem mir die Überschreitung des Nanga Parbat gelungen war und mich auch die vielen Streitigkeiten hinterher nicht umgebracht hatten, kann mir nichts mehr passieren. Doch auch dieses Gefühl trügt, und ihm nachzugeben kann gefährlich sein. So bin ich auf die nächste Enttäuschung gefasst. Sie gehört zur Dramaturgie des Lebens.

Der Nanga-Parbat-Gipfel im letzten Abendlicht und das finstere Diamir-Tal, durch das Reinhold Messner 1970 allein absteigen musste.

Von den jeweils erfolgreichsten Bergsteigern einer Epoche sterben erfahrungsgemäß nur etwa fünfzig Prozent eines »natürlichen Todes«. Die anderen stürzen ab, erfrieren, kommen am Berg um. Dieser Umstand – die alpine Geschichte belegt ihn mit brutaler Realität – hat mich früh veranlasst, selbstkritische Überlegungen zum Große-Wände-Bergsteigen anzustellen. Ist es denn reiner Zufall, wer »am Berg bleibt« und wer »überlebt«, oder gibt es da Zusammenhänge mit Erfahrung und Vorsicht eines Bergsteigers? Heute bin ich überzeugt davon, dass für das Durchkommen in einer Grenzsituation der Überlebenswille ausschlaggebend ist. Ja, dass er sogar Einfluss auf die objektiven Gefahren hat. Damit will ich nicht sagen, dass jemand das Ausbrechen von Steinen oder einen Lawinenabgang verhindern könnte, nein. Nur: Der Ausgeglichene wird nicht getroffen. Ich wage zu behaupten, dass ein Bergsteiger, der mit sich und der Welt in voller Harmonie lebt, normalerweise nicht beim Bergsteigen »umkommt«. Heißt das umgekehrt, dass jeder Bergunfall eine seelische Ursache hat?

Wenn ich 1970 am Nanga Parbat durchkam, dann nur deshalb, weil ich von einem grenzenlosen Überle-

Blick vom Gipfel des Nanga Parbat nach Osten mit Vorgipfel (links) und Silbersattel.

benswillen beseelt war. Bei all dem aber bin ich trotzdem »gestorben«, und heute – ich fühle es – würde ich in einer solchen Notlage nicht überleben. Der Überlebenswille, den ich hier meine, hängt wohl ab vom Alter, von der Begeisterung und von der Ausgeglichenheit eines Menschen.

Die Nanga-Parbat-Expedition mit all ihren Folgen – der Verlust des Bruders, der gleichzeitig mein engster Seilkamerad gewesen war, erfrorene Füße, die vielen Streitigkeiten hinterher – haben mich, für kurze Zeit wenigstens, aus meinem seelischen Gleichgewicht geworfen. Bald aber, mit Hilfe von neuen Aktivitäten und Freundschaften, regenerierten Ruhe, Selbstverständnis und Kraft in mir.

In den letzten Jahren habe ich mich mehr und mehr mit den großen Bergsteigern und ihrer seelischen Konstitution befasst: mit Mummery, Lammer, Preuß, Shackleton, Mallory, Buhl, Terray, Karl, Lowe.

Nehmen wir zum Beispiel Hermann Buhl. Der Erstbesteiger des Nanga Parbat, der nach seinem größten Erfolg 1953 heftig kritisiert worden war, litt sehr viel mehr unter den Angriffen, als er zugab. Buhl aber hat das Bergsteigen nicht aufgegeben. Im Gegenteil, er hat anschließend die schwierigsten Westalpenwände seiner Zeit begangen und neue Expeditionsziele verfolgt. 1957 brach er zum Broad Peak, seinem zweiten Achttausender, auf. Buhl war nun unbestritten der erfolgreichste Bergsteiger der Welt, trotzdem blieb er umstritten. Sogar frühere Seilkameraden feindeten ihn an. War es der Ruhm, der ihn aus der Bergsteigergemeinschaft geworfen hatte, oder war er es selbst? Er litt offensichtlich darunter und kletterte wie ein Besessener. Er stieg so auch gegen Vorurteile an. Vergeblich. Langsam, nach und nach ein anderer geworden, verlor er sein Gleichgewicht.

Immer häufiger stelle ich mir heute die Frage, worunter Buhls sagenhafter Überlebenswille gelitten hat. Ob »der Buhl«, der 1957 im Karakorum im Nebel über die Wechte trat, derselbe war wie jener Hermann Buhl, der sich 1953 völlig erschöpft vom Gipfel des Nanga Parbat zurückgekämpft hatte, dem Leben entgegen? Sicher, Buhl hat auf die häufigen Angriffe, die großteils aus seinem »nächsten Freundeskreis« kamen, reagiert und damit Energie verspielt. Jeder Erfolg brachte ihm zwar mehr Anerkennung, aber auch mehr Neid. Er konnte sich all dem nicht entziehen. Ob er, einmal in diesem Teufelskreis gefangen, sogar mit Selbstaufgabe gespielt hat? Wir wissen es nicht.

Als Günther und ich am 27. Juni 1970 auf dem Gipfel des Nanga Parbat standen, war unser Überlebenswille so groß, dass wir über die unbekannte Diamir-Flanke hinunterfanden. Dies war nur möglich, weil ich, im Abstieg – Stück für Stück nach einem Ausweg suchend – wenigstens 1000 Höhenmeter wieder aufstieg. Einmal, weil ein Sérac den Weiterweg sperrte, dann, weil für Günther eine Felsstufe zu riskant erschien, ein drittes Mal, weil Spalten den Weiterweg abriegelten. Ob ich heute noch die psychische Kraft hätte, mich aus einer so lebensbedrohenden Lage zu befreien, bezweifle ich.

Vor allem das seelische Gleichgewicht sehe ich heute als Voraussetzung für Touren im Grenzbereich an. Ohne ein solches sollten wir mit dem extremen Bergsteigen aufhören. In den großen Wänden wären wir sonst potentielle Selbstmörder. Für derartige Unternehmungen – davon bin ich überzeugt – bedeutet die psychische Aushöhlung, die durch jahrelange Angriffe von außen, durch Enttäuschungen, vor allem durch ein gestörtes Gefühlsleben hervorgerufen wird, eine ernste Gefahr. Ohne es zu merken, verliert der Akteur tröpfchenweise von jenem Überlebenswillen, der bei Grenzsituationen vorhanden sein muss, weil sonst nichts oder nicht instinktiv das Richtige getan wird, wenn eine kritische Situation eintritt.

Warum hat sich Walter Bonatti 1965 vom großen Alpinismus zurückgezogen? Weil zu viele Neider an seiner Psyche zu nagen begannen? Oder war dieser Schritt die unbewusste Reaktion des Erfahrenen auf jene Kräfte von außen, die ihn unglücklich machten. Wollte er seinen »angefressenen« Überlebenswillen retten? Ich weiß es nicht.

Meinerseits jedenfalls spürte ich sehr früh, dass ich in diesem Punkt vorsichtig sein muss. Da ich seit drei Jahrzehnten große Berge besteige und diese »alpine Gefahr« nicht zu spät erkannte, lebe ich noch. Ich suchte nach einem Gleichgewicht in mir, das nicht nach Applaus schielt und übe mich in der Kunst der Gelassenheit. Es nützt nichts, wenn ich die vielen Neider und Kritiker zu verdauen versuche, wenn ich sie ob ihrer Oberflächlichkeit mit Arroganz strafe. Ich will sie gar nicht erst an mich herankommen lassen. Sie sind mir einerlei. So wie einem Buddhisten die Lüste der Welt einerlei sind. – Kann ich so dem Müdewerden vorbeugen? Dass nicht auch ich eines Tages über die Wechte in den Tod gehe? Ich weiß es nicht.

»Was wohl die Ursachen für Missgunst und Neid unter Bergsteigern sind? Diese unwichtige Frage gewinnt an Bedeutung, wenn man den Bergsteiger als Individualisten sieht, der seine Freizeit im Gebirge verbringt. Man sollte meinen, dass sich jede(r) darüber freuen müsste, wenn auch andere dieses faszinierende Tun entdecken, da jede fair ausgeführte Tat eine Bereicherung für den Alpinismus darstellt. Interessant zu beobachten ist nun, dass es unter Spitzenbergsteigern diese Missgunst nicht gibt. Sie tritt zwischen ungleich starken Alpinisten auf. Daraus folgere ich, dass es der fehlende direkte Wettbewerb im Alpinismus ist, der sie auslöst.«

Reinhold Messner

Vertikale Wildnis

Sicher, die moderne Alpinistik ist eine britische, auch eine mitteleuropäische Erfindung. Weiterentwickelt wurde sie in den USA, in Japan, dann vor allem in den Ländern jenseits des ehemaligen »Eisernen Vorhangs« und zuletzt im besonderen Maße von slowenischen Bergsteigern. Was an neuen Routen in der Lhotse-Südwand, in der Makalu-Westwand, am Gasherbrum IV und am Dhaulagiri im vergangenen Jahrzehnt geklettert worden ist, war in den achtziger Jahren nicht vorstellbar. Es verlangt mir mehr Respekt ab als die »Big Walls« im Yosemite Valley oder in Patagonien, auch wenn diese inzwischen sogar frei geklettert werden.

Die vertikale Wildnis in den höchsten Wänden der Anden, des Pamir, des Tien Shan, des Himalaja und Karakorum ist unvergleichlich, weil das Ausgesetzt-Sein dort absolut ist. Das heißt: Niemand kann dir im Notfall helfen.

Dort ist es heute wieder wie in den Anfängen des Große-Wände-Bergsteigens: Nur die Allerbesten wagen sich an die »großen Probleme«, und dramatische Situationen, das Scheitern, leider auch Tragödien gehören wie selbstverständlich dazu. Wie einst zur Monte-Rosa-Ostwand, zur Eiger-Wand, zur Aconcagua-Südwand.

Bild links: Im Schmetterlingstal unter der Gipfelwand der Manaslu-Südwand, die 1972 erstmals durchstiegen wurde.

Die Südwand des Makalu

10

Aleš Kunaver, der großartige Expeditionsleiter aus Ljubljana in Slowenien, hat über die Erstbegehung der Südwand am Makalu 1975 einen Bericht verfasst, der die Anfänge des Große-Wände-Bergsteigens an den Achttausendern plastisch schildert.

»Diesmal kamen wir ins Basislager des Makalu, um unsere Rechnung vom Jahre 1972 zu begleichen«, schreibt er. »Wir hatten den Gipfel damals nicht erreicht, obwohl unsere Kletterer die Südwand fast ganz erklettert hatten. Aber wir hatten viel gelernt.«

Kunaver hatte erkannt, dass die Organisation des Lastentransportes verbessert und die ungenützte Zeit in den Hochlagern reduziert werden musste. Das heißt, der Kreislauf der Kletterer in der Wand bedurfte einer Rationalisierung. »Für beide Probleme fanden wir eine Lösung: Mit einer verstärkten Klettergruppe und einer kleineren Sherpamannschaft, die nur bis zum Lager II tragen sollte. Nur bis dorthin reichten die Fähigkeiten der Träger.«

Der Reihe nach sollten fünf Seilschaften nach einem festen Stundenplan in der Wand klettern. So waren die ununterbrochene Arbeit an der Spitze und der Materialtransport möglich, ohne dass es zu Engpässen kam. »Theoretisch war dieser Plan logisch, aber wir nahmen ihn nicht zu ernst«, sagt Kunaver. »Tatsächlich hat uns – einmal am Berg – nur der Wettersturz vom 25., 26. und 27. gehindert, unsere kühnsten Theorien auch zu verwirklichen.« Die größere Anzahl von Kletterern ermöglichte eine sichere und zuverlässige Arbeit in der Wand. »Sogar unser ›Krankenbataillon‹ erreichte als Unterstützungsgruppe die Höhe von 7500 Meter. Unter einundzwanzig Mitgliedern, einschließlich dem Arzt und Fotografen, erreichten neunzehn Mitglieder das Lager IV in 7500 Meter Höhe.« Es war also kein Problem, genug »Gipfelkandidaten« zu finden. »Leider aber war der Angriff auf den Gipfel wegen der objektiven Gefahren in der Wand nicht allen zumutbar.«

Die sechste jugoslawische Himalaja-Expedition »Makalu-Südwand 1975« begann am 17. August, als endlich alle Teilnehmer und das Material in Dharan versammelt waren. Gleichzeitig kamen zehn Sherpas und 320 Träger.

Am 19. August startete die Expedition. Via Dhankuta, Hills, Tumlingtar, Kaandbari, Sedua, Kiki La ging es bis zum Basislager. Das Wetter war recht gut. Am 6. September wurde das Basislager in 4950 Meter Höhe errichtet. »Der erste Transport zum Lagerplatz I ging schon am 6. September ab. Am 7. September wurde das Lager I in 5850 Meter Höhe aufgestellt. In den zwei nächsten Tagen wurde Lager I vollkommen ausgerüstet und Lager II

Stane Belak aus Slowenien gehörte zu den erfolgreichsten Bergsteigern seiner Zeit.

Makalu. Links die Westwand, rechts die Südwand.

»Ich konnte die Makalu-Südwand nicht durchklettern. Eine so formschöne Wand! Eine so klare Linie! Eine faszinierende Route! Ein idealer Anstieg!«

REINHOLD MESSNER

Rückzug aus der Makalu-Südwand.

vorbereitet. Zuerst wurden zwei Zelte aufgestellt, die wir dann wegen Lawinengefahr in Schneehöhlen brachten, wo mehr Sicherheit, mehr Platz und bessere Isolation geboten waren. Die Kapazität dieses Lagers erhöhte sich später auf vierzehn Mann, so dass es Ausgangspunkt für die Südwand wurde. Das Lager II stand auf der Höhe von 6300 Meter. Am 12. September war der Materialtransport für die Lager I und II erledigt und fixe Seile bis Wandmitte waren angebracht.« Am 13. unterbrach schlechtes Wetter die Arbeit, aber am 14. September erreichte die Mannschaft eine Höhe von 6600 Meter. Später baute man dort eine Schneehöhle »mit acht Betten«.

»Am 16. September errichteten wir das Lager III, 7000 Meter hoch, wo zwei Zelte für sechs Mann aufgestellt wurden. Die nächsten Tage nutzten wir für den Materialtransport nach Lager III. Als wir damit fertig waren, fingen wir an, fixe Seile gegen Lager IV anzubringen. Das gelang uns in zwei Anläufen. Am 23. September war Lager IV in 7500 Meter Höhe aufgestellt. Es wurde in den nächsten Tagen ausgerüstet und schon wurden fixe Seile bis zur Traverse befestigt.«

Dann kamen die schweren Schneefälle, die alles blockierten.

Am 27. und 28. September versammelten sich alle Kletterer zur Rast im Basislager. Am 29. September begann der Aufstieg. Die Seilschaften starteten im Basislager in einer Distanz von einem Tag, um alle Lager wieder aufzurichten und den Aufstieg voranzutreiben. »Lager III wurde am 1. Oktober besetzt, Lager IV am 2. Oktober. Am 3. Oktober wurden die fixen Seile verlängert, einen Tag später Lager V erreicht. Jetzt hatte die Gipfelseilschaft genug Rückendeckung. Fünf Kletterer, die ihr Material trugen, gingen mit zum Lager V, das in 8050 Meter Höhe stand.«

Am nächsten Tag wurden noch Felspartien oberhalb von Lager V abgesichert, und am 6. Oktober starteten die ersten in Richtung Gipfel. »Als die beiden Kletterer bemerkten, dass Belaks Sauerstoffgerät nicht in Ordnung war, entschloss sich Marjan, seinen Sauerstoffapparat dem Freunde zu geben, damit er den Gipfel erreichen konnte. Stane Belak hatte sich bei beiden Makalu-Expeditionen am meisten um den Erfolg bemüht und sein Äußerstes gegeben.«

Sie kletterten bei günstigem Wetter weiter, erreichten wenig nach 11 Uhr den Gipfelgrat und setzten ihren Weg bis zum Gipfel fort. Es war am 6. Oktober 1975.

»Der Gipfel wurde von Stane Belak um 16.00 Uhr und von Manfreda Marjan ohne Sauerstoff um 16.40 Uhr erreicht. Die Seilschaft war die ganze Zeit über in Radioverbindung mit dem Basislager. Um 21 Uhr erreichten beide Kletterer wieder Lager V.«

Die nächste Seilschaft startete am 8. Oktober. »Von den vier Kletterern hatten zwei Schwierigkeiten. Cedilnik Danilo wurde von einem fallenden Eisbrocken am linken Knie getroffen und Robas Roman hatte Atembeschwerden, so dass sie umkehren mussten. Nur Nejc Zaplotnik und Ažman Janko setzten den Weg fort. Auch sie erreichten den Gipfel ohne Probleme.«

Während der Vorbereitungen für den dritten Versuch wurde Boris Erjavec von einem fallenden Stein am Kopf getroffen. Er war bewusstlos und blieb an der Steigklemme hängen. Nur der Helm hatte die schlimmsten Verletzungen verhütet. »Boris wurde ins Basislager transportiert und seine Kameraden Ivč Kotnik und Viki Grošelj stiegen am 10. Oktober auf den Gipfel. Bei starkem Wind und Schneefall. Auch sie kehrten glücklich ins Lager V zurück. Die letzte Seilschaft startete nur einen Tag später. Sie wurde von zwei Sherpas unterstützt, die für eine Prämie bereit waren, Sauerstoffflaschen ins Lager V zu tragen. Leider erreichten sie das Lager nicht. Am 11. Oktober starteten Janez Dovžan und Zoran Bešlin trotzdem Richtung Gipfel. Dovžan erreichte ihn und stieg ab, Bešlin aber hatte Störungen und kam nur bis 100 Meter unter den Gipfel. Es war auch zu spät für ihn, das Lager zu erreichen. Die Nacht kam. Er musste in 8300 Meter Höhe im Freien übernachten und kam erst am nächsten Tag ins Lager V. Tiefer unten wurden die Männer begleitet. Bis ins Basislager.«

Ein großer Erfolg kameradschaftlicher Zusammenarbeit, die von den Slowenen nicht nur idealisiert, sondern auch gelebt worden ist.

Dhaulagiri-Südwand

Lange Zeit galt der 8167 Meter hohe Dhaulagiri I, der unmittelbar über den subtropischen Dschungelwäldern Nepals aufragt, als der höchste Berg der Erde. Der formschöne Gipfel – bei klarem Wetter von Pokhara aus sichtbar – nimmt heute die sechste Stelle unter den vierzehn Achttausendern ein. Die Einheimischen nennen ihn den Weißen Berg (dawala = weiß; giri = Berg).

Schon sein Normalweg (Nordostgrat) – 1960 von einer internationalen Expedition unter dem Schweizer Max Eiselin erstbegangen – gilt als schwierig. Seine Südflanke, nach Professor G. O. Dyhrenfurth »eine der furchtbarsten Himalaja-Wände«, ist die höchste (bis ganz zum Gipfel) noch unbezwungene Wand der Welt.

Diese unheimlich steile, gut 4000 Meter hohe Riesenwand war das Ziel einer Kleinexpedition, die ich in der Vormonsunzeit 1977 organisierte und leitete. Erneut hatte ich mich mit Peter Habeler, dem bewährten Partner vom Hidden Peak (1975), zusammengetan und für das extrem schwierige und harte Unternehmen zwei weitere international anerkannte Spitzenbergsteiger eingeladen: Michael Covington, einen der ganz großen Freikletterer Amerikas, und Otto Wiedemann, einen der besten jungen deutschen Bergsteiger.

Doch die Südwand des Dhaula ist mehr als eine große Wand. Sie war geheimnisvoll und blieb ein Geheimnis. Wie ein Orakel lese ich heute den Ausspruch eines alten ehemaligen Ghurkasoldaten aus Bega:

»Der Dhaulagiri ist wie fünf Finger an einer Hand. Der erste und der letzte Finger sind tödlich. Die beiden anderen zu gefährlich. Nur der Zeigefinger wäre ein Weg zum Gipfel.«

Drei Linien führen durch die Dhaulagiri-Südwand, keine bis zum Gipfel: eine über den linken Pfeiler (Polen-Weg), eine über den Pfeiler rechts der Zentralrinne (Humar-Route) und eine über die Platten rechts (Belak- bzw. Slowenen-Weg).

»Das einzig richtige Ziel beim Bergsteigen gibt es nicht, es gibt nur Möglichkeiten. Eine davon führt am Unmöglichen vorbei. Je mehr ich mich mit der Dhaula-Wand beschäftigte, um so enger wurde die Beziehung zu ihr. Wie zögernd hatte ich angefangen zu planen – und konnte später nicht mehr aufhören, sie zu beobachten. Als ich alles wusste, als mich die Wand ganz beherrschte, fand ich die richtige Einstellung und tat auch das einzig Richtige: Ich organisierte den Rückmarsch.«

REINHOLD MESSNER

Ohne die linke Hand vom Griff zu nehmen, konnte ich mit dem Pickel die Eiszapfen abschlagen, die wie ein dicker, zerschlissener Vorhang von einem Überhang herunterhingen. Die Sonne war am frühen Morgen klar aufgegangen, und es war nun – um 7.30 Uhr – schon heiß und trocken. Ich fragte mich, wie es um die Mittagszeit werden sollte, wenn es jetzt schon so schwül, so unangenehm warm war. In die leichte Morgenbrise von Südwest mischten sich feine Schneekristalle, die in der Luft zu schweben schienen und immer wieder aufblitzten.

Wir waren in jenem Teil der Einstiegsrinne des Dhaulagiri-Südpfeilers, wo sie sich zum senkrechten Schlund verengt – kombiniertes Gelände, das in einen überhängenden Felspfeiler übergeht.

Rechts haltend kletterten wir auf eine Rampe zu, die einige hundert Meter hinauf zu einem weiteren senkrechten Felsaufschwung führt. Darüber klebte ein unheimlich steiles Eisfeld, wie wir am Morgen beim Zustieg zur Wand gesehen hatten: gute 60° Neigung. Jetzt schien es wie ein Kirchendach über uns in den Himmel zu ragen.

Auf den brüchigen, dunklen Felsen lag nicht viel Schnee, so dass wir vorerst noch ohne Steigeisen klettern konnten. Jedes Mal, wenn ich längere Zeit am Standplatz verharrte und Peter sicherte, legte ich den Kopf weit zurück, um einen möglichen Weg zu erspähen, um mir selbst Mut zu machen.

Ob es überhaupt noch weiterging, ob unsere Expedition nicht hier schon zu Ende war? Es musste weitergehen, wir hatten noch immer eine Möglichkeit gefunden.

Kaum lag die kurze Querung hinein in die Rampe hinter uns, hegte ich erneut Zweifel, ob es nicht besser wäre, umzudrehen. Die Felsen links über uns waren nicht den Felsen in einer Alpenwand gleichzusetzen, es waren riesige Steintrümmer, die einzeln, ohne Zusammenhang scheinbar, ohne Bindung am Berg klebten. Es erschien mir zwischendurch wie ein Wunder, dass nicht alles über uns zusammenstürzte.

Trotz der drohenden Gefahr war ich jedoch glücklich, endlich in der Wand klettern zu können. Diese senkrechte Gegend war das heiß ersehnte Land, das ich nun betrat, geheimnisvoll, von niemandem beschrieben und gerade deshalb irgendwie anziehend.

Spannungen lösten sich, während wir Griff für Griff, Meter für Meter in dieses Unbekannte vordrangen. Neue Spannungen bauten sich auf, weil sich über uns die Wand unübersichtlich vorwölbte. Trotz der Angst vor Lawinen und Steinschlag, die uns immer wieder befiel, stiegen wir weiter. Wir wollten es wissen, endgültig wissen, ob diese Wand für uns möglich oder ob sie unmöglich war. Ob sie zu riskant war oder ob es eine sichere Route zum Gipfel gab.

In kleinen Stufen schräg rechts aufwärts näherten wir uns der Rampe. Weit rechts draußen stand in einen Dunstschleier gehüllt und scheinbar nicht mehr zu unserer Welt gehörend, die Annapurna-Gruppe. Weit unten im Tal schoben sich die grün-schwarzen Hügel des nepalesischen Dschungels dicht hintereinander bis zum Horizont. Davor ein fein gezeichneter Firngrat und der Gipfel des Manapati. Da und dort schwamm eine weiße Wolke über den diesigen Hügeln, und wenn man genau hinsah, konnte man am Rande der Höhenrücken Bäume erkennen und ab und zu Vögel.

Da war plötzlich ein Adler in der Luft. Ich trat eine größere Stufe in den aufgeweichten Firn, schlug die Haue des Pickels ein, hielt mich mit der Hand an ihm fest und zeigte in die Richtung, wo der Raubvogel kreiste.

»Da ist«, schrie Peter, der ihn nun ebenfalls gesehen hatte, in Pausen und nach Atem ringend, herauf, »ein Adler – überm Gletscher!« Dann drehte er sich wieder um und schaute in Richtung Annapurna-Gruppe.

»Er steigt, er kommt!«, rief ich begeistert.
»Wo?«, schrie Peter zurück.
»Er ist schon fast auf gleicher Höhe, zwischen Südostgrat und uns.«

Peter hielt sich an den Standhaken fest, lehnte sich weit zurück und brüllte zu mir herauf: »Hier oben findet er ja nichts mehr, da ist es sogar den Mauerläufern zu steil.«

»Oder zu gefährlich«, rief ich hinunter. Dann kletterte ich weiter.

Das Eis hatte hier eine Neigung wie im unteren Teil der Droites-Nordwand. Wir kamen bis zu einem Felsriegel hinauf, der den Weiterweg versperrte und über dem sich ein weiteres Eisschild, noch steiler, noch drohender, aufbaute.

Wir hatten gerade den unteren Rand der Felsen erreicht, als sich plötzlich ein Schneerutsch über uns ergoss, der uns solchen Schrecken einjagte, dass wir den Abstieg ins Tal erwogen, an den endgültigen Rückzug dachten. Unser Wille weiterzumachen und der Entschluss, diese Wand aufzugeben, auf einen weiteren Aufstieg zu verzichten, lagen in diesem Augenblick so nahe beieinander wie Blitz und Donner.

Nachdem aber der Spuk vorbei war, der Schneestaub sich gelegt hatte und die Lawine unten ausgelaufen war – sie war über eine Art Schanze über uns hinweggesprüht –, hatten wir wieder etwas Mut. Vor allem aber kam Neugierde auf, so dass wir doch noch die nächste Stufe erkletterten, um oben den Weiterweg zu studieren.

In der Zwischenzeit hatten wir eine Meereshöhe von 6150 Meter erreicht. Auf der einen Seite, links, sahen wir die westlichen Ausläufer der Dhaulagiri-Gruppe, auf der anderen, rechts, war das ganze Annapurna-Massiv zu erkennen.

Eine gute halbe Seillänge noch wagten wir uns über die Felsen hinaus, hinein in jenes Eisschild, das mit die größte Steilheit aufwies von all dem, was ich bisher je im Eis geklettert bin. Plötzlich krachte es – eine Lawine! Da wussten wir, dass ein Weiterklettern ausgeschlossen war. Nicht bei diesem Wetter. Es war einfach zu viel Schnee gefallen, Tag für Tag. Zwar hielt die Begeisterung in uns immer noch an, aber die Einsicht überwog, die Einsicht, dass diese Wand bei den herrschenden Bedingungen ohne das letzte Risiko unmöglich war.

Es war kein harter Entschluss, aufzugeben.

Und wir gaben auf und zögerten auch nicht lange am Umkehrpunkt, denn jedes Warten war mit Gefahren verbunden, und jede Verspätung bedeutete, dass die Rückkehr über den Gletscher anstrengender sein würde. Der Schnee musste inzwischen aufgeweicht sein. Wir seilten uns ab, erlebten dabei eine zweite Lawine und sahen so die Richtigkeit unseres Entschlusses bestätigt. Wir beglückwünschten uns zur Entscheidung, die logisch gewesen war, das einzig Richtige in dieser Situation.

Ich sah die Eisflächen, die brüchigen Felsen jetzt mit anderen Augen, wie ein Relief. Nicht mehr als möglichen Weg zum Gipfel wie in den Stunden zuvor. Alles kam mir wie auf geheimnisvolle Weise verändert vor; auch ich selbst. Und es wuchs die Empfindung in mir, als tauchte ich in einen großen See ein, nicht um auf seinen Grund hinabzusinken, sondern um wieder aufzusteigen. Die Sonne, die durch die Nebel stach, besänftigte allmählich meinen erregten Körper, und es überkam mich eine befreiende Müdigkeit. Das Anbringen eines Felshakens in einer Ritze ließ mich an Blumen denken, die über eine sommerwarme Wegmauer wuchern.

Die Nebel kamen und zogen weiter, die Spalten am Gletscher unter uns klafften düster. Steine rollten an uns vorbei, immer wieder aufschlagend, weit hinausspringend verschwanden sie in der Tiefe. Den Geräuschen nach, die in der Luft lagen, schien alles in Bewegung zu sein: der Schnee unter unseren Sohlen, die Steine, die Nebel im Tal. Lange Zeit sah ich einen Wolkenstreifen in der Gestalt eines Fisches über der Annapurna hängen; wie sich die Form verschob, sich dann plötzlich im Blau des Himmels auflöste.

Oft verweilte ich länger als notwendig auf den Standplätzen und betrachtete den Dschungel weit draußen am Horizont oder ein Stück Himmel zwischen den Nebeln, so, als sei dahinter nichts mehr, nur ein paar geheimnisvolle Empfindungen.

Ohne dass es mich in irgendeiner Weise belastete, dachte ich zwischendurch daran, dass wir ja Presseverträge zu diesem Dhaulagiri-Abenteuer eingegangen waren, und auch daran, dass im ersten Hochlager die Nahrungsmittel bald ausgehen würden.

Gyaltsen, einer unserer Sherpas, stand vor den Zelten, als wir ins Lager zurückkamen. Über dem dicken Pullover trug er die Daunenjacke, und seine Schuhe waren nicht geschnürt.

In der Mittagshitze war es stickig in den Zelten. Wir zogen uns um und setzten uns ins Freie.

Die grellen Schneeflächen erstreckten sich unter uns jetzt in einem bläulichen Licht, eine flimmernde, aber beruhigende Fläche. Die Wand mit ihren Sérac-Zonen und Felsausbrüchen bildete eine solche Einheit mit dem Gletscher und dem Himmel, dass die Nebel wie von überallher zu dampfen schienen und auch überallhin wieder verschwinden konnten.

Dass es so leicht war, mit der endgültigen Niederlage zu leben! Vielleicht nur deshalb, weil ich mich von vornherein auch mit dieser Möglichkeit auseinander gesetzt hatte. Ich hatte ein Scheitern nicht nur nicht ausgeschlossen, ich hatte mich in der Zeit der Vorbereitung und des Planens sogar mit dem Gedanken daran angefreundet. Gleich oft, wie ich an den Gipfel gedacht hatte, beschäftigte ich mich von Anfang an mit der vorzeitigen Umkehr.

Die Humar-Route gelang im Herbst 1999.

»Ich spürte, dass diese Umkehr unverrückbar war wie ein Gesetz. Nicht die geringste Hoffnung auf einen künftigen Versuch.«

Reinhold Messner

»Wir sind gescheitert, und es lohnte sich zu scheitern und all dies durchzumachen, was wir durchgemacht haben. Es lohnte sich, dort oben gewesen zu sein, abgeschlossen von der übrigen Welt!«

Reinhold Messner

»Was wäre aus dieser Dhaula-Südwand-Expedition geworden, wenn wir uns nach den Leuten gerichtet hätten? Die einen hatten von Selbstmord, die anderen von Selbstaufopferung gesprochen. Eine Gruppe ordnete unser Unternehmen unter die Wahnsinnstaten des 20. Jahrhunderts ein, eine andere erklärte sie zur letzten Heldentat.«

REINHOLD MESSNER

»Für die Menschheit ist es völlig bedeutungslos, ob die Dhaulagiri-Südwand durchstiegen ist oder nicht, es ist auch gleichgültig, ob je ein Mensch auf dem Gipfel des Everest stand oder nicht. Was zählt, sind allein die Erfahrungen und Empfindungen auf dem Weg dorthin.«

REINHOLD MESSNER

Die Sonne war hinter einem Felsvorsprung verschwunden, und es wurde kühler. Wir fröstelten und legten uns auf die Isoliermatten in unserem Zelt, zwischen Kleider, Schlafsäcke, Kocher und Nahrungsmittel. Ohne viel zu reden, ruhten wir entspannt.

Nach einer Weile begann Peter in seinem Tagebuch zu schreiben. Über das aufgeschlagene Heft hinweg blickte er mich kurz an, sinnend. Ich gab den Blick zurück, und beide erlebten wir in den Augen des andern diesen Tag noch einmal, sahen den Dhaulagiri, die ganze Expedition.

Wir waren gescheitert und so gäbe es keinen Grund, über diese wenigen dramatischen Stunden hinaus auch nur noch eine Zeile über das Unternehmen zu schreiben, wäre das Ziel irgendein anderer Gipfel oder die Durchsteigung irgendeiner anderen Wand gewesen.

Wer redet schon von Gescheiterten?

Doch es ist eine starke Empfindung, in dieser 4000 Meter hohen Mauer aus Fels und Eis, im Trommelfeuer des Steinschlags, im donnernden Toben der Lawinen zu überleben. Weiterzusteigen wäre Selbstmord gewesen. Doch wir hatten uns bis zu unserem Umkehrpunkt bereits voll einsetzen können.

Nachdem wir das Basislager errichtet hatten, in 4000 Meter Höhe an einem sehr angenehmen Platz, mit kleinen Seen und grünen Moosflecken, begannen wir, die Südwand zu erkunden. Sie übertraf tatsächlich alles an Steilheit, Gefährlichkeit und Wildheit, was ich bis dahin gesehen hatte. Riesige Eisbrüche hängen darin, hin und wieder sprengt ein Stück ab, donnert die Wand herunter. Das dauerte oft minutenlang, der Boden bebte, und der Luftdruck der Lawinen mit den Staubwolken warf uns noch in zwei Kilometer Entfernung vom Wandfuß um.

Wir planten daraufhin, nicht im Mittelteil aufzusteigen, sondern den linken Felspfeiler zu versuchen, die einzige zu verantwortende Route. Weil wir bis dahin noch nicht Hand an die Wand, an den richtigen Fels gelegt hatten, waren wir zuversichtlich, wenn auch etwas skeptisch, weil es Tag für Tag schneite. Spätestens um 10 Uhr morgens trübte es sich ein, und zu den Eislawinen gesellten sich Neuschneelawinen. In den vier Wochen, die wir uns im Basislager aufhielten, gab es nur zwei relativ schöne Tage, an denen es nicht schneite. Während wir immer noch vergebens nach einer Route suchten, spielte sich im Basislager ein Drama ab. Bruno Moravetz (Mora), der ein Kamerateam des ZDF leitete, das die Wanddurchsteigung in einem Dokumentarfilm festhalten sollte, wurde höhenkrank. Bei dem schlechten Wetter gab es keine Möglichkeit für den Einsatz eines Hubschraubers, und so musste ich ihn mit unserem Expeditionsarzt Dr. Berghold und meinem Bruder Hansi ins Tal schicken. Es ging um sein Leben.

Als die drei im Schneetreiben talwärts zogen, Mora mit der Sauerstoffflasche auf dem Rücken, mehr taumelnd als gehend, dachte ich: So ähnlich muss es ausgesehen haben, als Scott mit seinen letzten beiden Kameraden vom Südpol zurückwankte.

Der ganze Anmarschweg stand in diesen Augenblicken wie eine Horrorlandschaft vor mir: die Flüsse und handdicken Eisbrücken, die engen Schluchten und moosigen Regenwälder, der knietiefe Lawinenschnee und die tischgroßen Blöcke, über die wir steigen mussten.

Fast zwei Wochen hatten wir gebraucht, um von Pokhara ins Basislager zu gelangen, die letzte Schlucht hatte noch kein Mensch vor uns durchklettert.

Wir hatten es anfangs nicht eilig. Es ist nicht meine Art, aus Angst vor einer Niederlage alles zu riskieren oder unermüdlich hinter Erfolgen herzujagen. Zudem wäre das gefährlich. Wir waren gekommen, um die Wand zu versuchen, und alle vier beschäftigten wir uns gleichermaßen mit den Vorstellungen von Durchkommen und Scheitern.

Endlich, am 9. April, konnten wir zu viert – Peter Habeler, Otto Wiedemann, Michael Covington und ich – in 5350 Meter das erste Hochlager aufbauen, sicher unter Felsen gelegen.

Wir waren sehr zufrieden.

1350 Meter Höhenunterschied zum Basislager, das war enorm. Expeditionen, die mit viel Material und vielen Sherpas und Sauerstoffgeräten operieren, leisten sich dafür ein oder mehrere Zwischenlager. Aber wir mussten sparsam sein und waren deshalb glücklich, dass wir einen so großen Höhenunterschied geschafft hatten.

Am nächsten Tag erkundeten wir weiter, stellten aber fest, dass im mittleren Wandteil die Felsen unheimlich brüchig waren. Wir mussten jetzt in die buchstäblich senkrechte Wand einsteigen, wo die Steine wie bei einer Trockenmauer lose übereinander geschichtet sind. Langsam wuchs in uns das Gefühl, dass unsere Chancen fast, wenn nicht ganz Null waren. Und dies, obwohl wir einfach nicht glauben konnten, dass wir mit unserer Erfahrung, unserem Wissen und Können nicht fähig sein sollten, in dieser gigantischen Fels- und Eismauer einen

Weg zu entdecken, über den wir eine Chance hatten, den Gipfel zu erreichen, und nicht vorher erschlagen zu werden.

An einem frühen Morgen im April griffen Peter Habeler und ich kurz entschlossen den Mittelteil der Wand an. Ohne fixierte Seile kletterten wir wie in einer Alpenwand, um möglichst hoch hinauf zu kommen, wie ich das anfangs erzählt habe. Im ersten Teil waren einige Rinnen und Felsstufen zu überwinden, mit Schwierigkeiten, die bei weitem die Eiger-Nordwand übertreffen. Wir hatten die 6000-Meter-Grenze überschritten, waren auf ein riesiges steiles Eisschild vorgedrungen – da kam die große Lawine. Es war eine lockere Neuschneelawine, kein Eis, zu unserem Glück. Wir hatten das Gefühl, dass nun alles aus wäre, als ob wir weggeblasen würden. Jedoch es hat uns nicht weggeblasen, aber es hat uns die letzte Hoffnung genommen, diese Wand meistern zu können.

Meist ziehen schon in den Vormittagsstunden Nebel in den Kessel unter der Dhaulagiri-Südwand.

Makalu von Südwesten. Bei der Erstbegehung der Westwand (rechts der Bildmitte) starben zwei Bergsteiger.

»1974 unternahm ich zusammen mit Wolfgang Nairz und anderen österreichischen Bergsteigern einen Versuch in der Makalu-Südwand. Wir kamen bis auf etwa 7500 Meter, dann mussten wir aufgeben.«

REINHOLD MESSNER

»Diesmal kamen wir ins Basislager des Makalu, um unsere Rechnung vom Jahre 1972 zu begleichen.« So beginnt der jugoslawische Expeditionsleiter Aleš Kunaver den Bericht über seine erfolgreiche Makalu-Südwand-Expedition vom Herbst 1975.

Ist eine solche Einstellung beim Große-Wände-Bergsteigen nicht gefährlich? Beginnt damit doch der Teufelskreis des Siegen-Müssens.

Keine der Achttausender-Wände, an denen ich gescheitert bin, habe ich auf derselben Route ein zweites Mal versucht. Das heißt nicht, dass ich diese Wände für unmöglich hielt – die Makalu-Südwand, in der wir 1974 umgekehrt sind, ist schließlich ein Jahr später durchstiegen worden –, sie erregten nur meine Phantasie weniger als jene Linien, die ich noch nicht versucht hatte.

Ich legte die Grenzen der Entfaltung meiner Phantasie nie dort fest, wo andere das Unmögliche postuliert haben, erkannte es aber ad hoc an, wo es der Berg im konkreten Fall als momentanes »Aus« setzt. Damit unterliegt mein Bergsteigen meinen eigenen Maßstäben und den jeweiligen Bedingungen, die ich bei meinen Touren und Expeditionen vorfinde.

Mich den Maßstäben anderer unterzuordnen, war nie meine Sache, und lieber lebe ich einige Jahrzehnte so wie es mir Spaß macht, als ein Leben lang in Normen, Schranken und Mittelmäßigkeit. Zu meinem Leben gehört eine grundsätzliche Bereitschaft zum Risiko und die Anerkennung des Unmöglichen, aber nur des für mich Unmöglichen.

Diese Einstellung hilft mir, nicht übermütig zu werden und auch in der Niederlage nicht zu verzweifeln. Wer hingegen nach jedem Erfolg einem neuen hinterherlaufen muss, wird von einer Angst getrieben, die ihn zu immer neuen Höchstleistungen zwingt. Bis einen die unvermeidliche Niederlage, der man davongelaufen ist, lähmt, tötet oder aus der Bahn wirft. Wer resigniert schon als »Sieger«?

Mein Bergsteigen war von Jugend an ein fortwährendes Auf und Ab, und gerade zwischen Versuch und Irrtum entstand Erfahrung, eine Beziehung zu den Details, entfaltete sich meine Phantasie, vertieften sich die Erkenntnisse. Die Empfindungen beim Rückmarsch vom Dhaulagiri – das Gefühl, ein Leben lang so weitergehen zu wollen – führten ebenso zu Ruhe und Ausgeglichenheit wie die Minuten einer befreienden Leere am Gipfel des Hidden Peak. All das, was nach einem spannungsgeladenen Versuch zum befreienden Ausatmen beim Zurückkommen führt, ist wichtiger als »der Gipfel« oder die »große Wand«.

»Der Drache darf nicht sterben«, habe ich in der Erkenntnis, dass nur das Unmögliche das Bergsteigen faszinierend erhält, als Zwanzigjähriger geschrieben. Heute würde ich diese Aussage umdrehen und so formulieren: »Das Geheimnisvolle nur kann erobert werden.« Das Geheimnisvolle vor allem in uns selbst.

Für mich also gibt es das Unmögliche nur im konkreten Fall. Aber nie das Undenkbare. Mit dieser Einstellung habe ich nicht nur überlebt, »Alpträume äußerster Verlorenheit überlebt, wie sie selbst Weltraumfahrern nur in Science-Fiction-Romanen begegnen und wie sie hier auf Erden fast nur noch in der Todeszone der Himalaja-Berge jenseits der 7500-Meter-Grenze zu haben sind – dort, wo kein Funkgerät und kein Signal einen rettenden Hubschrauber herbeirufen können«. Mit dieser Einstellung habe ich erreicht, was andere für unerreichbar hielten: immer wieder zu überleben in dieser menschenfeindlichen Welt der großen Wände.

Erfolg ohne Gipfel

Ist es Glück, ist es Zufall oder Instinkt – genau über diesen »Zeigefinger« (siehe Seite 89: »Der Dhaulagiri ist wie fünf Finger an einer Hand. (...) Nur der Zeigefinger wäre ein Weg zum Gipfel.«) hat Tomaž Humar aus Slowenien den Gipfelgrat des Dhaulagiri erreicht, auch über den Zeigefinger der Identifikation mit diesem, seinem Ziel.

Dieser Tomaž Humar, dem mit Neutouren an Ama Dablam, Api, Nuptse eine ganze Reihe »verrückter Sachen« gelungen ist, ist der absolute Star unter den Große-Wände-Bergsteigern von heute.

Am 2. November 1999 hat er seine Route durch die 4000 Meter hohe Südwand des Dhaulagiri I beendet – solo, im alpinen Stil, mit Schwierigkeiten bis zu VII, 90° im Eis, M7+. (Die »M«-Skala ist eine Schwierigkeitsbewertung für »Mixed«-Gelände, also für extremste Fels-/Eis-Passagen.) Ein neuer Höhepunkt im zeitgenössischen Alpinismus!

Nach dem fünften Biwak konnte Humar zwar seiner Ideallinie, der direkten Route, nicht mehr folgen, aber auch ein Zurück gab es nicht mehr. Das Gelände ließ keine sicheren Lagerplätze zu. So querte er 1000 Meter weit diagonal durch ein Couloir und gemischtes Gelände nach rechts und fand sich auf dem Japaner-Grat wieder, wo er auf etwa 7300 Meter biwakierte. Die siebte Nacht in der Wand! Am nächsten Tag wollte er den Gipfel erreichen, ließ das Zelt und viel Material liegen, kletterte zurück ins Wandzentrum. Vergeblich! Es ging nicht so wie er es erwartet hatte. Extrem schwierige Passagen – sie forderten Kletterei mit Steigeisen und Eisgeräten in Wassereis und senkrechtem Fels – bremsten ihn. Man stelle sich vor: M5/ M6-Schwierigkeiten in der Todeszone! Humar musste nochmals biwakieren. Auf 7800 Meter Meereshöhe – ohne Zelt, nur mit dem Schlafsack. Am neunten Tag erst konnte er den Anstieg beenden und über den Normalweg absteigen, ohne vorher den Gipfel erreicht zu haben.

Tomaž Humar, der stärkste Allround-Bergsteiger unserer Tage, nach der Durchsteigung der Dhaulagiri-Südwand.

»Ich weiß nur, dass ich am Ende auf 7800 Meter biwakiert habe. Ich war so erledigt, dass ich befürchtete, ein Ödem zu bekommen. Es war schrecklich kalt. Ich hatte kein Zelt. Nur den Schlafsack.«

Tomaž Humar

Die formschöne Dhaula-Wand: konkav und gefährlich.

Die grössten Wände

Mit diesem zentralen Kapitel beabsichtige ich weder die 100 höchsten Wände der Welt lückenlos vorzustellen, noch eine Art Führerliteratur vorzulegen. Es sollen nicht Vorgaben für Wiederholer geschaffen werden. Nein, wer sich der Herausforderung stellt, eine, ein paar oder auch Dutzende dieser Wände zu klettern, wird genug Informationen finden, um nicht in eine Falle zu steigen.

Hier geht es mir um das Lebensgefühl in diesen Wänden, um einige Legenden und Daten dazu, um Ideale und Ideen, vor allem aber um die Übersicht. Nur aus der Distanz kann der Beobachter jener Szene, die einmal die meine war, diese Übersicht gewinnen und Wänden und Protagonisten ihren Stellenwert geben.

Ich hatte das große Glück, fast überall in den Gebirgen der Welt große Wände zu klettern oder sie wenigstens zu sehen. Auch habe ich viele Alpinisten kennen gelernt, die viel Schwierigeres bewältigt haben als ich. Und nur so habe ich mir ein Bild machen können von dem, was das Große-Wände-Bergsteigen jeweils bedeutet oder bedeutet hat.

Seit gut 100 Jahren stehen die großen Wände im Mittelpunkt: am Fitz Roy und am Mount McKinley, zwischen Nanga Parbat und Namcha Barwa, aber auch in Neuguinea, in Neuseeland, in der Antarktis und in den Alpen. Warum berücksichtige ich alle großen Gebirge der Erde und alle Epochen? Weil das »Große-Wände-Bergsteigen« überall zu dem gemacht wurde, was es ist und auch bleiben wird: die Königsdisziplin des Bergsteigens!

Tamserku im Solo Khumbu. Geheimnisvoll und gefährlich sind die großen Wände.

»Die ›großen Wände‹ sind so begeisternd und gleichzeitig so beängstigend, dass es mir reichen würde, sie mir anzusehen.«

Horst Höfler

In der Bonington-Route der Annapurna-Südwand, die heute häufig wiederholt wird.

Monte-Rosa-Ostwand
Taylor-Pendlebury-Route

1872 – Walliser Alpen

Gipfelhöhe:

4634 m

Wandhöhe:

ca. 2400 m (zwischen 2250 und 4634 m)

Schwierigkeiten:

im Fels mittel, 55° im Eis

Zeitdauer:

10-15 Stunden bei normalen Verhältnissen

Ausgangspunkt:

Rodolfo-Zamboni-Hütte (2065 m); für den eigentlichen Wanddurchstieg Damiano-Marinelli-Hütte (3036 m); von Macugnaga-Pecetto mit dem Sessellift bis Belvedere, weiter zu Fuß zur Zamboni-Hütte, den Belvedere-Gletscher queren und über einen Felsrücken (Crestone Marinelli) zur Marinelli-Hütte.

Übersicht:

Den zentralen Wandteil zwischen Dufourspitze und Nordend durchzieht das Marinelli-Couloir. Dieses wird an seiner engsten Stelle überquert und danach über die südlichen Begrenzungsfelsen (Imseng-Rücken) bis in die sérac- und felsdurchsetzte Schlusswand angestiegen.

Hinweise:

Da auch die Monte-Rosa-Ostwand dem Ausaperungsprozess unterliegt, weist sie im Frühsommer noch die günstigsten Verhältnisse auf. Man sollte nur bei Temperaturen deutlich unter 0 °C einsteigen und den Großteil des Anstiegs ab Marinelli-Hütte nachts bewältigen. Nur so ist der Gefährdung durch Lawinen einigermaßen zu begegnen.

»Das Couloir Marinelli war von mehreren tiefen sekundären Couloirs durchrissen. Das Ausgehen dieser sehr steilen, hart vereisten Stelle in gehackten Stufen war eine sehr heikle Sache. Der Übertritt vom Imseng-Rücken auf das Gletschereis leicht. Um 7 Uhr hörten wir den ersten Lawinendonner vom Couloir her. Es ist der ernste Moment, in dem man sich klar bewusst wird, es gebe kein Zurück.«

Julius Kugy

Die Ostwand des Monte Rosa – in Bildmitte das Marinelli-Couloir – ist die höchste Alpenwand. Sie wurde nur ein paar Jahre nach dem Ende des »Golden Age« im Westalpen-Bergsteigen, am 22. Juli 1872, durchklettert.

Triglav-Nordwand Deutscher Weg/ Langer Deutscher Weg

1906 – Julische Alpen

Gipfelhöhe:

2863 m

Wandhöhe:

ca. 1400 m (zwischen 1460 und 2863 m)

Schwierigkeiten:

bis IV+

Zeitdauer:

7-9 Stunden

Ausgangspunkt:

Aljaž-Haus (1015 m) im Vratatal, von Mojstrana mit Pkw zu erreichen.

Übersicht:

Die Triglav-Nordwand ist in ihrem Zentralteil in drei mächtige Pfeiler gegliedert. Der »Deutsche Weg« verläuft an der Wand zwischen östlichem und mittlerem Pfeiler, der daran anschließende »Lange Deutsche Weg« an der oberen Hälfte des Mittelpfeilers. Der Gipfelkopf wird an seiner Westseite durch einen breiten Kamin, über Bänder und durch Rinnen, zuletzt über die Nordkante erklettert.

Hinweise:

Das untere Wanddrittel (»Deutscher Weg«, II-III) sollten sichere Kletterer, um Zeit zu gewinnen, möglichst seilfrei ersteigen. Für den »Langen Deutschen Weg« empfiehlt sich ein kleines Haken- und Klemmkeilsortiment. Bei Schlechtwettereinbruch kann die Wand unterhalb des Gipfelkopfs auf dem Kugy-Band verlassen werden.

»Wenig Kletterfahrten haben einen so nachhaltigen Eindruck in meiner Erinnerung hinterlassen wie diese. Von den drei höchsten Wänden der Ostalpen scheint mir die Triglav-Wand die schwierigste zu sein.«

Ludwig Sinek

An der Nordwand des Triglav holen sich, besonders bei Winterdurchsteigungen der Schluchten und Couloirs, die slowenischen Alpinisten ihren »Schliff« für die großen Wände der Weltberge.

Civetta-Nordwestwand
Solleder-Route

1925 – Dolomiten

Gipfelhöhe:

3218 m

Wandhöhe:

ca. 1000 m (zwischen 2200 und 3218 m)

Schwierigkeiten:

V+/VI, nicht überall fester Fels

Zeitdauer:

10-12 Stunden

Ausgangspunkt:

Tissi-Hütte (2262 m),
von Alleghe zu Fuß zu erreichen.

Übersicht:

Die Route verläuft ab dem sich in Gipfelfalllinie befindlichen Wandvorbau durch eine Riss- und Kaminreihe, danach schwach in Richtung des zwischen Civetta-Hauptgipfel und Kleiner Civetta eingelagerten Firnfeldes und in der Folge durch eine schräge Verschneidung und durch eine Schlucht zum Ausstieg links des Gipfels.

Hinweise:

Es stecken viele Normalhaken, trotzdem sollte ein Haken- und Klemmkeilsortiment mitgeführt werden. Bei Schlechtwettereinbruch mit starkem Regen herrscht große Steinschlaggefahr, ein Rückzug wird dann sehr schwierig.

»Im italienischen Sprachraum heißt sie die ›Wand der Wände‹, unmissverständlich. Tatsächlich hat ihr Nimbus Berechtigung: Die Wandhöhen liegen um die 1000 Meter und damit über denen an der Marmolada; einige der Routen gelten als Meilensteine in der Geschichte des Alpinismus in den Dolomiten.«

Reinhold Messner

Emil Solleder und Gustav Lettenbauer gelang am 4. August 1925 ohne Biwak die direkte Civetta-Wand bis zum Gipfel. Lange galt sie den Besten als Maßstab für das große Bergsteigen.

Eiger-Nordwand Heckmair-Route

1938 – Berner Alpen

Gipfelhöhe:

3970 m

Wandhöhe:

ca. 1800 m (zwischen 2200 und 3970 m)

Schwierigkeiten:

IV/V, häufig Nässe und Vereisung; 50-55°
in den Eisfeldern

Zeitdauer:

10-20 Stunden bei normalen Verhältnissen

Ausgangspunkt:

Alpiglen; besser die Kleine Scheidegg (2061 m), von Grindelwald mit der Zahnradbahn zu erreichen.

Übersicht:

Die Route der Erstbegeher beginnt im rechten Teil der konkaven Wand, quert links der Roten Flüh bis zum oberen Rand der Rampe schräg links aufwärts und kehrt unmittelbar oberhalb des Rampeneisfeldes zurück zur Wandmitte, von wo sie linkshaltend zum Gipfeleisfeld leitet.

Hinweise:

Die Wand ist zwar gut genagelt und der Schweizer Flugrettungsdienst hat inzwischen eine bewundernswerte Fertigkeit bewiesen, trotzdem: In dieser Riesenwand entscheiden bergsteigerische Qualitäten wie Erfahrung, Routine beim Sichern, vor allem aber Kondition. Die Führe, teilweise Genusskletterei, ist nie extrem schwierig, kann aber bei Vereisung nahezu unmöglich werden. Aufgrund der Steinschlaggefahr sollte am Nachmittag weder in den Eisfeldern noch in der Spinne geklettert werden. Sichere Biwakplätze gibt es am Bügeleisen oder am rechten oberen Rand des Rampeneisfeldes. Bei Wetterstürzen ist es meist besser, auch aus der Rampe noch abzusteigen.

Die Eiger-Wand im Abendlicht.

Anderl Heckmair, Ludwig Vörg, Fritz Kasparek und Heinrich Harrer glückte vom 21. bis 24. Juli 1938 die Erstbegehung der Eiger-Nordwand. Eine Sternstunde der Alpinistik und eine große Sensation, nachdem vorher mehrere Bergsteiger in der Wand umgekommen waren.

»Die Wand und der Berg sehen nicht schön aus, ein steiler Kohlenhaufen, aber der heißt Eiger. Doch ich glaubte, mein Leben würde sich wirklich verändern, wenn ich die Wand mache.«

Reinhard Karl

Dych-Tau Hauptgipfel-Nordostwand Zentralpfeiler

1954 – Kaukasus

Gipfelhöhe:

5200 m

Wandhöhe:

über 2000 m

Schwierigkeiten:

im Fels bis V und A-Passagen (russische Bewertung 5B), steile Eishänge und anspruchsvolles kombiniertes Gelände

Zeitdauer:

26-30 Stunden bei normalen Verhältnissen

Ausgangspunkt:

Biwak auf der rechten Seitenmoräne des Mischirgi-Gletschers; vom Besingi-Alpinistenlager (dorthin von der Ortschaft Besingi entweder mit einem Mietfahrzeug oder mit 25 km Fußmarsch durch die Besingi-Schlucht) in 2 Stunden zu erreichen.

Übersicht:

Im mittleren Teil des höchsten Abbruches der Hauptgipfel-Nordostwand befinden sich drei Pfeiler. Die Route verläuft direkt am zentralen Pfeiler, weicht dem mächtigen Eisbruch oberhalb des Pfeilerkopfes rechts aus und führt über einen Eishang zum Gipfelgrat.

Hinweise:

Der Anstieg ist, besonders in seinem unteren Teil, sehr steinschlaggefährdet. Einige Felszonen sind brüchig.

»In der UdSSR war das Große-Wände-Bergsteigen etwas ganz anderes als bei uns. Dort drehte sich alles um Meisterschaften. Nach ihren Spielregeln erhielt jede Mannschaft für neue Routen in einem neuen Gebiet mehr Punkte. ›Jungfräuliche‹ Gipfel mit steilen Wänden waren in der UdSSR also zum Traum von Mannschaftskapitänen und Trainern geworden.«

Reinhold Messner

Die Dych-Tau-Nordostwand ist *die* große Wand im Kaukasus. Beeindruckend, hoch, fels-/eisgepanzert, schwierig sind aber auch die Wände der Besingi-Mauer oder – wie hier – der Schchelda-Mauer, die sich in der Nähe der Uschba erhebt.

Aconcagua-Südwand Direttissima

1954/1974 – Zentrale Anden

Gipfelhöhe:

6959 m

Wandhöhe:

ca. 3000 m (zwischen 4000 und 6959 m)

Schwierigkeiten:

VI, sehr brüchig, bis zu 90° im Eis

Zeitdauer:

nach 2-3 Wochen Akklimatisierung und Vorbereitung (evtl. Einrichten von Fixseilen) 2-4 Tage

Ausgangspunkt:

Plaza de Francia oder andere Plätze am linken Rand des obersten Horcones-Gletschers (ca. 4100 m), von Puente del Inca (Argentinien) über Confluencia in 10-12 Stunden zu erreichen.

Übersicht:

Der im unteren Teil stark ausgeprägte Pfeiler auf den Hauptgipfel führt in gerader Linie bis zu einem großen Gletscherbecken in zwei Drittel Wandhöhe. Von dort in einer leichten Linkskurve zum Gipfel.

Hinweise:

Es ist ratsam, den ersten Pfeiler mit Fixseilen zu versehen, da bei einem etwaigen Wettersturz der Rückweg offen sein muss. Gute Lager- oder Biwakmöglichkeiten ergeben sich in den Rinnen oberhalb des großen, brüchigen Pfeilers und am großen Schneefeld unterhalb der Gipfelwand. Überall Reste alter Fixseile. Vorsicht!

Der Sicherheit wegen kommt auf den Hauptgipfel nur der Zentralpfeiler als verantwortbare Aufstiegsroute in Frage. In der Gipfelwand ist die Südtirolerführe der Route der Franzosen vorzuziehen, weil sie kürzer ist und trotzdem keine wesentlich größeren Schwierigkeiten aufweist.

Im Sérac auf 6000 Meter Höhe in der Aconcagua-Südwand.

»Französische Route – die ursprüngliche Route an der Südwand und inzwischen die bevorzugte, wenn sie anfangs mit der slowenischen Variante und am Ende mit der Messner-Variante kombiniert wird.«

Barry Blanchard

Neben drei Hauptrouten gibt es bis heute zusätzlich sechs zum Teil sehr lange Varianten in der Aconcagua-Südwand. Sie wurde 1954 von A. Dagory, G. Poulet, E. Denis, R. Paragot, P. Lesueur und L. Bérardini erstmals durchstiegen.

Chapdara-Nordwestwand

1965/1972 – Fan-Gebirge

Bodchona-Westwand

1967 – Fan-Gebirge

Chapdara (5450 m) und Bodchona (5138 m) stehen im Fan-Gebirge, das zum Pamir-Alai gehört. Die Ausgangslager am Alaudinskie-See bzw. an der Vereinigung der Flüsse Arg und Ahbasoy werden von Samarkand oder von Dushanbe erreicht.

Die Chapdara-Nordwestwand wurde 1965 erstmals durchstiegen (russiche Bewertung 5B). 1972 konnte eine schwierige Route im Zentrum der 2100 Meter hohen Wand eröffnet werden.

Die etwa 1500 Meter hohe, sehr steile Westwand des Bodchona, die sich oberhalb der Mutnye-Seen aus dem Bodchona-Gletscher erhebt, ist 1957 von kasachischen Kletterern erstmals versucht worden, ehe sie 1967 geklettert werden konnte.

In der aus rotem Granit aufgebauten Wand befinden sich vier nicht sehr deutlich ausgeprägte Terrassen. Über sie führt die teilweise extrem schwierige Route (russische Bewertung 5B), die im unteren Teil durch Stein- und Eisschlag bedroht ist. Besonders anspruchsvolle Kletterei fordern der Aufstieg zur ersten Terrasse, die glatten Wandpassagen darüber sowie im oberen Wandteil – unterhalb einer Wechte – eine Querung, die nicht oder nur sehr schwierig abgesichert werden kann.

Die Erstbegeher bewältigten den Durchstieg mit fünf Biwaks. Sie erreichten nach der vierten Terrasse den Südgrat und über diesen den Gipfel. Beim Abstieg über den Nordwestgrat mussten sie noch einmal biwakieren.

1971 und 1972 konnten zwei noch schwierigere Routen an der Bodchona-Westwand eröffnet werden.

Unbeachtet vom Westen gelangen sowjetischen Bergsteigern großartige Anstiege im Pamir, Tien Shan und Kaukasus. Trotz der bescheidenen Ausrüstung waren sie im Große-Wände-Bergsteigen führend.

Schwer mit Klettermaterial behängt an der Chapdara-Nordwestwand.

Schwierige Kletterei an der Bodchona-Westwand.

Im Fan-Gebirge und im Pamir selbst gibt es eine Reihe von »großen Wänden«: hier die Südostwand des Komakademiya Peak.

Cerro Fitz Roy Westnordwest-Couloir (Supercanaleta)

1965 – Südliche Patagonische Anden

Gipfelhöhe:

3441 m

Wandhöhe:

ca. 1300 m (von 1750 bis 3050 m)

Schwierigkeiten:

extreme Eis- und Felsschwierigkeiten (ED-)

Zeitdauer:

nach eintägigem Anmarsch 1-2 Tage

Ausgangspunkt:

Biwak am Wandfuß (Fitz-Roy-Norte-Gletscher), von der Hosteria Fitz Roy (bis dorthin Straße von Chaltén) über das Basislager am Rio Blanco zu erreichen.

Übersicht:

Die Supercanaleta führt zwischen dem Nordwest- und dem Westgrat zum langen Südwest(Gipfel)grat.

Hinweise:

Die Erstbegehung wurde im alpinen Stil durchgeführt und erforderte insgesamt drei Tage für den Auf- und Abstieg. Heute ist die Route ausgeapert und gefährlicher.

»Die Supercanaleta ist die einzige große Route auf den Fitz Roy, für die keine fixen Seile verwendet wurden, weder bei der Erstbesteigung noch bei einer der folgenden Begehungen. Sie ist somit zur Zeit die einzige, bei der alle Wiederholungen im alpinen Stil ausgeführt wurden.«

Gino Buscaini/ Silvia Metzeltin, 1987

Der Cerro Fitz Roy von Nordwesten mit der Supercanaleta. Sie wurde im Januar 1965 von den Argentiniern Carlos Comesaña und José Luis Fonrouge erstmals durchstiegen.

Huascarán-Norte Nordwand

1966 – Cordillera Blanca

Gipfelhöhe:

6650 m

Wandhöhe:

ca. 1500 m (zwischen 5150 und 6650 m)

Schwierigkeiten:

im Fels bis V+/VI, schwieriges kombiniertes Gelände und Eispassagen bis 60°

Zeitdauer:

nach 2-3 Wochen Akklimatisierung 4-5 Tage

Ausgangspunkt:

Ausgangslager am Llanganuco-Gletscher unterhalb der Nordwand, von den Llanganuco-Seen (bis dorthin Straße von Yungay) zu erreichen.

Übersicht:

Die Route verläuft über den ausgeprägten Sporn und den Pfeiler im rechten Wandteil. Der eigentliche Pfeiler beginnt mit der markanten, brüchigen Steilwand der sogenannten »Birne«, die heute meist rechts im steilen Eis umgangen wird. Im oberen Bereich führt die Route nach links ins Wandzentrum und über die teilweise überhängende Schlusswand zur Gipfel-Eiskappe. Über sie zum höchsten Punkt.

Hinweise:

Die Erstbegeher kletterten die stark steinschlaggefährdete Route im klassischen Expeditionsstil. Sie richteten zwei Wandlager ein und präparierten den Anstieg mit Fixseilen. Einer der Erstdurchsteiger wurde beim Abstieg an den Fixseilen vom Steinschlag aus der Wand gerissen. – Mittlerweile werden alle Routen an der Nordwand im alpinen Stil begangen.

Weitere große Wände in der Cordillera Blanca: Huascarán-Sur-Ostwand (1200 m), Huantsan-Nordwand (1400 m), Chacraraju-Este-Ostwand (1000 m), Huandoy-Sur-Nordostwand (1000 m), Ranrapalca-Südwestwand (1000 m), Chacraraju-Westwand (950 m).

Renato Casarotto, dem am Huascarán eine großartige Wand-Route solo gelungen ist.

»Wir waren uns hinterher darüber einig, dass wir eine unserer anspruchsvollsten Klettereien unternommen hatten; was ihre Schwierigkeiten betraf, vergleichbar mit den härtesten kombinierten Kletterrouten in den Alpen – jedoch länger.«

Adrian Burgess, Zweitbegeher

Die Route der Franzosen – sie verläuft im rechten Teil der großen Felswand – wurde, da einigermaßen von Steinschlag verschont, zum Klassiker. Die erste Partie mit Robert Paragot, Robert Jacob, Claude Jaccoux und Dominique Leprince-Ringuet erreichte am 10. Juli 1966 den Gipfel. Einen Tag später folgten Lucien Bérardini, Georges Payot und Yannick Seigneur.

Mount Tyree

1967 – Antarktis

Gipfelhöhe:

4827 m

Wandhöhe:

ca. 2500 m (zwischen 2300 und 4827 m)

Schwierigkeiten:

Eiscouloirs und -hänge, am Mount-Tyree-Nordwestgrat anspruchsvolle Kletterei (IV/V) an teilweise brüchigem Fels und in kombiniertem Gelände

Zeitdauer:

nach Vorbereitung (Einrichten von Hochlagern) 3-4 Tage

Ausgangspunkt:

Basislager (ca. 2300 m) unterhalb des Mount Gardner, vom Nimitz-Gletscher (dorthin ausschließlich per Flugzeug von Chile über Patriot Hills) zu erreichen.

Übersicht:

Die Route verläuft durch ein ca. 1200 m hohes Couloir auf das Plateau des Mount Gardner, von dem aus in den Sattel zwischen diesem und dem Mount Tyree (Gardner-Tyree-Col) abgestiegen wird. Von dort umgeht man den ersten Teil des über 3,5 km langen Mount-Tyree-Nordwestgrats an der Nordseite, ehe über den Grat und zuletzt ausgesetzt im oberen Teil der Südwand kletternd der Gipfel erreicht werden kann.

Hinweise:

Der Mount Tyree ist der zweithöchste Berg in der Antarktis. Die Erstersteiger hatten zwei Hochlager – eines unterhalb des Mount-Gardner-Gipfels, ein weiteres im Col – eingerichtet.

Großzügige Routen gibt es auch an der ca. 2000 Meter hohen Westwand des Mount Vinson.

»Sehr abgeschieden, kombiniert, höher als die Monte-Rosa-Ostwand.«

Ekkert Gundelach

Im Rahmen der American Antarctic Mountaineering Expedition gelang am 6. Januar 1967 John Evans und Barry Corbet die Gipfelbesteigung. Durch die Südwand kletterten Erhard Loretan und auf direkter Route Conrad Anker in den 1990er Jahren.

Pik-Kommunismus-Südwand Myslovsky-Route

1968 – Pamir

Gipfelhöhe:

7495 m

Wandhöhe:

ca. 2900 m (zwischen 4600 und 7495 m)

Schwierigkeiten:

extreme Schwierigkeiten im Fels, steile Eisfelder (russische Bewertung 6A)

Zeitdauer:

Die Erstbegeher benötigten, nach teilweiser Präparierung des unteren Wandteils, 9 Tage für den gesamten Anstieg.

Ausgangspunkt:

Basislager auf dem Belyaev-Gletscher; von Tashkent oder von Dushanbe per Helikopter auf den Garmo-Gletscher und über ihn zum Belyaev-Gletscher.

Übersicht:

Die Route führt im rechten, südwestlichen Wandteil über den zentralen, senkrechten Felsgürtel und danach links aufwärts zum Gipfelgrat.

Hinweise:

Die Erstbegeher hatten an schwierigen Passagen im unteren Wandteil Fixseile gespannt. Bis in eine Höhe von ca. 6000 Meter herrscht extreme Steinschlaggefahr.

Weitere große Wände im Hohen Pamir: Pik-Ahmadi-Donish-Südwand (2500 m), Pik-Engels-Nordostwand (2200 m), Pik-Kommissarov-Südwand (2200 m) sowie mehrere 2000-Meter-Wände (z. B. Pik-Korshenewskaja-Westwand).

»Wie in anderen Sportdisziplinen wurden in der UdSSR auch für Bergsteiger Titel wie ›Meister des Sports‹ verliehen. Am begehrtesten war der ›Schneeleopard‹, der unter den Höhenbergsteigern der Ostblockländer als höchste Auszeichnung galt.«

Sebastian Hölzl

Die erste Route ganz im rechten (südwestlichen) Wandteil eröffneten im August 1968 E. Myslovsky, V. Gluhov, V. Ivanov und A. Ovchinnikov. Zwischen 1973 und 1981 wurden weitere, noch schwierigere Linien – zwei davon im zentralen Wandteil – an der Pik-Kommunismus-Südwand gefunden.

Khan-Tengri-Nordwand

1970/1974 – Tien Shan

Gipfelhöhe:

7010 m

Wandhöhe:

ca. 2800 m (zwischen 4200 und 7010 m)

Schwierigkeiten:

6A (russische Bewertung) für die erste, im östlichen Teil der Nordwand verlaufende Route, 6B für die Direktrouten mit ihren Platten und monolithartigen Steilaufschwüngen.

Zeitdauer:

auch für die östliche Route mehrere Tage;
für die Durchstiege im zentralen Wandteil 6-9 Tage

Ausgangspunkt:

Basislager (ca. 4200 m) auf dem Nord-Inylchek-Gletscher, von Almaty nach Bayankol (Straße) und von dort per Helikopter zu erreichen.

Übersicht:

Die Route von 1970 verläuft über den weit herabreichenden Pfeiler im linken Wandteil zum Gipfelgrat; die beiden Durchstiege aus dem Jahr 1974 führen fast parallel zueinander durch die zentrale Nordwand.

Hinweise:

In den letzten Jahren wurde am Fuße der Khan-Tengri-Wand ein großes Basislager mit Küche, Erster Hilfe, Logistik eingerichtet. Die Normalroute des Khan Tengri wird für Gruppenbergsteiger präpariert. Die Nordwand hingegen – beeindruckend steil und formschön – wird ganz selten versucht, obwohl es ein halbes Dutzend Routen an ihr gibt.

Die 2800 Meter hohe Nordwand des Khan Tengri.

»Im Hintergrund des Bayumkol-Tales fiel uns ein gewaltiger, breitmassiger Berg auf, von dessen schneeiger Schulter, wenig unterhalb seines Gipfelkammes, eine fast 2000 Meter hohe, senkrechte Wand direkt zu Tale setzt.«

Gottfried Merzbacher, 1902

Der Gipfelaufbau des Khan Tengri von Westen gesehen. Den ersten Wanddurchstieg – den östlichen Pfeiler zum Nordostgrat – kletterten O. Hudyakov, R. Ivanov, L. Kabelsky, Y. Manshin und V. Yushkevich 1970; die Myslovsky- und besonders die Studenin-Route, die 1974 eröffnet wurden, sind sehr steile Direktanstiege.

Annapurna-I-Südwand Bonington-Route

1970 – Nepal-Himalaja

Gipfelhöhe:

8091 m

Wandhöhe:

3200 m (zwischen 4900 und 8091 m)

Schwierigkeiten:

senkrechte Felsstrecken (V und darüber), sehr schwieriger Eisgrat, steile Eistraversen

Zeitdauer:

nach 4-6 Wochen Akklimatisierung und Vorbereitung (Einrichten der Wandlager und Fixseile) 7-8 Tage

Ausgangspunkt:

Basislager (4095 m) am Nordfuß des Hiunchuli, von Suikhet (Straße von Pokhara) über Dhampus, Landrung, Ghandrung und durch das Modi-Khola-Tal auf Trekkingpfad zu erreichen.

Übersicht:

Im linken (westlichen) Teil der Südwand sind drei markante Pfeiler ausgeprägt. Die Route der Erstbegeher führt über den linken dieser Pfeiler.

Hinweise:

Die britische Expedition hatte sechs Wandlager und insgesamt 4500 Meter Fixseile eingerichtet. Ein Expeditionsteilnehmer kam am Schluss der Unternehmung durch eine Lawine ums Leben.

Die Bonington-Route wird trotz ihrer großen Schwierigkeiten inzwischen häufig wiederholt. Die anderen »Wege« durch die Südwand sind gefährlicher.

Enric Lucas, dem eine eigene Route in der Südwand der Annapurna gelang.

»Beim Blick in die Südwand schwindelte mir. Dass die kolossalen Felsbrocken, die dort nach außen kragten, nicht abgestürzt waren, sprach gegen die Naturgesetze. Mit Grauen sah ich, wo Whillans und Haston 1970 heraufgekommen waren. Steil und ohne Boden, dieser Abbruch!«

Reinhold Messner

Die Bonington-Route verläuft am Pfeiler in der Mitte der linken Bildhälfte. Don Whillans und Dougal Haston kletterten am 27. Mai 1970 vom obersten Wandlager zum Gipfel; Ian Clough kam während der allerletzten Phase der Expedition unterhalb von Lager III durch eine Lawine ums Leben.

Nanga-Parbat-Südwand Zentralpfeiler

1970 – Kashmir-Himalaja

Gipfelhöhe:

8125 m

Wandhöhe:

ca. 4500 m (zwischen 3650 und 8125 m)

Schwierigkeiten:

II-IV, meist vereist; bis zu 90° im Eis

Zeitdauer:

nach 4-6 Wochen Akklimatisierung und Vorbereitung (Einrichten der Wandlager und Fixseile) 5-8 Tage für die endgültige Durchsteigung

Ausgangspunkt:

Tap-Alpe (3560 m); von Gilgit (Pakistan) über das Indus-, Astor- und Rupal-Tal (Karakorum-Highway, Jeepweg, Steig) zu erreichen.

Übersicht:

Die Route verläuft hauptsächlich am mittleren Pfeilersystem, das oberhalb der ersten Felsbarriere von rechts her erreicht wird, und benützt in der Gipfelzone die Rinne links der Pfeilerkante.

Hinweise:

Die Lagermöglichkeiten sind gut. Ein Rückzug bei Schneefall ist gefährlich, deshalb sollten immer genügend Nahrungsmittel in den mittleren Hochlagern sein. Das Ausgangslager für die Gipfelbesteigung wird am besten knapp unterhalb der Merkl-Rinne eingerichtet. Die Kletterausrüstung muss mittleren Schwierigkeiten im Fels und extremen Schwierigkeiten im Eis gerecht werden. Die ideale Zeitspanne für eine Durchsteigung sind die Monate Mai und September.

»Der Abstieg wird zur Tragödie. Der ältere Bruder sucht die besten Möglichkeiten. Er findet einen Durchschlupf zwischen den beiden großen Sérac-Zonen. Die Brüder steigen über blankes Eis abwärts, bis sie die oberste der Mummery-Felsrippen erreichen. An ihr klettern sie tiefer.«

Horst Höfler

Die vierte Expedition zur Rupal-Wand (Bildmitte) des Nanga Parbat brachte den Erfolg: Am 27. Juni 1970 erreichten die Südtiroler Reinhold und Günther Messner, am 28. Juni 1970 der Nordtiroler Felix Kuen und der Deutsche Peter Scholz den Gipfel des Achttausenders vom höchst errichteten Lager in der Rupal-Wand aus. Damit ist die höchste Steilwand der Erde von vier Bergsteigern erstmals vollständig durchstiegen worden.

Pik Przhevalsky Nordostwand

1974 – Tien Shan

Gipfelhöhe:

6350 m

Wandhöhe:

ca. 2000 m (zwischen 4350 und 6350 m)

Schwierigkeiten:

extrem schwierige Route (5B) im kombinierten Gelände und teilweise an hakenabweisenden Schieferplatten

Zeitdauer:

nach 2-3 Wochen Akklimatisierung 5-6 Tage

Ausgangspunkt:

oberer Nord-Inylchek-Gletscher; dorthin vom Basislager (ca. 4200 m), das von Bayankol (Straße von Almaty) per Helikopter erreicht wird.

Übersicht:

Vom Wandfuß, der über einen Eisbruch erreicht wird, in kombiniertem Gelände (Schiefer/Eis/Schnee) empor gegen die große, dreieckige Gipfelwand und über diese zum höchsten Punkt.

Hinweise:

Die Route war zum Zeitpunkt der Erstbegehung von den objektiven Gefahren her relativ sicher, sie hat jedoch fast ausschließlich schlechte Biwakplätze. Die Erstbegeher benötigten für den Durchstieg neun Tage, drei allein für die Gipfelwand.

Standplatz in der Nordostwand des Pik Przhevalsky.

»Von Norden wirkt der Pik Przhevalsky, gekrönt von einer Schneekuppel, massig. Der Berg ist altbekannt. Er war schon vor der russischen Revolution auf Karten eingezeichnet worden. Sowjetische Topographen gaben ihm den Namen des bekannten Reisenden N. M. Przhevalsky.«

Victor Sedelnikov

Die erfolgreiche sowjetische Expeditionsmannschaft, zu der auch Victor Sedelnikov gehörte, erreichte am 26. August 1974 den Gipfel.

Pumori-Südwestpfeiler

1974 – Nepal-Himalaja

Gipfelhöhe:

7145 m

Wandhöhe:

gut 1550 m (zwischen 5600 und 7145 m)

Schwierigkeiten:

Die französischen Zweitbegeher verglichen die Anforderungen im Fels mit denen des Innominatagrats auf den Mont Blanc (D), und im Eis mit denen der Courtes-Nordwand.

Zeitdauer:

nach ca. 3 Wochen Akklimatisierung 3-4 Tage

Ausgangspunkt:

Basislager (ca. 5350 m) unterhalb der Südwand; von Lukla (Flugplatz) über Namche Bazar, Pangpoche, Pheriche, Dugla, Lobuche und den Khumbu-Gletscher (Anmarsch identisch mit dem zum Everest-Basecamp) zu erreichen.

Übersicht:

An der Pumori-Südwand sind drei mächtige Pfeiler ausgeprägt. Die Route verläuft über den rechten dieser Pfeiler, dessen unterer Teil rechts durch ein Couloir umgangen wird.

Hinweise:

Über die Erstbegehung durch Japaner sind keine Details bekannt. Die Zweitbegeher hatten – wegen schlechten Wetters in wochenlanger Arbeit – drei Wandlager eingerichtet, ehe ihnen der Durchstieg in drei Tagen glückte. Die dritte Seilschaft der Zweitbegeher-Expedition wurde etwa 150 Meter unterhalb des Gipfels zum letzten Mal gesehen. Alle Bemühungen, Spuren der beiden Bergsteiger zu finden, blieben erfolglos.

»Die Begegnung mit dem Pumori ist wohl bei allen Bewerbern einigermaßen gleich verlaufen. (...) Man sieht den Berg, das ›jungfräuliche Juwel des Khumbu‹, wie Marcel Kurz ihn genannt hat, zum ersten Mal, wenn der Everest mit der ewigen Wolkentoga, der wilde Lhotse und die Nuptse-Mauer längst zum täglichen Landschaftsbild gehören. (...) Wir waren bestürzt. Unsere Sherpas waren es auch. In den Plänen der Expeditionen, mit denen sie früher hier gewesen waren, hatte der Pumori keine Rolle gespielt. (...) ›Da kommt ihr nie hinauf!‹, sagten sie.«

Gerhard Lenser, Erstersteiger des Pumori 1962

Zweimal Pumori-Südwand. Die vielen Routen, die heute durch sie führen, sind alle anspruchsvoll, aber im Alpinstil machbar.

Mount Everest Südwestwand Engländer-Route

1975 – Nepal-Himalaja

Gipfelhöhe:

8848 m

Wandhöhe:

etwas über 2000 m (zwischen 6700 und 8751 m)

Schwierigkeiten:

steile Eisfelder, -couloirs und -rampen und anspruchsvolles kombiniertes Gelände; in der Rinne unterhalb des Südgipfels eine etwa 20 m hohe, schwierige, meist vereiste Felsstufe

Zeitdauer:

nach 4-6 Wochen Akklimatisierung und Vorbereitung (Einrichten der Wandlager und Fixseile) 6-7 Tage

Ausgangspunkt:

Western Cwm, vorgeschobenes Basislager (Lager II) auf etwa 6600 m; vom Everest-Basislager (5200 m, dorthin von Lukla – Flugplatz – über Namche Bazar, Pangpoche, Pheriche, Dugla, Lobuche und den Khumbu-Gletscher) durch den gefährlichen Khumbu-Eisfall zu erreichen.

Übersicht:

Die Route führt etwas rechts der Wandmitte, dann immer mehr im Wandzentrum (»Great Central Gully«) über Eisfelder bis in halbe Wandhöhe und links hinauf gegen den niedrigsten Teil des sperrenden Felsgürtels, der links durch ein verstecktes Eiscouloir überwunden wird. Oberhalb des Felsgürtels auf einem langen, abschüssigen Schneefeld nach rechts und durch eine Rinne schräg rechts empor zum Südgipfel. Über den Hillary-Step weiter zum Everest-Gipfel.

»Es scheint, dass man unter derartigen Bedingungen, wenn man sich selbst bis zum Äußersten treibt und die Versorgung mit Sauerstoff, Wasser und Nahrung reduziert ist, versteckte Reserven aktivieren kann, um am Leben zu bleiben – nicht nur Energiereserven, sondern tiefere Schichten.«

Doug Scott

Doug Scott und Dougal Haston erreichten den Everest-Gipfel am 24. September 1975; zwei Tage später vollendeten auch Peter Boardman und Sherpa Pertemba den Durchstieg. Mick Burke, den sie während ihres Abstiegs kurz unterhalb des höchsten Punktes der Erde trafen, kehrte nicht zurück.

Die »Sowjetische Route« am Südpfeiler (im Bild ganz links) ist schwieriger als die Bonington-(Engländer-)Route und mündet links vom Gipfel in den Westgrat.

MAKALU-SÜDWAND

1975 – NEPAL-HIMALAJA

GIPFELHÖHE:

8463 m

WANDHÖHE:

über 3100 m (zwischen 5100 und 8250 m)

SCHWIERIGKEITEN:

bis V im Fels, im Eis bis 70°

ZEITDAUER:

nach 4-6 Wochen Akklimatisierung und Vorbereitung (Einrichten der Wandlager und Fixseile) 7-8 Tage

AUSGANGSPUNKT:

Makalu-Basislager (4850 m); von Tumlingtar (Flugplatz) über Khadbari, den Barun La und Shershon zu erreichen.

ÜBERSICHT:

Der Wand ist ein Felssporn vorgebaut, der erstiegen wird. Danach schräg links über den Gletscher an den steilen Teil der Südwand. Über einen Eisgrat und eine sehr steile Eiswand ins kombinierte Gelände links der Falllinie und nach rechts querend in die Gipfelwand.

HINWEISE:

Die teilweise stark eisschlaggefährdete Wand wurde im klassischen Expeditionsstil mit fünf Wandlagern (davon drei im steilen Wandteil) erstmals durchstiegen. Für die Vorbereitung (Einrichten der Lager, Ausstatten der Route mit Fixseilen bis 7500 m) wurden 18 Tage benötigt. Der endgültige Anstieg vom Basislager bis zum Gipfel dauerte dann noch einmal acht Tage. Ein Teilnehmer des ersten Gipfelteams kletterte ab etwa 8050 m ohne Maske.

Die Direktroute von Pierre Béghin rechts und der Südwestpfeiler links des Kunaver-Weges gehören zu den schönsten Anstiegen im Himalaja.

Pierre Béghin, der die direkte Makalu-Südwand allein kletterte.

»Die Makalu-Expedition 1975 brachte letztendlich den Erfolg für die Slowenen, die sich rasch unter den Weltbergsteigern etablieren konnten. Sieben Kletterer hatten den Gipfel erreichen und auch unbeschadet wieder absteigen können.«

VIKTOR GROŠELJ

Sieben Teilnehmer der von Aleš Kunaver geleiteten Makalu-Südwand-Expedition 1975 erreichten den Gipfel: am 6. Oktober Stane Belak und Manfreda Marjan, am 8. Oktober Janko Ažman und Jernej Zaplotnik, am 10. Oktober Viki Grošelj und Ivan Kotnik, am 11. Oktober Janez Dovžan.

Rakaposhi-Nordgrat

1978 – Karakorum

Gipfelhöhe:

7788 m

Wandhöhe:

ca. 3400 m (zwischen 4400 bis 7788 m)

Schwierigkeiten:

im Fels bis V+/A2, im Eis bis 70°

Zeitdauer:

nach 5-6 Wochen Akklimatisierung und Vorbereitung (Einrichten der Wandlager und Fixseile) 6-7 Tage

Ausgangspunkt:

Basislager (ca. 3650 m) auf dem Ghulmet-Gletscher, der aus dem Hunza-Tal (Karakorum-Highway) über Ghulmet und durch das gleichnamige Tal erreicht wird.

Übersicht:

Die mächtige Nordfront des Rakaposhi wird durch den pfeilerartigen Nordgrat beherrscht. Man erreicht ihn an seiner Westseite durch ein steiles Eiscouloir.

Hinweise:

Die Erstbegeher hatten sechs Gratlager eingerichtet und die Route weitgehend mit Fixseilen präpariert. Sie ist teilweise sehr ausgesetzt, überwechtet und lawinengefährdet.

Die gesamte Flanke bietet großartige, aber gefährliche Wandanstiege.

»Erst eine Stunde später sehen wir wieder hinauf auf silberglänzende Höhen und erkennen am Nordpfeiler das Ziel unserer Bemühungen, das sich steil nach oben schwingt. Wir sind fasziniert von unserem Plan, diesen Himalaja-Riesen über eine solche ›Direttissima‹ anzugehen – aber auch stark beeindruckt von den technischen Schwierigkeiten, die sich vor uns auftun.«

Karl M. Herrligkoffer

Der Rakaposhi-Nordgrat (Nordpfeiler, im Bildzentrum) wurde u. a. von einer Herrligkoffer-Expedition versucht, ehe eine japanische Gruppe Erfolg hatte: Am 2. August 1978 erreichten deren Leiter Eiho Ohtani und Matsushi Yamashita den Gipfel.

Mount Everest Nordostwand und Nordwand

1980 – Tibetischer Himalaja

Gipfelhöhe:

8848 m

Wandhöhe (Nordwand):

ca. 2700 m (zwischen 6150 und 8848 m)

Schwierigkeiten (Nordwand):

steile Eiswand und anstrengende Schneefelder, schwieriges kombiniertes Gelände mit brüchigem Fels

Zeitdauer (Nordwand):

nach 5-6 Wochen Akklimatisierung und Vorbereitung (Einrichten der Wandlager und Fixseile) 5-6 Tage

Ausgangspunkt (Nordwand):

Ausgangslager auf dem West-Rongbuk-Gletscher, von Tingri (aus Nepal kommend) oder von Shigatse (Tibet) über das Kloster Rongbuk zu erreichen; die mit Jeep befahrbare Straße führt vom Kloster aus noch etwa fünf Kilometer taleinwärts bis nahe der Zunge des Rongbuk-Gletschers (ca. 5150 m, Basislager-Bereich).

Übersicht (Nordwand):

Aus dem obersten Becken des West-Rongbuk-Gletschers ragt die Nordwand mit einer steilen Eisflanke und einer darüber liegenden Felsbarriere auf, die in ihrem zentralen Bereich durch eine tiefe Rinne erstiegen wird. Oberhalb von dieser über steile Schneehänge und zwei weitere, kleinere Felsgürtel zur Hornbein-Schlucht, die den Durchstieg zur Gipfelpyramide ermöglicht.

Hinweise (Nordwand):

Die Route ist stark lawinen- und steinschlaggefährdet. Zwischen dieser Japaner-Route und dem Grand Couloir (Australier-Route) sind weitere, allerdings extrem schwierige Wanddurchstiege möglich.

Die Mount-Everest-Nordwand.

»Ich nahm mein Herz in beide Hände und stieg weiter durch diesen ekelhaften Dreck, bis ich fast oben war.«

Andy Henderson,
einer der Erstbegeher
der Australier-Route

1980 gelang einer japanischen Expedition in direkter Linie die erste Nordwand-Route. Vier Jahre später glückte Australiern links der Japaner-Route ein Durchstieg, der im oberen Teil durch das Große bzw. Norton-Couloir führt. Andy Henderson, Tim Macartney-Snape und Greg Mortimer erreichten den Gipfel. Auch die Nordostwand (großes Bild) ist inzwischen durchstiegen.

Kangchendzönga-Nordwand Japaner-Route

1980 – Nepal-Himalaja

Gipfelhöhe:

8598 m

Wandhöhe:

ca. 3100 m (zwischen 5500 und 8598 m)

Schwierigkeiten:

teilweise senkrechte Sérac-Stufen; der Felsgürtel zwischen 7300 und 7900 m erfordert schwierige Kletterei

Zeitdauer:

nach 4-6 Wochen Akklimatisierung und Vorbereitung (Einrichten der Wandlager und der Fixseile) 5-6 Tage

Ausgangspunkt:

Basislager Pangpema (ca. 5500 m) auf der orografisch rechten Randmoräne des Kangchendzönga-Gletschers, von Taplejung (Flugplatz) über Taplechok, Kambachen und Lhonak zu erreichen.

Übersicht:

Die Route umgeht die Gipfelfalllinie im Linksbogen über Sérac-Stufen und Felsbarrieren und überwindet den großen Felsgürtel im linken Wandteil an seiner niedrigsten Stelle. Darüber die steile, mit zwei Eisfeldern durchsetzte Gipfelwand.

Alle weiteren Anstiege in der Nordwand sind als Varianten zum Nordgrat oder zur Japaner-Route anzusehen.

Hinweise:

Die Erstbegeher hatten vier Wandlager sowie 2700 m Fixseile eingerichtet.

»Die Nordwestflanke des Kangchendzönga sieht aus, als sei sie geschaffen, um Bergsteiger abzuschrecken. Geformt wie ein Hufeisen, weist sie drei etagenförmig übereinander liegende, gigantische Felsbänder auf, die durch Eisformationen voneinander getrennt sind.«

Peter Boardman

Im Verlauf der 1980 von Masatsugu Konishi geleiteten japanischen Nordwand-Expedition, die ohne Flaschensauerstoff agierte, erreichten am 14. Mai 1980 vier Teilnehmer – darunter Sherpa Ang Phurba – und am 17. Mai weitere vier Bergsteiger – unter ihnen die Sherpas Pemba Tsering und Dawa Norbu, der im knietiefen Schnee die Spur gelegt hatte – den Gipfel.

K2-Westwand

1981 – Karakorum

Gipfelhöhe:

8611 m

Wandhöhe:

ca. 2700 m (von 5500 bis 8200 m)

Schwierigkeiten:

schwierige Felszonen und steile Eisfelder,
in der Gipfelwand schweres kombiniertes Gelände

Zeitdauer:

nach 4-6 Wochen Akklimatisierung und Vorbereitung (Einrichten von Wandlagern und Fixseilen) 6-7 Tage

Ausgangspunkt:

Basislager (ca. 5350 m) auf dem Savoia-Gletscher, von Askole (bis dorthin mit Jeeps befahrbare Schotterpiste) über Paiju, Liligo, Urdokas, Baltoro-Gletscher, Konkordiaplatz zu erreichen.

Übersicht:

Die Route führt über eine breite Eisrinne auf den Westgrat und rechts von ihm empor bis unter die mächtige Gipfelwand, in deren linken Teil Y-förmige Couloirs eingelagert sind. Am Stiel und durch den rechten Zweig des Ypsilon und über die gebänderte Wand darüber rechts hinaus zum Südwestgrat.

Hinweise:

Die Erstbegeher richteten fünf Wandlager sowie 5500 m Fixseile ein. Die Gipfelseilschaft biwakierte oberhalb von Lager V (ca. 8050 m) zweimal: auf ca. 8500 m beim Aufstieg und auf ca. 8200 m beim Abstieg.

»Sie waren erschöpft (die erfolgreichen Durchsteiger der K2-Westwand; Anm. d. V.), doch am 10. August kehrten sie ins Basislager zurück. Gleichzeitig endete das gute Wetter, das die Ersteigung ermöglicht hatte, und es schneite sieben Tage lang.«

Terudo Matsuura

Zwei Teilnehmer der von Terudo Matsuura geleiteten K2-Westwand-Unternehmung – Eiho Ohtani (der schon am Rakaposhi-Nordgrat erfolgreich gewesen war) und Nazir Ahmad Sabir aus Pakistan – konnten am 7. August 1981 auf den Gipfel steigen.

Pik-Pobjeda-Nordwand

1982 – Tien Shan

Gipfelhöhe:

7439 m

Wandhöhe:

ca. 3300 m (von 4150 bis 7439 m)

Schwierigkeiten:

6A (russische Bewertung), Sérac-Abbrüche, steile Eisflanken

Zeitdauer:

nach 4-5 Wochen Akklimatisierung 3-8 Tage

Ausgangspunkt:

Zvezdochka-Gletscher; dorthin vom Basislager (ca. 4000 m) auf dem Süd-Inylchek-Gletscher, das von Bayankol (Straße von Almaty) per Helikopter erreicht wird.

Übersicht:

Die Route zieht – Séracs ausweichend – zwischen gewaltigen Steilwänden rechts und einem Rücken links zum Gipfel.

Hinweise:

Der untere Teil der Route ist stark lawinengefährdet. Während der Querung zum sogenannten »Dollar« wurden die Erstbegeher von einer Lawine überrascht. Sie überlebten, weil sie sich an den Fixseilen halten konnten.

Die Nordwand des Pik Pobjeda.

»Nach vielen Tragödien bei Besteigungsversuchen gelang es 1956 Abalakow, als erster den Gipfel zu erreichen. Wegen des wechselhaften Wetters, größerer Temperaturstürze und Stürme und der Länge der Routen gilt dieser Berg als äußerst schwierig.«

Alfred Zängerle

»Die große Wand gelang sowjetischen Bergsteigern 1982.«

Reinhold Messner

V. Smirnov, Y. Moiseev, V. Suviga, V. Halitov und V. Shkarban gelang es 1982 erstmals, die über drei Kilometer hohe Wand des Pik Pobjeda (im Bild links) zu durchsteigen.

Gasherbrum-I-Südwestwand

1983 – Karakorum

Gipfelhöhe:

8068 m

Wandhöhe:

ca. 2500 m (von 5550 bis 8068 m)

Schwierigkeiten:

im Fels bis V, schwieriges kombiniertes Gelände auch noch in der Gipfelwand, steile Eishänge und Sérac-Zonen

Zeitdauer:

nach 4-5 Wochen Akklimatisierung 4 Tage

Ausgangspunkt:

Basislager (ca. 5100 m) auf dem Abruzzi-Gletscher, von Askole (bis dorthin mit Jeeps befahrbare Schotterpiste) über Paiju, Liligo, Urdokas, Baltoro-Gletscher, Konkordiaplatz und oberen Baltoro-Gletscher zu erreichen.

Übersicht:

Die Route verläuft schräg von links unten nach rechts oben durch die Wand; zuerst über Eishänge zu einer Felsrippe und über diese hinweg in die zentrale Eiswand, am Schluss rechts der Gipfelfalllinie auf den Südgrat.

Hinweise:

Der Einstiegsbereich ist stark lawinengefährdet. Die Erstbegeher biwakierten dreimal in der Wand.

Nejc Zaplotnik, dem der Grat zwischen den beiden Wänden gelang.

»Mir wurde klar, dass der alpine Stil eine hohe Form der Bergsteigerkunst ist. Nicht nur unter sportlichen Aspekten, sondern auch aus menschlicher Sicht. Zufalls-Partnerschaften sind nichts dafür.«

Voytek Kurtyka

Gasherbrum-Nordwestwand (rechts der Bildmitte) und -Südwestwand (rechts). Einige Wand-Seillängen fehlten Jerzy Kukuczka und Voytek Kurtyka – sie waren im Alpinstil unterwegs – am 22. Juli 1983 noch, als Kurtyka in der Gipfelwand der Südwestwand ein Steigeisen verlor. Sie kletterten zurück zum letzten Biwakplatz. Kukuczka fand am anderen Morgen das Eisen, und die beiden erreichten nunmehr über den Südgrat den Gipfel des Hidden Peak.

Mount-Everest-Ostwand (Kangshung-Wand)

1983 – Tibetischer Himalaja

Gipfelhöhe:

8848 m

Wandhöhe:

ca. 3300 m (zwischen 5200 und 8475 m)

Schwierigkeiten:

extreme Schwierigkeiten mit A-Passagen sowie einem scharfen Schneegrat am Felspfeiler (dessen 250 m hohe »Headwall« ist überhängend), darüber Sérac-Zonen und anstrengende Schneehänge

Zeitdauer:

nach bis zu 6 Wochen Akklimatisierung und Vorbereitung (Einrichten der Fixseile und der Wandlager) 8-10 Tage

Ausgangspunkt:

Basislager (ca. 5180 m) auf dem Kangshung-Gletscher (Tibet) von Kharta (Ende der Straße) durch das Kama-Tal zu erreichen.

Übersicht:

Links (südlich) der Gipfelfalllinie fußt die Ostwand mit einem mächtigen, 1200 m hohen Felsbollwerk, dem schwierigsten Teil der Route. Oberhalb über von Séracs durchzogene, steile Schneehänge zum Südostgrat.

Die zweite Route (Stephen Venables) führt links zum Südsattel.

Hinweise:

Die Erstdurchsteigung erfolgte im klassischen Expeditionsstil mit drei Lagern, Fixseilen sowie einer Materialwinde am steinschlagbedrohten Felsbollwerk und drei weiteren Lagern in der Schneeflanke. Diese ist stark lawinengefährdet.

Ed Webster (Bildmitte) in der Kangshung-Wand.

Der Brite Stephen Venables ist mit seinem Gipfelgang am Mount Everest berühmt geworden.

Nach wochenlanger »Belagerung« der riesigen und technisch überaus schwierigen Kangshung-Wand (die Route führt über das Felsbollwerk links der Bildmitte) erreichten am 7. Oktober 1983 Carlos Buhler, Kim Momb und Louis Reichardt den Gipfel des Mount Everest. Am 9. Oktober folgten ihnen Jay Cassel, George Lowe und Dan Reid. Stephen Venables fand weiter links einen neuen Durchstieg.

Lhotse-Shar-Südwand

1984 – Nepal-Himalaja

Gipfelhöhe:

8400 m

Wandhöhe:

3000 m (zwischen 5400 und 8400 m)

Schwierigkeiten:

bis V+ im Fels, bis 60° im Eis sowie schwieriges kombiniertes Gelände

Zeitdauer:

nach 4-6 Wochen Akklimatisierung (Einrichten der Wandlager und der Fixseile) 5-8 Tage

Ausgangspunkt:

Basislager (etwa 5250 m) auf dem Lhotse-Gletscher, von Lukla (Flugplatz) über Namche Bazar, Pangpoche, Dingpoche und Chhukhung zu erreichen.

Übersicht:

Die Route verläuft im linken Wandteil über einen mächtigen, eisdurchsetzten Felspfeiler, danach über einen steilen Eisgrat bis unter die dreieckige Gipfelwand. Dieser wird links ausgewichen und über das kombinierte Gelände der Südwestseite der Gipfel erreicht.

Hinweise:

Im Mittelteil der Wand herrscht große Lawinengefahr. Die Erstbegeher, denen täglicher Schneefall die Kletterei erschwerte, hatten sechs Wandlager und 5000 m Fixseile eingerichtet.

Unterm großen Gipfel-Dreieck.

»Noch nie habe ich einen Berg im Reitsitz erstiegen, ja, ich muss in dieser Stellung bleiben, es gibt keine Möglichkeit, sich aufzurichten und zu stehen. Die Schneide ist zu schmal, der Untergrund zu mürbe.«

Sepp Mayerl,
Erstersteiger des
Lhotse Shar

Ivan Gálvy leitete die erfolgreiche tschechische Expedition zur Lhotse-Shar-Südwand (rechts der Bildmitte). Am 21. Mai 1984 konnten Peter Božik, Josef Rakoncaj und Jaromír Stejskal bis zum Gipfel klettern.

Grosser Trangoturm Nordostpfeiler Norweger-Pfeiler

1984 – Karakorum

Gipfelhöhe:

6239 m

Wandhöhe:

ca. 2000 m (Pfeilerhöhe ca. 1500 m)

Schwierigkeiten:

A4/VII, gefährlicher Schneegrat und schwieriges kombiniertes Gelände in der Gipfelzone

Zeitdauer:

nach 3-4 Wochen Akklimatisierung und Vorbereitung (Materialtransport) ca. 20 Tage (Bigwall-Technik)

Ausgangspunkt:

Basislager (ca. 4200 m) am westlichen Rand des Dunge-Gletschers, von Askole (bis dorthin mit Jeeps befahrbare Schotterpiste) über Paiju und Liligo zu erreichen.

Übersicht:

Die Route folgt den logischsten Möglichkeiten durch Risssysteme nahe der Pfeilerkante. Nach zwei Drittel Höhe führt ein stark überwechteter Schneegrat an den oberen, schwierigsten Pfeilerabschnitt.

Hinweise:

Das zum Pfeiler führende Couloir ist stark stein- und eisschlaggefährdet. Die Erstbegeher des Pfeilers kamen beim Abstieg ums Leben.

Kompakter Granit am Großen Trangoturm. Rechts der Norweger-Pfeiler.

»Der Eindruck dieser wie von Zyklopenhand geformten Kante auf uns ist so mächtig, dass ich allmählich zum Spielball meiner Emotionen werde.«

Bernd Arnold

Die Gruppe der Trangotürme (links). Im Sommer 1984, nach 23 Klettertagen, hatten die Norweger Hans-Christian Doseth – dem an der berühmten Trollwand (Romsdal/Norwegen) eine neue Route im Alleingang geglückt war – und Fin Daehli den Nordostpfeiler des Großen Trangoturms in härtester Kletterei hinter sich gebracht. Erzählen konnten sie darüber nicht mehr. Während des Abstiegs verunglückten beide Bergsteiger tödlich.

Dhaulagiri-I-Westwand

1984 – Nepal-Himalaja

Gipfelhöhe:

8167 m

Wandhöhe:

gut 4300 m (zwischen 3800 und 8167 m)

Schwierigkeiten:

bis IV im Fels, im Eis bis zu 80°

Zeitdauer:

nach 4-6 Wochen Vorbereitung (Akklimatisierung, Einrichten der Wandlager) 6-7 Tage

Ausgangspunkt:

Basislager (3700 m) unterhalb der Westwand, von Baglung (Flugplatz) über Beni, Bhimogaon, Maragaon und Dobang zu erreichen.

Übersicht:

Oberhalb extrem steiler Grashänge (bis zu 70°) sind in der Westwand drei Sporne ausgeprägt, die zu einer steilen Felsbarriere führen. Die Route verläuft nach links zu dem am weitesten nördlich gelegenen Sporn und von ihm durch eine Lawinenrinne auf den Pfeiler, der die erwähnte Felsbarriere links begrenzt. Gerade über den Pfeiler und durch einen Sérac-Bruch zu einer steilen Eiswand, die auf den Nordwestgrat führt.

Hinweise:

Die Erstbegeher hatten fünf Wandlager eingerichtet. Die Route ist zwischen 5200 und 6600 m extrem lawinen- und eisschlaggefährdet.

Zwischen dem Südwestpfeiler (Japaner-Route) und der Nordwand gibt es ein halbes Dutzend Routen, die – ähnlich wie die Manaslu-Westwand – am Gipfelplateau enden und extrem gefährlich sind.

Kletterei in 6200 Meter Höhe am rechten Pfeiler der Westwand.

»Bei der Querung des Couloirs löste das Fixseil Steinschlag aus. (...) Zwar weiß ich vom Sicherheitskreis des Deutschen Alpenvereins (...), dass ein tschechischer Steinschlaghelm hervorragende Festigkeitswerte aufweist; aber gilt dies auch für meinen Rücken und meine Schultern?«

Jiři Novák

Die von Jiři Novák geleitete Expedition zur Dhaulagiri-Westwand war am 23. Oktober 1984 erfolgreich geworden, als Jan Šimon, Karel Jakeš und Jaromír Stejskal den Gipfel erreichten.

Cho-Oyu-Südostpfeiler

1985 – Nepal-Himalaja

Gipfelhöhe:

8201 m

Wandhöhe:

2800 m (zwischen 5400 und 8201 m)

Schwierigkeiten:

extreme Anforderungen im Fels und Eis, Felsbarrieren wechseln mit steilen Eisrinnen, Riffeleiswänden und Sérac-Zonen

Zeitdauer:

nach 4-5 Wochen Akklimatisierung und Vorbereitung (Einrichten der Wandlager und Fixseile) 5-7 Tage

Ausgangspunkt:

Basislager auf dem Lungsampa-Gletscher, von Lukla (Flugplatz) über Namche Bazar, Dule und durch das Gokyo-Tal zu erreichen.

Übersicht:

Der Südostpfeiler trennt die Südost- von der Südwestwand. Die Route verläuft über Felswände, kombiniertes Gelände und steile Eishänge zuerst links des Pfeilers, dann direkt empor und zuletzt im linken Teil der Südostwand zum Gipfel.

Hinweise:

Die Route ist vielfach durch Séracs, Stein- und Eisschlag bedroht. Fixseile der Erstbegeher (sie richteten vier Wandlager ein) wurden durch Steinschlag zerstört. Die erste Ersteigung des Südostpfeilers erfolgte im Winter und bedeutete zugleich die erste Winterersteigung des Cho Oyu.

Auch die Südostwand des Cho Oyu (Koblmüller/Furtner) gehört zu den großen Wänden, sie ist allerdings äußerst lawinengefährlich. Reinhard Karl kam dort 1982 durch eine Eislawine ums Leben.

In der Südostwand des Cho Oyu.

»Jurek Kukuczka gab's offen zu: Alpinismus war für ihn Sport. Er meinte damit die Arena, den Wettkampf, und er suchte die öffentliche Auseinandersetzung. Er wollte gewinnen.«

Voytek Kurtyka

Spitzenbergsteiger aus Polen holten sich am schwierigen und gefährlichen Südostpfeiler des Cho Oyu (von der Bildmitte schräg nach links aufwärts verlaufend) den Erfolg: am 11. Februar 1985 standen Maciej Berbeka und Maciej Pawlikowski, am 15. Februar Jerzy Kukuczka und Andrzej Heinrich auf dem Gipfel.

Annapurna-I-Nordwestwand

1985 – Nepal-Himalaja

Gipfelhöhe:

8091 m

Wandhöhe:

ca. 3000 m (zwischen 5000 und 8000 m)

Schwierigkeiten:

extremes kombiniertes Gelände, schwierige Reibungskletterei an einem glatten Felsriegel auf etwa 6500 m Höhe, senkrechte Eispassagen; langer, ausgesetzter Gipfelgrat mit brüchigem Fels

Zeitdauer:

nach 4-6 Wochen Akklimatisierung und Vorbereitung (Lager I am Wandfuß, Lager II auf etwa 6000 m)
4-5 Tage

Ausgangspunkt:

Basislager (ca. 4100 m) im obersten Miristi Khola, von Pokhara über den Gore-Pani-Pass, Chitre, Tatopani (Kali-Gandaki-Tal), Dana und den Felskamm des Thulo Begin zu erreichen.

Übersicht:

Die Route verläuft in der konkaven Wandeinbuchtung rechts der Gipfelfalllinie. Sie führt unterhalb der markanten, schrägen Bänder nach rechts aufwärts, oberhalb des großen Sérac-Abbruchs ins Konkavzentrum und oben rechtshaltend über Platten und Eisfelder zum Gipfelgrat. Über ihn nach links zum Hauptgipfel der Annapurna I.

Hinweise:

Die Erstbegeher kletterten die Wand ab 6000 Meter im alpinen Stil. Die Route ist durch Séracs bedroht und nach Neuschneefällen sehr lawinengefährdet. Für den Fall, dass der Abstieg durch die Nordwestwand zu riskant werden würde, sollte man sich die Routen an der Nordflanke (Franzosen-Route, Holländer-Route) einprägen. Das Basislager an der Nordseite der Annapurna I ist vom Nordwestwand-Basecamp gut zu erreichen.

In der Einstiegswand.

»Wie sicher Hans jetzt über die glasglatte Eiswand unmittelbar über dem Biwakzelt vorauskletterte! Bei diesen Minustemperaturen! Er tänzelte an senkrechtem Eis. Es war so absurd, dass ich nicht einmal mehr den Kopf schütteln konnte.«

Reinhold Messner

Die Annapurna-I-Nordwestwand. Hans Kammerlander und Reinhold Messner stiegen 1985 durch das große Konkav zum Gipfelgrat. Die direkte Nordwestwand, öfter versucht, gehört zu den großen Problemen an den Achttausendern.

Masherbrum-Nordwestwand

1985 – Karakorum

Gipfelhöhe:

7824 m

Wandhöhe:

ca. 3400 m (zwischen 4400 und 7824 m)

Schwierigkeiten:

im Fels bis VI-, im Eis bis 85° (eine Stelle 90°), schwieriges kombiniertes Gelände, lange horizontale Gratstrecke (Auf- und Abstiege) mit starker Überwechtung

Zeitdauer:

nach ca. 4 Wochen Akklimatisierung und Vorbereitung (Einrichten der Wandlager und Fixseile) 4-5 Tage

Ausgangspunkt:

Basislager (4300 m) auf dem Mandu-Gletscher, von Askole (bis dorthin mit Jeeps befahrbare Schotterpiste) über Paiju, Liligo und hinter Urdokas vom Baltoro-Gletscher südlich abzweigend zu erreichen.

Übersicht:

Die Route führt im linken Wandteil zuerst über einen 1200 Meter hohen Pfeiler, danach über einen insgesamt horizontalen Grat an die Schlusswand und durch eine riesige Verschneidung gipfelwärts.

Hinweise:

Bei der fast zeitgleichen Erst- und Zweitbegehung wurden jeweils vier Wandlager sowie Fixseile eingerichtet. Besonders das untere Wanddrittel ist enorm von Séracs und Lawinen bedroht.

Masherbrum von Nordwesten.

Der Masherbrum – schön und gefährlich.

»Die Riesenhaftigkeit dieser senkrechten Landschaft überwältigt uns.«

Robert Renzler

1985 war die Masherbrum-Nordwestwand (rechts der Bildmitte) Ziel zweier Expeditionen. Am 23. Juli konnten alle zehn Teilnehmer einer japanischen Unternehmung (Leiter Shin Kashu) den Gipfel erreichen; 15 Stunden später hatten die Österreicher Robert Renzler, Andi Orgler und Michael Larcher die Nordwestwand bis zum Gipfel durchstiegen. Beide Expeditionsgruppen agierten unabhängig voneinander.

Gasherbrum-IV-Westwand

1985 – Karakorum

Gipfelhöhe:

7925 m

Wandhöhe:

ca. 2300 m (von 5600 bis 7900 m)

Schwierigkeiten:

im Fels bis V, extrem schwieriges kombiniertes Gelände, lange Eisstrecken

Zeitdauer:

nach 4-5 Wochen Akklimatisierung 5-6 Tage

Ausgangspunkt:

Basislager auf dem westlichen Baltoro-Gletscher, von Askole (bis dorthin mit Jeeps befahrbare Schotterpiste) über Paiju, Liligo, Urdokas, Baltoro-Gletscher und Konkordiaplatz zu erreichen.

Übersicht:

Die Route verläuft durch das große Schnee-/Eisouloir im rechten Wandteil und danach schräg links empor auf die Höhe des begrenzenden Felspfeilers. Von dort diagonal links aufwärts gegen den Vorgipfel.

Eine zweite Westwandroute (Koreaner-Weg) führt weiter links durch die formschöne Wand.

Hinweise:

Die beiden Erstbegeher kletterten ihre Route im alpinen Stil mit acht Biwaks in der Wand (schlechte Biwakplätze). Der Fels wechselt zwischen extremer Brüchigkeit und kompakten Marmorzonen. Die Kletterei ist teilweise überhaupt nicht, und wenn, dann nur sehr schwierig abzusichern. Die Erstbegeher stiegen knapp unterhalb des Vorgipfels aus und über den Nordgrat ab, wo sie auf 7100 m ein kleines Getränke-/Essensdepot angelegt hatten.

Robert Schauer (oben) und Voytek Kurtyka.

»Nicht wir haben den Gasherbrum IV bezwungen, er hat uns geschafft.«

Robert Schauer

Wojciech (Voytek) Kurtyka und Robert Schauer gelang vom 13. bis zum 20. Juli 1985 die erste Durchsteigung der »Shining Wall« des Gasherbrum IV im alpinen Stil. Bis heute eine der herausragenden Leistungen im Große-Wände-Bergsteigen.

Shivling-Nordostwand

1986 – Garhwal-Himalaja

Gipfelhöhe:

6543 m

Wandhöhe:

ca. 1550 m (zwischen 5000 und 6543 m)

Schwierigkeiten:

im Fels bis VI/A1, im Eis bis 90° sowie extrem schwieriges kombiniertes Gelände

Zeitdauer:

nach 2-3 Wochen Akklimatisierung 5-6 Tage

Ausgangspunkt:

Basislagerplatz Tapovan (ca. 4200 m), von Gangotri (bis dorthin Straße) dem Ganges entlang und den Gangotri-Gletscher querend zu erreichen.

Übersicht:

Der rechte Teil der Nordostwand wird von einem unten breiten Eiscouloir durchzogen. Die Route führt aus ihm über eine steile Felswand und über das sich darüber befindliche kombinierte Gelände zur großen Eiswand in Wandmitte. Über sie zur senkrechten Gipfelwand. Zuletzt über die Eiskappe auf den Nordostgipfel.

Hinweise:

Die Erstbegeher kletterten während acht Tagen bei schlechten Verhältnissen im alpinen Stil durch die lawinengefährdete Wand.

Im Garhwal-Himalaja gibt es sowohl am Shivling als auch an anderen Bergen wie dem Changabang oder den Bhagirathi-Gipfeln vergleichbare und klettertechnisch noch schwierigere Ziele.

»Der Shivling ist einer der beeindruckendsten Gipfel des Himalaja. Die schöne Nordostansicht mit dem Chaturangi-Gletscher erinnert stark an das Matterhorn. Der Gipfel erhebt sich noch 2000 Meter über den Gletscher und ist von allen Seiten schwierig zu erreichen.«

Doug Scott

Den Italienern Enrico Rosso, Paolo Bernascone und Fabrizio Manoni gelang im Juni 1986 nach achttägiger Kletterei an der technisch sehr schwierigen Nordostwand (links der Bildmitte) der Ausstieg zum Gipfel.

K2-Südwand Kukuczka-Route

1986 – Karakorum

Gipfelhöhe:

8611 m

Wandhöhe:

ca. 3100 m (von 5300 bis ca. 8400 m)

Schwierigkeiten:

im Eis bis 55° und schwieriges kombiniertes Gelände, die Schlüsselpassage (bis V+) befindet sich im obersten Wandteil auf über 8200 m

Zeitdauer:

nach 4-6 Wochen Akklimatisierung und Vorbereitung 6-7 Tage

Ausgangspunkt:

Basislager (5070 m) auf der Mittelmoräne des Godwin-Austen-Gletschers, von Askole (bis dorthin mit Jeeps befahrbare Schotterpiste) über Paiju, Liligo, Urdokas, Baltoro-Gletscher und Konkordiaplatz zu erreichen.

Übersicht:

Die Route führt im unteren Teil über den markanten Eissporn östlich des Filippi-Gletschers und danach knapp links der mächtigen Sérac-Abbrüche zur Eiswand, die in ein sichelförmiges Couloir leitet. Durch dieses zum Ausstieg an der Abruzzi-Route, die auf knapp 8400 m erreicht wird.

Hinweise:

Die Erstbegeher hatten bis auf 7400 m zwei Wandlager sowie ein Materialdepot eingerichtet und die Route an einigen Passagen mit Fixseilen ausgestattet. Danach kletterten sie in sechs Tagen und mit drei Zeltbiwaks im oberen Teil bis zum Ausstieg an der Normalroute und gingen weiter zum Gipfel. Nach zwei weiteren Biwaks stürzte einer der beiden während des Abstiegs an der Abruzzi-Route tödlich ab.

Sturm am K2.

»Erstaunlicherweise war Kukuczka weder egozentrisch noch eitel, und er verlor nichts von seiner liebenswerten Natürlichkeit, als er international berühmt wurde. Dafür verehrte ich ihn. Andererseits ärgerte mich seine unbedachte Art, anzuklagen.«

Voytek Kurtyka

Nach fast einer Woche zum Teil sehr schwieriger Kletterei in der über 3000 Meter hohen K2-Südwand (Bildmitte) konnten Jerzy Kukuczka und Tadeusz Piotrowski am Abend des 8. Juli 1986 den Gipfel erreichen.

Ama-Dablam-Westwand

1986 – Nepal-Himalaja

Gipfelhöhe:

6828 m

Wandhöhe:

über 1400 m (zwischen 5400 und 6828 m)

Schwierigkeiten:

im Fels bis IV+, im Eis bis 80°

Zeitdauer:

nach 3-4 Wochen Akklimatisierung 3-4 Tage

Ausgangspunkt:

Biwak (ca. 5300 m) auf einer Felsinsel im Mingbo-Gletscher, von Lukla (Flugplatz) über Namche Bazar, Pangpoche und Lhabarma zu erreichen.

Übersicht:

Die Route verläuft unmittelbar im Wandzentrum: im unteren Teil über steile Eishänge und kombiniertes Gelände mitten durch die flankierenden, mächtigen Felsbarrieren; im oberen Teil direkt links am markanten Eisabbruch (dem berühmten, für den Berg namengebenden »Medaillon«) vorbei und über die Schluss-Eiswand zum Gipfelgrat.

Hinweise:

Die Route ist durch Eislawinen und Steinschlag gefährdet. Während eines Erstbegehungsversuchs 1979 kam ein Kletterer der beiden Zweier-Seilschaften durch eine Eislawine ums Leben, die drei Überlebenden wurden von Reinhold Messner und Oswald Oelz aus der Wand gerettet.

Die Erstdurchsteigung erfolgte in zweitägigem Alleingang mit einem Biwak in der Wand und einem weiteren auf dem Gipfel.

Josef Nežerka und Miroslav Šmid.

In der Ama-Dablam-Westwand.

»Reinhold hetzte weiter voraus, versicherte die kritischsten Stellen und brüllte mich ständig an, schneller zu klettern.«

Oswald Oelz

Im Rahmen einer tschechisch-schweizerischen Unternehmung glückte dem Leiter Miroslav Šmid 1986 die Durchsteigung der gefährlichen Ama-Dablam-Westwand solo und in Ideallinie.

Cho-Oyu-Nordwand

1988 – Tibetischer Himalaja

Gipfelhöhe:

8201 m

Wandhöhe:

2000 m (zwischen 6200 und 8201 m)

Schwierigkeiten:

extrem schwieriges kombiniertes Gelände im unteren und im obersten, direkten Wandteil (senkrechte Schlüsselpassage – Couloir-Ausstieg – auf ca. 8140 m), Eis bis 60°

Zeitdauer:

nach 3-4 Wochen Akklimatisierung und Vorbereitung (Einrichten der Wandlager) 3-4 Tage

Ausgangspunkt:

Basislager auf dem Balung-Gletscher, von Balung (dorthin über Tingri) zu erreichen.

Übersicht:

Die Route verläuft im rechten Wandteil und auch rechts des bedrohlichen Sérac-Gürtels, der den oberen Teil der Nordwand sperrt. Die ersten 300 m im linken Teil der kombinierten Einstiegswand (rechts des zentralen Hängegletschers) schräg rechts empor zur großen Eiswand, über diese linkshaltend aufwärts, dann am mächtigen Sérac-Gürtel rechts vorbei zur steilen Gipfelwand (Variante in ihrem rechten Teil).

Ein Durchstieg an der felsigen Zentralwand ist denkbar und extrem schwierig.

Hinweise:

Die Erstbegeher hatten zwei Wandlager eingerichtet. Am Gyachung Khang gibt es ähnliche Wandprobleme wie am Cho Oyu.

Gyachung Khang von Osten.

»Die Wand ist vier Kilometer breit und mehr als 2000 Meter hoch. Sie verbirgt sich hinter kleineren Gipfeln, die sich vor ihr erheben.«

Roman Robas

Slowenen waren an der Nordwand des Cho Oyu erfolgreich. Alle sieben Expeditionsteilnehmer kamen auf den Gipfel: am 2. November 1988 Iztok Tomazin im Alleingang von Lager III (7200 m) aus, am 5. November Viki Grošelj und Jože Rozman, am 8. November Marko Prezelj und Rado Nadvesnik und am 9. November Blaž Jereb und Roman Robas.

Taboche-Ostwand

1989 – Nepal-Himalaja

Gipfelhöhe:

6542 m

Wandhöhe:

ca. 1250 m

Schwierigkeiten:

VII/A3 sowie extremes kombiniertes Gelände

Zeitdauer:

nach 2-3 Wochen Akklimatisierung 5-6 Tage

Ausgangspunkt:

Basislager am Taboche-Gletscher, ca. 5100 m, von Lukla (Flugplatz) über Namche Bazar, Pangpoche und Samdrang zu erreichen.

Übersicht:

Die Route verläuft im Wandzentrum als naturgegebene Direttissima über kompakte Wandpfeiler, Verschneidungen und Rinnen. Die ersten 450 m sind rein felsig, danach folgt kombiniertes Gelände und zuletzt ein Eiskamin. 1995 wurde rechts von dieser Ostwandroute – am Nordostpfeiler oberhalb der markanten Steilrampe – eine ähnlich schwierige Route eröffnet (ED+).

Hinweise:

Die Erstbegehung glückte im Winter und dauerte achteinhalb Tage (Bigwall-Stil) bei nur zwei Stunden täglichem Sonnenschein in der Wand.

»1995 eröffneten Mick Fowler und Pat Littlejohn innerhalb von sieben Tagen eine großartige Linie rechts der Ostwandroute. Ihr spektakulärstes Biwak überstanden sie in einer maximal 70 Zentimeter breiten Eisröhre, die sie ›The Torture Tube‹ nannten.«

Horst Höfler

Der Taboche mit seiner Ostwand. Jeff Lowe und John Roskelley glückte im Winter 1989 im Wandzentrum eine bestechende Linie. Am 15. Februar erreichten sie nach achteinhalb bitterkalten Tagen und Nächten den Gipfel.

Cho Oyu
Südostwand und Südwestwand

1990 – Nepal-Himalaja

Gipfelhöhe:

8201 m

Wandhöhe (Südwestwand):

ca. 2000 m (zwischen 6100 und 8100 m)

Schwierigkeiten (Südwestwand):

im Fels bis IV, im Eis bis 60°

Zeitdauer (Südwestwand):

nach 3-4 Wochen Akklimatisierung 2-3 Tage

Ausgangspunkt (Südwestwand):

Basislager (ca. 5700 m) auf dem Gyabrag-Gletscher, der von Süden (alte Normalroute; dorthin von Thame) oder von Norden (Tingri) problemlos zu erreichen ist.

Übersicht (Südwestwand):

Die Route verläuft im rechten Wandteil zuerst durch ein großes Eiscouloir, darüber ziemlich direkt über Felsgürtel und Eisfelder und zuletzt rechts heraus auf den Südwestgrat, der etwa 100 m unterhalb des Gipfels erreicht wird.

Hinweise (Südwestwand):

Die Erstbegehung erfolgte im alpinen Stil innerhalb von zwei Tagen mit Biwak auf 8150 m Höhe. Diese und eine zweite Route durch die Südwestwand sind klassische Anstiege und am besten im Alpinstil zu machen.

Die Südostwand (extrem lawinengefährdet) gelang 1978 Edi Koblmüller und Alois Furtner.

Cho-Oyu-Südostwand.

»Ich hatte vor, zwei, drei Stunden zu rasten bis der Mond herauskam, doch ich war schläfrig und die Nacht war angenehm. So saß ich komfortabel in meinem ›Schnee-Lehnstuhl‹ und schlief. Am nächsten Tag stieg ich, extrem dehydriert, zum Wandfuß ab.«

Voytek Kurtyka

In der steilen Südostwand des Cho Oyu. – Eine zentrale Südwestwandroute durchstiegen Voytek Kurtyka, Erhard Loretan und Jean Troillet vom 19. auf den 20. September 1990 während einer Nacht und dem darauffolgenden Tag. Sie biwakierten in 8150 Meter auf dem Südwestgrat.

Lhotse-Südwand Direttissima

1990 – Nepal-Himalaja

Gipfelhöhe:

8516 m

Wandhöhe:

ca. 3200 m (von 5300 bis 8516 m)

Schwierigkeiten:

im Fels bis VI, sehr steile Eisflanken, extrem schwieriger Gipfelgrat

Zeitdauer:

nach 4-6 Wochen Akklimatisierung und Vorbereitung (Einrichten der Wandlager und Fixseile) 7-8 Tage

Ausgangspunkt:

Basislager (etwa 5250 m) auf dem Lhotse-Gletscher, von Lukla (Flugplatz) über Namche Bazar, Pangpoche, Dingpoche und Chhukhung zu erreichen.

Übersicht:

Die Route führt ziemlich in Gipfelfalllinie über zunehmend steile Eishänge und kombiniertes Gelände bis unter die mächtige, zentrale Steilwand im oberen Teil. Während die Jugoslawen-Route dieser links ausweicht, führt die »Direttissima« rechts davon durch ein riesiges Verschneidungssystem empor und danach über den Grat zum Gipfel.

Hinweise:

Die Route ist bis zur Steilwand stark lawinengefährdet, die extremen Felsstrecken sind in der Regel vereist. Die Hauptschwierigkeiten liegen zwischen 7400 m und Gipfel. Die Erstbegeher hatten sechs Wandlager eingerichtet und die Route weitgehend mit Fixseilen ausgestattet. Die Gipfelseilschaft hielt sich sechs Tage lang über 8000 m auf.

In der Lhotse-Südwand.

»Jurek Kukuczka starb 1989 an der Lhotse-Südwand. Er fiel, und nachdem sein Seil gerissen war, stürzte er mehr als 1000 Meter ab.«

Voytek Kurtyka

1990 führte Aleksander Shevchenko eine 20köpfige sowjetische Expedition zur Lhotse-Südwand. Sie eröffnete eine Direttissima (links der Bildmitte) und löste damit zugleich das große Himalaja-Wandproblem der 80er Jahre. Am 16. Oktober stiegen Sergej Bershov und Vladimir Karatayev vom Lager VI aus zum Gipfel.

Kangchendzönga-Südgipfel Südwestpfeiler

1991 – Nepal-Himalaja

Gipfelhöhe:

8476 m

Wandhöhe:

ca. 2900 m (von 5550 bis 8476 m)

Schwierigkeiten:

bis VI/A1 im Fels und 80° im Eis im unteren, bis V und über 60° im oberen Pfeilerabschnitt

Zeitdauer:

nach 4-6 Wochen Akklimatisierung (einer der Erstbegeher erstieg dabei den 7350 m hohen Talung Peak) 5-7 Tage

Ausgangspunkt:

Basislager (ca. 5100 m) auf dem Yalung-Gletscher, von Taplejung (Flugplatz) über Taplechok, Chairam, Lapsang (Simbua Khola), die Hochweide Ramser und das Tso Camp (4740 m) zu erreichen.

Übersicht:

Vom Yalung-Gletscher aus erscheint der Südwestpfeiler des Südgipfels als die rechte Begrenzung der mächtigen Kangchendzönga-Flanke. Die Route führt vom Einstieg schräg rechts über das »Ostbollwerk« und danach über den flacheren »Saurücken« (nach G. O. Dyhrenfurth) empor zur oberen, wiederum sehr steilen Pfeilerhälfte.

Hinweise:

Der Durchstieg glückte im alpinen Stil mit vier Wandbiwaks in einem kleinen Zelt.

In der Nordwand des Kangchendzönga.

»Beim Abstieg wurde es dunkel. Wir hatten nur eine Stirnlampe. Auf 7900 Meter verließen wir die Polen-Route und wandten uns einem Couloir zwischen Mittel- und Südgipfel zu.«

Andrej Štremfelj

Kangchendzönga-Südgipfel-Südwestpfeiler: Diese großartige Route (in der Mitte der rechten Bildhälfte) war 1991 Ziel einer slowenischen Expedition unter Tone Škarja. Der Durchstieg glückte Marko Prezelj und Andrej Štremfelj zwischen 26. und 29. April im alpinen Stil.

Jannu-Ostgipfel-Ostwand

1991 – Nepal-Himalaja

Gipfelhöhe:

7468 m

Wandhöhe:

knapp 2000 m (von 5500 bis 7468 m)

Schwierigkeiten:

Einzelpassagen bis VII (eine davon in etwa 7000 m) etliche Seillängen V, VI, VI+, extremes kombiniertes Gelände, bis zu 90/95° im Eis

Zeitdauer:

nach 3-4 Wochen Akklimatisierung 3-4 Tage

Ausgangspunkt:

Zeltlager (etwa 5400 m) auf dem östlichen Kumbhakarna-(Jannu-)Gletscher, von Taplejung (Flugplatz) über Taplechok, Chairam, Lapsang (Simbua Khola), die Hochweide Ramser, das Tso Camp (4740 m) und das Kangchendzönga-Basislager (ca. 5100 m) zu erreichen.

Übersicht:

Die Route verläuft zuerst im linken Wandteil über die »schwächsten« Zonen der unteren Felsbarrieren, danach schräg nach rechts zwischen zwei Felsgürteln durch zur Wandmitte und von dort schräg links empor auf den Südostgrat.

Hinweise:

Die beiden Erstbegeher kletterten die teilweise stark lawinengefährdete Wand im alpinen Stil bis etwa 80 m (7050 m) unterhalb des Südostgrats, wo sie wegen Schneesturms und abgehender Lawinen nicht weiterkonnten. Die Wand ist dennoch durchstiegen.

An den beiden Jannu-Gipfeln gibt es ähnliche Wandprobleme von Norden und von Osten.

»Um sechs Uhr abends waren wir zurück an der Eishöhle, in der wir zum ersten Mal biwakiert hatten. Wir ruhten uns bis 11 Uhr nachts aus, dann setzten wir den Abstieg die ganze Nacht lang fort. Um 6 Uhr morgens befanden wir uns am Wandfuß.«

Bojan Počkar

Im Verlauf der slowenischen Kangchendzönga-Expedition 1991, bei der der Südgipfel-Südwestpfeiler erstbegangen werden konnte, glückte Vanja Furlan und Bojan Počkar von 28. April bis 1. Mai die Erstdurchsteigung der extrem schwierigen Ostwand des Jannu-Ostgipfels (rechts) im alpinen Stil bis in eine Höhe von 7050 m.

Menlungtse-Hauptgipfel Nordostwand

1992 – Tibetischer Himalaja

Gipfelhöhe:

7181 m

Wandhöhe:

2000 m (zwischen 5150 und 7181 m)

Schwierigkeiten:

TD (Eis bis 75°)

Zeitdauer:

nach 2-3 Wochen Akklimatisierung 2-3 Tage

Ausgangspunkt:

Vorgeschobenes Basislager (ca. 5100 m) auf dem Drogpa-Nagtsang-Gletscher, von Tingri über den Fushi La, Chang bu Jiang (bis dorthin mit Jeep befahrene Straße), Tombu (4200 m) und Palbugthang (4600 m, Basecamp) zu erreichen.

Übersicht:

Dieser reine Eisanstieg führt links der zentralen Felswand auf den steilen Gipfelgrat.

Hinweise:

Die Erstdurchsteigung gelang im alpinen Stil mit einem Wandbiwak. Für den Aufstieg benötigten die Erstbegeher 15,5, für den Abstieg auf der gleichen Route 11,5 Stunden. Sie ist nach Neuschnee stark lawinengefährdet.

Am Menlungtse, am Gaurishankar (Rolwaling-Himalaja) und an vielen anderen Siebentausendern – mehr noch an Sechstausendern wie zum Beispiel dem Thalay Sagar (Garhwal-Himalaja) – gibt es noch zahlreiche extrem schwierige Wandrouten zu finden und zu klettern.

Am Thalay Sagar.

Das eindrucksvolle Massiv des Menlungtse. Die Südostwand des Hauptgipfels (rechts der Bildmitte) durchstiegen am 22./23. Oktober 1992 die Slowenen Marko Prezelj und Andrej Štremfelj.

Nuptse-Ostgipfel Südostpfeiler

1995 – Nepal-Himalaja

Gipfelhöhe:

7804 m

Wandhöhe:

ca. 2500 m (zwischen 5300 und 7804 m)

Schwierigkeiten:

im Fels bis VII+/A2, im Eis bis 85°, schwieriges, kombiniertes Gelände

Zeitdauer:

nach 4-5 Wochen Akklimatisierung und Vorbereitung (Einrichten der Wandlager und der Fixseile) 5-6 Tage

Ausgangspunkt:

Basislager (5200 m) auf der westlichen Seitenmoräne des Lhotse-Nup-Gletschers, von Lukla (Flugplatz) über Namche Bazar, Pangpoche, Dingpoche und Chhukhung zu erreichen.

Übersicht:

In der breiten Nuptse-Südwand fällt in Wandmitte ein ausgeprägter, stark vorspringender Pfeiler auf, über den die Route verläuft. Vom Pfeilerkopf in weniger steilem, jedoch schwierigem kombinierten Gelände zum Gipfel.

Hinweise:

Die Pfeilerhöhe wurde bereits von mehreren Expeditionsgruppen erreicht, nicht aber der Gipfel.

Die viele Kilometer breite Südwand zwischen Nuptse-Westgipfel und Lhotse birgt Dutzende von Anstiegsmöglichkeiten.

»Plötzlich lüftet sich der Vorhang und wir starren ungläubig nach oben. Dort, wo wir Himmel vermutet hatten, ist unser Gipfel! Als wir schließlich unsere erste realitätsnahe und nüchterne Analyse der tatsächlichen Bedingungen am Pfeiler abschließen, leiden wir unter Genickstarre.«

Wolfgang Pohl

Diese über 2500 Meter hohe Route (Bildmitte) auf den Nuptse-Ostgipfel wurde u. a. von einer deutschen Expedition, der auch Robert Jasper angehörte, und von Hans Kammerlander versucht. Wenngleich der Pfeiler als solcher mehrmals geklettert werden konnte – keine Partie gelangte bisher auf den Gipfel.

Cerro Torre Infinito Sud

1995 – Südliche Patagonische Anden

Gipfelhöhe:

3128 m

Wandhöhe:

ca. 1350 m (von 1780 bis 3128 m)

Schwierigkeiten:

A4/VII

Zeitdauer:

15-25 Tage im Bigwall-System

Ausgangspunkt:

Torre-Gletscher, von Chaltén über die Hosteria Fitz Roy (bis dorthin Straße) und die Laguna Torre zu erreichen.

Übersicht:

Die »Infinito Sud« verläuft als Südwand-Direttissima zwischen den Slowenen-Routen von 1988 (links) und 1994 (rechts).

Hinweise:

Die Erstbegeher hielten sich 24 Tage in der Wand auf und führten dabei als »bewegliches Lager« eine Aluminium-Schlafbox mit. Der Gipfeleispilz konnte nicht erklettert werden. Der Abstieg erfolgte über die Maestri-Bohrhaken-Route von 1970.

Alle Routen am Cerro Torre, besonders jene von Süden und Osten, sind aufgrund der Wetterverhältnisse Bigwall-Probleme.

»Das Problem am Cerro Torre sind die Stürme. Jede Wand dort sollte doppelt gemessen werden.«

Reinhold Messner

»Wenn nur endlich der Sturm nachließe, dann könnten wir doch noch den Gipfel erreichen. Aber der Berg hat nur ein Rülpsen im Sturm übrig für unsere zarten Wünsche.«

Reinhard Karl

Während 23 Tagen, vom 4. bis zum 26. November 1995, kletterten Ermanno Salvaterra, Piergiorgio Vidi und Roberto Manni ihre Ideallinie an der Südwand (links der besonnten Wand) des Cerro Torre.

Ama-Dablam-Nordwestwand

1996 – Nepal-Himalaja

Gipfelhöhe:

6828 m

Wandhöhe:

1650 m (zwischen 5180 und 6828 m)

Schwierigkeiten:

bis VI/A2+ im Fels, bis 90° im Eis

Zeitdauer:

nach 3-4 Wochen Akklimatisierung 5-6 Tage

Ausgangspunkt:

Basislager am Duwo-Gletscher, von Lukla (Flugplatz) über Namche Bazar, Pangpoche und Duwo zu erreichen.

Übersicht:

Die Route führt über einen Hängegletscher links von mächtigen Sérac-Abbrüchen zur eigentlichen Steilwand, die mit einem hohen Felsgürtel ansetzt. Er wird an seiner »schwächsten Stelle« erklettert. Nach einer langen Rechtstraverse zum zentralen Eisfeld. Die darüber befindliche Felsbarriere wird dort überwunden, wo das Eis am weitesten hinaufreicht. Danach über ein Eisfeld rechts gegen die Gipfelfall-linie und in kombiniertem Gelände empor zum Grat.

Hinweise:

Die beiden Erstbegeher kletterten die Wand nach einigen gescheiterten Versuchen während fünf Tagen im alpinen Stil. Der untere Wandteil ist von Séracs bedroht und lawinengefährlich. Das Gestein an der zweiten Felsbarriere ist überaus brüchig.

Ama Dablam von Norden.

»Einige Meter oberhalb des Standplatzes löste sich ein rucksackgroßer Stein, und wir flogen in prächtiger Harmonie hinunter. (...) Tomaž konnte meinen Sturz halten.«

Vanja Furlan

Den Slowenen Vanja Furlan und Tomaž Humar gelang die Erstdurchsteigung der etwa 1650 Meter hohen, extrem schwierigen Ama-Dablam-Westwand (links im Bild) vom 30. April bis zum 4. Mai 1996 im alpinen Stil. Sie widmeten ihre Route dem leidenschaftlich-engagierten Große-Wände-Bergsteiger Stane Belak – dem Erstdurchsteiger der Makalu-Südwand und der Route im rechten Teil der Dhaulagiri-Südwand –, der im Dezember 1995 in den Julischen Alpen tödlich verunglückt ist.

Latok-II-Westwand

1997 – Karakorum

Gipfelhöhe:

7108 m

Wandhöhe:

ca. 2100 m (zwischen 5000 und 7108 m)

Schwierigkeiten:

A3/VII, bis 55° im Eis, in der Ausstiegszone schwieriges kombiniertes Gelände

Zeitdauer:

nach Akklimatisierung und Materialtransport durch das Eiscouloir bis zum Einstieg in den 1000 m hohen »Big Wall« 5-6 Tage

Ausgangspunkt:

Vorgeschobenes Basislager am Wandfuß (ca. 4900 m). Das Basecamp (ca. 4400 m) befindet sich in einer Wiesenmulde zwischen Moränen am Zusammenfluss des Uzun-Brakk-Gletschers mit dem namenlosen Gletscher, der von der Westwand des Latok II herunterzieht. (Von Askole – bis dorthin mit Jeeps befahrbare Schotterpiste – am Braldu-Fluss entlang und 30 km über den Biafo-Gletscher.)

Übersicht:

Die Route verläuft durch das ca. 1000 m hohe Eiscouloir zum Fuß der eigentlichen Westwand. Von dort führt sie ziemlich im Wandzentrum über kompakten Granit, weiter oben durch feine Risse ins kombinierte Gelände der Ausstiegszone.

Hinweise:

Das Eiscouloir ist durch Séracs, Steinschlag und Lawinen bedroht und nur nachts für eine Durchsteigung zu verantworten. Die Erstersteiger haben es teilweise mit Fixseilen abgesichert, wie auch einen Großteil des »Big Wall« selbst.

Am den Latok-Gipfeln benachbarten Ogre, der erst einmal bestiegen werden konnte, gibt es eine Reihe von Bigwall-Problemen zu lösen.

»Wir haben es geschafft! Im Team, alle vier sind wir heute gemeinsam am Gipfel. Der Toni, Conrad, Thomas und ich. Und der Gipfel ist ›nur‹ ein kleiner, flacher Schneehaufen auf 7108 Meter, aber er ist doch auch mehr. Für uns bedeutet der Gipfel das Ende einer Sehnsucht, die uns über Jahre gefesselt hat.«

Alexander Huber

Alexander und Thomas Huber, Toni Gutsch und der US-Spitzenbergsteiger Conrad Anker durchstiegen die Westwand des Latok II in Ideallinie. Am 19. Juli 1997 erreichten alle vier den Gipfel.

Makalu-Westwand

1997 – Nepal-Himalaja

Gipfelhöhe:

8463 m

Wandhöhe:

ca. 2650 m (zwischen 5800 und 8463 m)

Schwierigkeiten:

extrem schwierige Route mit großen Eisfeldern (bis 55°), schwerem kombinierten Gelände und einem fast senkrechten Felspfeiler

Zeitdauer:

nach 4-6 Wochen Akklimatisierung (Einrichten der Wandlager und Fixseile) 4-8 Tage

Ausgangspunkt:

Makalu-Basislager (4850 m), von Tumlingtar (Flugplatz) über Khadbari, den Barun La und Shershon zu erreichen.

Übersicht:

Die Route verläuft vom sich etwa an der Wandmitte befindlichen Einstieg über einen steilen Hängegletscher, danach über Eisfelder und kombiniertes Gelände schräg rechts aufwärts an die linken (nördlichen) Felsen des Westpfeilers; weiter unmittelbar links des Pfeilers empor, vor der überhängenden, zentralen Gipfelwand rechts hinauf auf die Pfeilerhöhe und über den Südgrat zum Gipfel.

Hinweise:

Die Erstbegeher hatten auf 7300 Meter ein Wandlager eingerichtet, von dem aus sie mit einigen Biwaks die Höhe des Westpfeilers erreichten. Etwa 250 Höhenmeter unterhalb des Gipfels starb ein Expeditionsteilnehmer an Erschöpfung, ein weiterer wurde drei Tage später während des Abstiegs von einem Stein tödlich getroffen.

Die Westwand des Makalu.

»Es war der denkwürdigste Augenblick, als Alexej von oben rief, dass die Wand zu Ende wäre.«

Nikolai Jiline

Die Durchsteigung der Makalu-Westwand links des Westpfeilers war »best of '97«. Die technisch anspruchsvolle Route realisierte eine russische Expedition unter Sergej Efimov. Fünf Teilnehmer der sechsköpfigen Gipfelmannschaft erreichten am 21. Mai den Makalu-Gipfel: Alexej Bolotov, Yuri Ermatchek, Nikolai Jiline, Dmitri Pavlenko und Igor Bugachevski. Sie bezeichneten die Route als die »schwierigste Kletterei ihres Lebens«. Salavat Habibulin starb etwa 250 Meter unterhalb des Gipfels an Erschöpfung. Bugachevski kam während des Abstiegs durch Steinschlag ums Leben.

Nuptse-Nordwestgipfel Westwand

1997 – Nepal-Himalaja

Gipfelhöhe:

7742 m

Wandhöhe:

über 2500 m (von 5200 bis 7742 m)

Schwierigkeiten:

im Fels bis VI, im Eis bis 80° sowie extremes kombiniertes Gelände

Zeitdauer:

nach ca. 4 Wochen Akklimatisierung 5-6 Tage

Ausgangspunkt:

Gletscherlager unterhalb der Westwand, von Lukla (Flugplatz) über Namche Bazar, Pangpoche, Pheriche, Dugla, Lobuche und den Khumbu-Gletscher zu erreichen.

Übersicht:

In die eigentliche Wand über einen äußerst steilen Sérac-Abbruch, der ganz links überwunden wird. Danach über eine steile Eiswand erst gerade, dann rechts aufwärts. Über zwei Felsgürtel im zentralen Wandteil hinweg, der direkten Gipfelwand rechts ausweichend und gerade aufwärts zum Nordwestgipfel.

Hinweise:

Die Erstbegeher kletterten im alpinen Stil mit vier Biwaks in einem kleinen Biwakzelt. Der Sérac-Abbruch am Wandfuß ist extrem eisschlaggefährlich und die Wand selbst lawinengefährdet, auch gibt es immer wieder Steinschlag. Einer der Erstbegeher stürzte in Gipfelnähe, vermutlich vom Höhensturm aus dem Gleichgewicht gerissen, über die Südwand tödlich ab.

»Mein Kopf sagt mir, dass ich weitermachen soll, aber mein Körper reagiert langsam und verliert ständig an Kraft. Ein schreckliches Gefühl! Automatisch setzte ich meine Eisgeräte und Steigeisen ins harte Eis, getrieben allein vom Überlebensinstinkt.«

Tomaž Humar

Tomaž Humar und Janez Jeglič kletterten von 27. bis 31. Oktober im alpinen Stil durch die extrem schwierige, 2500 Meter hohe Westwand des Nuptse-Nordwestgipfels. Jeglič war unterhalb des Gipfels vorausgegangen, erreichte ihn um 1 Uhr mittags und winkte. Als kurze Zeit später Humar auf dem höchsten Punkt ankam, traf er seinen Partner nicht. Er sah seine Fußstapfen an der Südseite des Grates, erblickte Jeglič für eine Sekunde lang, rief nach ihm und schaute nach. Der Wind blies in Böen, als Humar zu den letzten Stiefelabdrücken seines Partners gelangte. Er sah nur noch das Funkgerät, hörte, dass es eingeschaltet war. Jeglič war nicht mehr da.

Dhaulagiri-I-Südwand Humar-Route

13

1999 – Nepal-Himalaja

Gipfelhöhe:

8167 m

Wandhöhe:

ca. 4200 m (zwischen 3800 und 8000 m)

Schwierigkeiten:

bis M (»mixed«) 7+, im Fels bis VII und bis zu 90° im Eis; extrem schwieriges Mixed-Gelände selbst noch auf 7600 Meter

Zeitdauer:

nach 4-6 Wochen Akklimatisierung 7-10 Tage

Ausgangspunkt:

Ins Basislager entweder mit dem Hubschrauber oder aus dem Kali Gandaki zu Fuß durch eine sehr gefährliche Schlucht.

Übersicht:

Die Route verläuft rechts des Zentralcouloirs über zwei Felspfeiler empor und danach über die gewaltige, sehr steile Eiswand leicht rechtshaltend hinauf.

Hinweise:

Die Route ist stark stein- und eisschlaggefährdet. Der Erstbegeher schaffte den Durchstieg in achttägigem Alleingang, querte vom Ausstieg am Südostgrat über die hier schmale Ostwand zur Normalroute (Nordostsporn) und stieg über diese ab.

Wie deutlich slowenische Bergsteiger während des vergangenen Jahrzehnts das Große-Wände-Klettern dominieren, belegen auch ihre eindrucksvollen Routen an der Südwestwand des Shisha Pangma (2150 m, 1989), an der Südostwand der Api (2600 m), der Nordwestwand des Bobaye (2500 m), an der Südwand des Nampa (1950 m, alle 1996) und an der Nordwand des Gyachung Khang (1999).

Belak-Versuch an der Südwand.

»Das Wasser gefror mir am Leib und zerbarst bei jeder meiner Bewegungen.«

Tomaž Humar

Tomaž Humar, derzeit einer der erfolgreichsten Bergsteiger weltweit, fand 1999 in achttägigem Alleingang – vom 26. Oktober bis zum 2. November – die bislang beste Lösung an der Dhaulagiri-I-Südwand. Diese enorme Leistung ist der jüngste Meilenstein im Große-Wände-Bergsteigen.

Mount McKinley (Denali) Ostwand

Alaska-Range

Gipfelhöhe:

6195 m

Wandhöhe:

über 2000 m

Die eisgepanzerte Ostwand des höchsten Berges auf dem nordamerikanischen Kontinent ist undurchstiegen und vielleicht das größte verbliebene Wandproblem in der westlichen Hemisphäre. Gut möglich, dass es US-Kletterer lösen werden. Sie haben in den letzten Jahren eine Reihe von Spitzenbergsteigern hervorgebracht, bei denen das Große-Wände-Klettern mehr und mehr in Mode kommt.

Am Mount McKinley (Denali) gibt es außer dieser Ostwand noch eine andere große Wand: die Südwand. Berühmt geworden ist an ihr der Cassin-Pfeiler (1961), noch schwierigere Durchstiege sind die »Amerikanische« (1967) und die »Tschechische Direkte« (1984).

Ebenso wie die Routen am Denali fordern auch die großen Wände des Mount Foraker (5303 m), des Mount Huntington (3731 m) oder des Mount Hunter (4442 m) tage- bzw. wochenlange, schwierige Klettereien.

Der Mount Logan (5959 m), der höchste Berg Kanadas, hat mit seiner ca. 4000 (!) Meter hohen Südwand eine der höchsten Wände der Erde. An ihren Pfeilern und Graten wurden zwischen 1965 und 1979 »einige der besten Aufstiege Nordamerikas« (Chic Scott) eröffnet. Bei den vielen Kilometern Breite dieser Wand gibt es noch zahlreiche Neutourenmöglichkeiten. Dies gilt ebenso für weitere Ziele in der St.-Elias-Region: Die 50-Seillängen-Routen an den Wänden und Pfeilern des Mount Kennedy etwa haben Spitzenkletterer wochen-, ja monatelang beschäftigt (z. B. Nordpfeiler, 1968, 56 Seillängen, VI/A3).

Nicht nur im Himalaja also, sondern auch in der »Neuen Welt« stehen für Generationen von »Grenzgängern« noch enorme Möglichkeiten des Große-Wände-Bergsteigens offen, und das in vollkommener Abgeschiedenheit.

Wand am Mount Dickey.

»All meine künftigen Besteigungen werde ich auf die größtmöglichen Anforderungen ausrichten: Gipfel, die nur über teuflisch gefährliche Wände erreichbar sind.«

Tomaž Humar

Am Mount McKinley in Alaska: nicht nur Kälte des arktischen Nordens, auch Mitternachtssonne.

Expeditionen 2000

Die Zeiten, in denen Expeditionen vom Staat oder von irgendwelchen Clubs organisiert und finanziert wurden, scheinen immer noch nicht vorbei zu sein. Auch gibt es nach wie vor einzelne Expeditionsmanager, die durch Industrie- und Presseverträge, Sammelaktionen und politische Kontakte Expeditionen auf die Beine stellen und Spitzenbergsteiger dazu einladen. Das Übliche aber ist heute der kleine Freundeskreis, der zu irgendeinem Ziel im Ausland aufbricht, oder die Commercial-Expedition. Die vielen verschiedenen Gruppen tun sich in den Basislagern dann zusammen und steigen im Gänsemarsch. Aber nicht durch große Wände. Es ist nicht gesagt, dass eine solche Mammutexpedition mehr Erfolgschancen hat als eine kleine Gruppe. Es wird so nur leichter, in die Höhe – also auch in die Gefahrenzone – zu kommen.

In den großen Wänden geht es zu wie eh und je. Eine Gruppe von Freunden, die sich ein schwieriges und hohes Ziel in den Weltbergen gesetzt hat, plant auf Jahre im voraus. Die Vorarbeiten sind umfangreich, die Ausrüstungsbeschaffung kostet Geld, und nicht jeder Teilnehmer hat zur gewünschten Zeit Urlaub. Doch zum Glück kann schon ein halbes Dutzend Expeditionsmitglieder die verbilligten Gruppenflüge ausnützen, und vor Ort gibt es spezialisierte Reiseveranstalter, die den Transport ins Basislager organisieren.

Am Berg kommt es dann bald zu Differenzen. Fast immer. Gibt es sie bei einer Expedition tatsächlich einmal nicht, so entstehen auch hinterher keine ernsthaften Meinungsverschiedenheiten. Treten aber Differenzen auf, so können diese nicht aus der Welt geschafft werden – weder mit Verträgen noch durch Verschweigen. Differenzen gehören im Grunde zu jeder Expedition. Alle Schilderungen hinterher bleiben verzerrt, um nicht zu sagen verlogen, würde man diese Meinungsverschiedenheiten unterschlagen. Gerichte damit zu beauftragen, um herausfinden zu lassen, was sich zum Beispiel unterhalb des Gipfels in der Aconcagua-Südwand ereignet hat, wäre doch lächerlich. Außenstehende könnten dies weder nachvollziehen noch nachfühlen oder gar überprüfen und beurteilen.

Aus diesen Überlegungen heraus habe ich selbst bei allen von mir geplanten Reisen auf Teilnehmerverträge verzichtet und es bis heute nie bereut. Vielleicht habe ich meine Kletterkameraden zu wenig sorgfältig ausgewählt. Im Übrigen aber funktionierte unsere Anarchie. Die Verantwortung, die ich als »Expeditionsleiter« bei einem Dutzend großer Wände auf mich nahm, hieß mich jedoch, langsam vorzugehen und an kritischen Stellen selbst an der Spitze zu klettern.

Ich halte nichts von autoritärer Expeditionsführung, besonders dann nicht, wenn der Leiter nicht von der Mannschaft gewählt wird. Gewählt aufgrund seiner bergsteigerischen Erfahrung, seines Könnens, seiner organisatorischen Fähigkeiten.

Bild links: Im Mittelteil der Annapurna-Nordwestwand.

Bild unten: Die undurchstiegenen Wände im Himalaja, Karakorum und Pamir sind zahlreicher als die gekletterten. Also ist Kreativität gefragt, anspruchsvolle Ziele gibt es genug.

Ja, »letzte Probleme« gibt es immer noch, und es wird sie weiter geben. Denn was heute nicht möglich scheint, wird morgen versucht und übermorgen gemacht werden.

Aber auch die erkletterten »großen Wände« behalten meist ihre Ausstrahlung. Wiederholungen dieser Routen bleiben Herausforderungen: Ob und wie häufig eine Wand durchstiegen wird, ist ein Kriterium für ihr Flair. Wie viele der »großen Wände« haben wenige oder keine Wiederholung? Sogar die Ostwand am Monte Rosa, eine Problemstellung aus den Anfängen des modernen Bergsteigens, ist nach wie vor eine große Tour, wie auch – mit gesteigerten Anforderungen – die Eiger-Wand, die Makalu-Südwand. Die Rupal-Wand wurde im zentralen Teil seit 1970 nicht mehr wiederholt!

Als Tomaž Humar solo durch die Südwand des Dhaulagiri kletterte, wollte er nur durchkommen. Seine Route wird nie eine Modetour, ebenso wenig wie die Makalu-Westwand, die Jannu-Nordwand oder die Westwand des Gasherbrum IV Allerweltstouren werden können.

Anders ist es mit den »Big Walls«. Diese Routen, wenn auch technisch schwieriger als all das, was in den »großen Wänden« geklettert wird, sind viel sicherer und kürzer. Vertikale Felskletterei ist heute – mit Portaledges und Cliffhangers – organisierbar.

Der höchste Big Wall der Welt am Großen Trangoturm im Karakorum, 1999 erstbegangen, wird bald ein Klassiker sein. Drei Teams waren schon bei der Erstdurchsteigung gleichzeitig in der Wand: ein russisches, ein US-Team (Lowe, Ogden, Synnott) und eine internationale Gruppe mit Gabor Berecz, Oskar Nadasdi, Thomas Tivadar. Dieser kam zu spät, um sich die Erstbegehung der Wand, die er seit langem geplant hatte, zu sichern. Die Amerikaner waren schon über eine Reihe von Verschneidungen – eine logische Route – aufgestiegen, als Tivadar im Basislager eintraf. Er und seine Partner fanden einen anderen Weg: »Lost Butterfly«, fast 2000 Meter senkrechter Fels, Schwierigkeiten A4+, freie Kletterei 5.10 (VII), insgesamt 45 Seillängen. Als die Amerikaner ihre Route beendet hatten, folgte ihr Tivadar noch zehn Seillängen weit.

Das sind Dimensionen! Respekt. Trotzdem, Big Walls dieser Art werden überall auf dieser Welt gemeistert – auf Baffin Island, in der Antarktis, im Pamir und in Patagonien. An die »großen Wände« aber wagen sich nur wenige.

Jene kombinierten Wände also, die Steilheit, Schwierigkeit und Gefahr in sich vereinen – die Ostwand des Gasherbrum I, die direkte Westwand am Makalu, die Riesenwand am Namcha Barwa oder der Südwestpfeiler an der Annapurna IV, um nur einige zu nennen – sind die Herausforderungen schlechthin. Es gibt noch Hunderte. Vielleicht sind nicht alle so hoch wie die Südwand des Dhaulagiri. Viele aber sind steiler, schwieriger, gefährlicher – wie zum Beispiel die Nordostwand am Arwa-Turm irgendwo im Garhwal-Himalaja.

Eines ist sicher: Solche Probleme, sollten sie einst gelöst sein, werden gemieden bleiben wie die Haupt-Route an der Nordwestwand der Kleinen Civetta in den Dolomiten, die fast 100 Jahre nach der Erstbegehung noch zur »Zitterpartie« für die besten Kletterer von heute werden kann.

Das Big-Wall-Klettern, ob am El Capitan (Bild links) oder an den Trango-Türmen (Bild oben) ist nicht mit dem Große-Wände-Bergsteigen identisch. Die beiden Systeme aber überschneiden sich heute.

Die beiden Civetta-Gipfel. Links die Solleder-, rechts die Haupt-Route.

»Diese Führe bot nach der ersten Begehung eine der bedeutendsten Felsfahrten. Nach den Durchsteigungen der anderen großen Wände in der Civetta-Gruppe verlor dieser Anstieg sehr an Bedeutung. Er ist in der Linienführung ideal, der Fels zum Teil jedoch brüchig und besonders die unteren zwei Wanddrittel sehr steinschlaggefährlich.«

Toni Hiebeler

Die Zukunft hat begonnen, in der Civetta-Wand vor bald 80 Jahren, an der Aconcagua-Südwand vor 50, an der weißen Wand am Dhaula gestern.

In der Mitte der sechziger Jahre galt die zentrale Civetta-Wand immer noch als die »Wand der Wände«. Wenigstens in den Dolomiten. Die von Domenico Rudatis »zum Reich des sechsten Grades« hochstilisierte Felsflucht über dem Alleghe-See war und ist mehr als senkrecht übereinander getürmter Dolomit. Der Steinschlag, der vielerorts nasse und/oder brüchige Fels und das herzförmige Eisfeld in der rechten oberen Wandmitte – »Cristallo« genannt – geben ihr eine ernste Ausstrahlung. Die sonnige Südwand der Marmolada mag breiter sein, auch kompakter, aber sie ist weniger abweisend. Die Nordwand des Monte Agnér ist höher, aber nicht so geheimnisvoll. Heute noch, nachdem viermal so hohe Wände an den Achttausendern durchstiegen und an der Eiger-Wand weder die Begehungen noch die Toten gezählt werden, birgt die Civetta-Wand ein Rätsel: das bergsteigerische Haupt-Werk des Oswald Gabriel Haupt.

Seine direkte Route durch die Nordwand der Kleinen Civetta ist bis heute noch nicht als ganze Felstour wiederholt worden. Und sie ist offensichtlich ebenso schwierig wie die zwei anderen klassischen Wege durch die zentrale Wandflucht, die »Solleder« und die »Philipp«.

Im Sommer 1967 stieg ich mit Sepp Mayerl, Heini Holzer und Renato Reali über eine logische, weil frei kletterbare Route zwischen diesen beiden gedachten Linien zum Hauptgipfel der Civetta, wobei wir den Ausstieg über die Solleder-Route nahmen. Unsere »Einstiegsvariante« ist direkter und sicherer was den Steinschlag angeht. Sie ist aber nicht schwieriger. Sie ist zwar nicht leichter als die weiter links verlaufende Philipp-Flamm-Verschneidung, aber nicht so modern in der Linienführung.

Wie Walter Philipp zehn Jahre vorher war ich damals der Meinung, »der moderne Alpinismus müsste von der freien Kletterei einen starken Impuls erhalten« und kletterte ausschließlich frei.

Die von Walter Philipp und Dieter Flamm 1957 in drei Tagen eröffnete Führe durch das auffallende Verschneidungssystem links der Wandmitte war mir Vorbild und Anregung zugleich. Ich kannte Philipps Route und teilte seine Einstellung: »Unter der Devise ›Die Künstler arbeiten ohne Netz‹ steigen die beiden jungen Kletterer mit der schwachen Sicherung von höchstens drei Haken auf dreißig Meter die Verschneidung empor, die in kontinuierlicher Schwierigkeit von V oder VI bis unter ein großes Dach führt. Nach einem Biwak, am Morgen gelingt es dann, durch drei Standhaken gesichert, diese Stelle in freier Kletterei zu überwinden.«

Philipps Traum sollte wahr werden: »Einmal eine Tour machen zu können, in der die in gewissen Kreisen schon geradezu verpönte freie Kletterei zu neuen Ehren und zu neuem Ansehen gelangen konnte.«

Walter Philipp hätte der geistige Erbe von Emil Solleder sein können. »Noch nie hatte ich in den Alpen eine Wand geschaut wie diese.« Dieser Ausruf Solleders' beweist seinen Respekt und gleichzeitig seine Begeisterung für die Civetta-Wand.

Hans Fiechtl hatte Solleder vor seinem Versuch gewarnt: »Von dieser Wand soll man die Finger lassen, der arge Steinschlag, das viele Eis und diese endlose Mauer – Preuß, Dibona, Innerkofler und eine Reihe von Engländern mit bedeutenden Führern haben umsonst davor gestanden.« Er wollte sie trotzdem versuchen. »Besonders der untere Teil sieht hoffnungslos aus«, stellte Solleder am Einstieg fest.

Nach einem Versuch zu dritt, zusammen mit Lettenbauer und Gaberl, wobei Lettenbauer die schwierige Einstiegstraverse geführt hatte, stiegen Solleder und Lettenbauer am 7. August 1925 wieder ein und meisterten die Wand in ihrem Zentralteil unter dem Hauptgipfel mit nur einem Dutzend Zwischenhaken in nur einem Tag! Solleder, der dieses Mal alles vorstieg, half sich nur ein einziges Mal mit einem Trick über eine frei »unmögliche Wandstelle«. Kaum eine Seillänge unterhalb der Schlucht musste es ein starker Ringstift schaffen. Etwas nach abwärts geneigt, doch bis zum Ring im Fels, war er der einzige Angriffspunkt dieser Stelle. Es war das erste Mal, dass sich die Wand der reinen Klettertechnik verschloss, noch dazu an einer der ausgesetztesten Stellen.

Die Solleder-Route in der Civetta sollte der Maßstab für die Kletterkunst einer jungen Generation von

Auch die Nordwand des Torre d'Alleghe ist unbekannt und viel schwieriger als gedacht.

»Im Februar 1993 glückte der Seilschaft Georg Kronthaler und Nicholas Mailänder die erste Winterbegehung der ›Haupt-Lömpel‹ an der Kleinen Civetta.«

Horst Höfler

»›Ein frecher Hund muss das gewesen sein, der Haupt‹, meint Georg, während ich mich wohlgesichert durch einen Drahtkabelkeil über eine filigrane Platte im unteren sechsten Grad hinaufmogle.«

Nicholas Mailänder

Felsakrobaten werden, die wenige Jahre später in der Civetta neue Wege suchten.

Ein halbes Jahrhundert lang war sie ein Muss für jeden ambitionierten Dolomiten-Kletterer. Es ist also verständlich, dass der Klassiker »Solleder« die alte Haupt-Route im rechten Wandteil aus den alpinen Blättern und Jahrbüchern verdrängte. Es ist aber ein Fehler, wenn damit auch der Kletterer Haupt vergessen wurde. Im Gegenteil, G. Haupt gehört zu den bedeutendsten Bergsteigern der alpinen Geschichte.

Am 30. Juli 1910 hatten Oswald Gabriel Haupt und Karl Lömpel einen direkten Durchstieg durch die Nordwand der Kleinen Civetta gefunden, den Haupt für den »Hochtourist« (Purtscheller/Hess) genau beschrieb: 38 Seillängen, 1000 Meter Höhenunterschied, teilweise extrem schwierige Riss-, Kamin- und Wandkletterei. Die Kletterstrecke der »Solleder« (1400 m) ist kürzer als die der »Haupt« (1500 m).

Die Schwierigkeiten sind in etwa gleich groß, wobei die »Solleder« mehr Kletterstellen im sechsten Schwierigkeitsgrad aufweist, der kurz vorher als die Grenze des Kletterbaren definiert worden war.

Nach nur zwei Wiederholungen mit Varianten innerhalb von 80 Jahren (Vittorio Ratti und Luigi Esposito 1937 und Giuliano De Marchi und Alessandro Masucci 1985) muss nicht nur in Betracht gezogen werden, dass 1910 mit der »Haupt-Lömpel« der erste sechste Grad der Klettergeschichte verwirklicht worden ist, sondern auch Oswald Gabriel Haupt als wichtige Persönlichkeit der Alpinistik gewürdigt werden. Nein, die alpine Geschichte muss nicht umgeschrieben werden, sie bedarf nur einer Korrektur.

Die schwierigsten von den großen Dolomitenwegen waren 1910 die Einser-Nordwand (erstbegangen 18. Juli 1910) in den Sextener Dolomiten und die Südwestwand des Croz dell' Altissimo (erstbegangen

Oswald Gabriel Haupt. Portrait von Peter Fellin.

»Als unser Aneroid 2500 Meter zeigte – wir waren etwa 100 Meter unterhalb des Eisfeldes und hatten noch die steile Mauer von 700 bis 800 Meter Höhe vor uns – kamen bedenkliche Zweifel durch die zunehmende Verschlechterung des Wetters. Da wir auch vor der Entscheidung standen, die auffallend großen, schwarzen Kamine von gewaltiger Höhe anzupacken, entschieden wir uns dafür, in einer kleinen Höhle Rast zu machen und das Wetter zu beobachten. Dann beschlossen wir den Rückzug.«

PAUL HÜBEL, 1907

am 16. August 1910 wie die erste von Angelo Dibona und Luigi Rizzi als Bergführer mit Guido und Max Mayer als zahlende Gäste). Ein Jahr später gelang Preuß und Relly die erste Wiederholung dieser kühnen Brentatour, die an einer Stelle an den sechsten Grad herankommt. Preuß, ein Maßstab für die damals erreichte Kletterkunst, konnte die Haupt-Lömpel-Route an der Kleinen Civetta nicht versuchen, und so blieb ein möglicher Vergleich aus.

Haupt aber wiederholt eine andere Dibona-Route, den Nordwestpfeiler auf den Langkofel (erstbegangen am 19. Juli 1911 von Dibona, Rizzi und den Brüdern Mayer), die die Erstbegeher als die wahrscheinlich schwierigste Dolomitenkletterei eingestuft hatten, schwieriger als ihre Route am Croz dell' Altissimo. Die Schlüsselstelle am Gipfelturm des Langkofels hatten sie mit Seilwurf ertrickst. Haupt und Flum gelang nur einen Monat später (19. August 1911) die Zweitbegehung, wobei sie im unteren Wandteil eine schwierigere, direktere Linienführung verfolgten und Haupt als Seilerster die Schlüsselstelle der Dibona-Route am Gipfelturm frei überkletterte.

Zurück zur Direttissima an der Kleinen Civetta. Die »Haupt-Lömpel« ist eine moderne Bergfahrt. Auch nach heutigen Maßstäben. Es steht außer Zweifel, dass vor 1910 nirgendwo ein derart schwieriger, derart langer und derart anspruchsvoller Kletterweg existierte.

Erst nach dem Ersten Weltkrieg gelangen in den Dolomiten Neutouren, die als Gegenstücke zur »Haupt-Lömpel« gewertet werden dürfen: die Nordwand des Agnér (erstbegangen 1921 von Jori/Andreoletti/Zanutti), die Pelmo-Nordwand (1924, Simon/Rossi), die Nordwand der Furchetta (1925, Solleder/Wiessner) und die Nordwestwand der Civetta (1925, Solleder/Lettenbauer).

In meinen »Sturm- und Drangjahren« hatte ich ein halbes Dutzend Haupt-Touren in den Dolomiten wiederholt. Alle hatten sie mich beeindruckt: wegen ihrer Schwierigkeiten, ihrer kühnen Linienführung, weil es kaum Haken gab. Alle waren sie unterbewertet. Nur eine war bekannt: als »Kiene-Riss« an der Fünffingerspitze. Diese Route links vom »Schmitt-Kamin«, auch als »Diagonal-Riss« bekannt, war von Haupt und Kiene am 26. August 1912 erstbegangen worden. Sie ist heute eine Modetour. Fast alle anderen Haupt-Routen – sind es fünfzig, sind es mehr? – werden in den Führern in Randnotizen angegeben oder sind erst gar nicht erwähnt. Wie der Name Haupt in den Büchern der Alpinen Geschichte.

Wer war dieser Oswald Gabriel Haupt?

Der Bozner Hans Kiene hat uns im Rahmen seiner Arbeit über die »Erschließung der Dolomiten« (»Dolomiten«, 1949) eine kurze Biografie über seinen Freund und Tourenbegleiter Haupt hinterlassen, die ein paar Rückschlüsse auf das Leben des besten Dolomiten-Kletterers vor dem Ersten Weltkrieg zulässt.

Oswald Gabriel Haupt war ein Turnlehrer aus Würzburg, der in den Sommern zwischen 1905 und 1913 in die Dolomiten zum Bergsteigen kam. Der großgewachsene Athlet kletterte hauptsächlich mit Kameraden aus Würzburg (Karl Lömpel z. B.) und einem Kreis von Freunden um die Brüder Kiene aus Bozen. Er soll ein reiner Felskletterer und muss wohl ein kauziger Typ gewesen sein, der mit seiner Adlernase im »tierischen Gesicht« oft ausgesehen habe wie ein Hinterwäldler von der Alm.

Er war kein Intellektueller und spielte nicht das Original.

Er war eines: ein extremer Individualist, der mit viel Energie und Willen tat, was ihm wichtig war. Freunde unterhielt er mit seinem Humor und Dritte, Fremde, brüskierte er mit seiner Intelligenz. Als Kletterer war er vorsichtig, erfahren und ausgestattet mit jenem reinen Instinkt für Orientierung, Fels- und Wetterbeschaffenheit, der die wenigen Genies am Berg auszeichnet. Das gerade noch Machbare errechneten sie nicht, sie machten es.

In Diskussionen nahm Oswald Gabriel Haupt gerne radikale Positionen ein und »Schreibtischkletterer« nahm er nicht ernst. Kein Wunder, dass er sich mit den Redakteuren der Fachzeitschriften zerstritt und ihn somit niemand publizierte. Dass seine Bedeutung als kreativer Dolomitenkletterer außer einigen Freunden keiner Öffentlichkeit klar werden sollte, hängt mit seinerZivilcourage zusammen und seinem Selbstverständnis, die oft fälschlicherweise als Arroganz ausgelegt wurden.

Gabriel Haupt, der meist mit alten Lederhandschuhen kletterte und Zigarre rauchte, konnte Neugierige schockieren, Besserwisser irritieren und Kletterpartnern imponieren.

1913 war Oswald Gabriel Haupt ein letztes Mal in den Dolomiten. Ein drittes Mal bestieg er die Guglia di Brenta, die er 1906 mit Ferdinand Forcher-Mayr (später Vorstand des Alpenvereins Südtirol) schon erklettert hatte. Dann nahm er seinen Neffen zum Klettern mit. Im Unwetter, beim Abstieg vom Torre di Brenta, erlitt dieser bei einem Sturz einen Schädelbruch. Wenige Tage später starb er im Bozner Krankenhaus.

Haupt war so betroffen, dass er das Klettern aufgab. 1917 erst kletterte er wieder – Südtirol war wegen des Krieges für ihn unzugänglich, also ging er in den Kaiser, ins Wetterstein, ins Karwendel. In der Nordwand der Kaltwasserkarspitze kam er ums Leben. Erst 1921 sind sein Körper und der seines Partners auf einem Band (Biwakplatz?) gefunden worden – zerdrückt von Felsmassen.

Was geschah mit der »Haupt-Lömpel« auf die Kleine Civetta?

Sie geriet mehr und mehr in Vergessenheit. Zu Lebzeiten Haupts hatte sie den »Fehler«, auf einem Nebengipfel zu enden, und später wurde sie von der »Solleder« in den Schatten gestellt; diese wiederum ist von der »Philipp« verdrängt worden.

Heute aber müsste sich das Karussell wieder umgekehrt haben, wenn es von »ehrlichen« Werten gedreht würde.

Die Tatsache, dass die »Kleine Civetta« (3207 m), ursprünglich als »Südgipfel« geführt, ein Dutzend Meter niedriger ist als der Hauptgipfel (3220 m), zählt nicht mehr.

Es gibt in der Civetta heute keine längere, gefährlichere und ernstere Kletterroute als die »Haupt«. Im weitesten Sinne des Wortes auch keine schwierigere. Aber niemand wiederholt sie. Im Hochsommer klettert oft ein Dutzend Seilschaften pro Tag durch die mit Normal- und Bohrhaken abgesicherte »Philipp-Flamm«. Sie ist die sicherste der drei »alten« direkten Routen im Zentralteil der Wand. Die »Solleder-Lettenbauer«, auch übernagelt und damit abgewertet, wird seltener wiederholt. Ein Wettersturz an ihr ist schlimmer als an der von Dächern und Überhängen geschützten »Philipp-Flamm«.

Ähnlich wie an der Civetta-Wand gibt es auch in den Carstensz-Bergen in Neuguinea große und selten begangene Wände.

»Oswald Gabriel Haupt, der bisher nicht gewürdigt wurde, ist noch mehr als alle anderen als ›Große-Wände-Kletterer‹ zu begreifen. Als Grenzgänger übertraf er auch Paul Preuß.«

Reinhold Messner

Das Große-Wände-Bergsteigen ist dort möglich, wo nicht alle hingehen. Vergessene, verschmähte, gefürchtete Routen sind die Ziele der Könner.

Es ist also wieder eine Umwertung der Schwierigkeitsbewertung notwendig! Die Länge einer Route, das Vorhandensein oder Nichtvorhandensein von Sicherungspunkten aller Art, die Schwierigkeit der Orientierung müssen mit berücksichtigt werden, wenn wir einen Weg richtig beurteilen wollen. Auch die sogenannten »objektiven Gefahren«, die genau genommen subjektive sind, wenn wir neben Kletterkönnen auch Instinkte, geologisches Wissen und Wetterkunde zu den Fähigkeiten eines Bergsteigers zählen. Auch das Gefühl, Künstler haben es nicht nur im kleinen Finger, sie haben es auch im Kopf.

Ein Bergsteiger von der Genialität Haupts, der der alpinen Geschichtsforschung nichts hinterlassen hat als ein paar Dutzend Erstbegehungen, kann heute nur unter diesen Vorzeichen richtig beurteilt werden.

Für den Arzt Giuliano De Marchi, der mich im Herbst 1986 zum Makalu begleitet hat, steht außer Zweifel, dass Oswald Gabriel Haupt in seinem reinen Kletterkönnen Hans Dülfer mindestens ebenbürtig war. Als Bergsteiger war er ihm weit überlegen.

Für mich steht fest: Oswald Gabriel Haupt war der beste Kletterer seiner Zeit! Wer es nicht glaubt, möge seine Route in der Civetta wiederholen. Der brüchige Fels, die Nässe, die Ausgesetztheit ohne die Möglichkeit, Sicherungen anzubringen, machen sie heute noch »schwer wiederholbar«.
Was bedeutete seine Leistung erst damals! Dieser gefährliche Weg mit der Ausrüstung von 1910 ohne Wegbeschreibung, ohne Satellitenwetterbericht, ohne Hubschrauberrettung im Hintergrund. Die führenden Bergsteiger vor dem Ersten Weltkrieg kletterten nicht besser als Wolfgang Güllich, nein, aber sie hatten Instinkte entwickelt, die ihnen ein sicheres ungesichertes Steigen auch in der Kleinen Civetta-Nordwand erlaubten, die ich der heutigen Klettergeneration nicht zur Wiederholung empfohlen haben möchte. Selten nur werden heute entsprechende Wege gemeistert: am Lobuje-Peak, am großen Trango Tower, am Ogre.

1910, zur Glanzzeit von O. G. Haupt, war der Einsatz des Hakens als Trick zur Fortbewegung verpönt, als Mittel zur Sicherung eine Ausnahme. Alle anderen heutigen Sicherungsmethoden waren unbekannt. Deshalb hatten die Kletterer Fähigkeiten entwickelt, um bei ihrem gefährlichen Spiel überleben zu können, die uns mit zunehmender Sicherungs- und Steighilfe wieder abhanden gekommen sind.

Die »Haupt-Route« an der Civetta ist heute in ihrer Gesamtschwierigkeit höher einzustufen als die »Solleder«, und diese höher als die »Philipp«. Diese Aussage stellt die alpine Geschichte auf den Kopf und die junge Klettergeneration hoffentlich vor viele Fragen.

Die Gefahr, die es heute durch »Superprotektion« auszuschalten gilt, war und ist ein wesentliches und motivierendes Element in der Alpinistik. Da im Klettergarten zu Gunsten gesteigerter Schwierigkeiten jede Gefahr ausgeschaltet werden kann und ausschließlich die athletische Kletterfähigkeit zählt, geht die Tendenz seit Jahrzehnten dahin, aus den Gebirgen mehr und mehr Klettergärten zu machen. Der wahre Grenzwert aber, der uns unsere menschliche Begrenztheit offenbart, ist nicht der zehnte, elfte oder zwölfte Grad, sondern die Gefahr, deren Ursachen in der Natur begründet liegen. In der Natur des Menschen und in der der Berge.

Ich habe nichts gegen die künstlichen Kletterwände mit angeschraubten Griffen und einer Zwischensicherung im Meterabstand. Ich verstehe aber immer noch nicht, dass Fels angebohrt, verkleistert, präpariert werden muss, um an ihm glücklich sein zu können. Seit von den »Freikletterern« vielerorts Akkubohrer, Schnellkleber und Zement benützt werden, um Haken zu setzen, gehen zu viele hin. Auch dorthin, wo sich gestern Kolkraben, Dohlen und Adler, seltene Echsen und Mauerläufer versteckten.

Oswald Gabriel Haupt, dieser illustre Unbekannte, war kein moderner Kletterer, seine Lebenshaltung war postmodern. Er hat seine Grenzen akzeptiert. Wo er ohne künstliche Hilfsmittel nicht hin kam, ging er nicht hin. Für ihn gab es »Tabu-Zonen«. Er respektierte die für ihn nicht überwindbaren Wände als für ihn unmöglich und damit unzugänglich. Seine Ethik war diktiert von den Grenzen des Menschen gegenüber der Natur, und insofern kann nur sein Stil als nachahmenswert gepredigt werden.

Haupt selbst hat es nicht getan, er hat uns durch sein Haupt-Werk ein Kunstwerk hinterlassen, das nur begreift, wer die Civetta-Wand liebt. Wer aber nach dem Prinzip klettert »Genug ist nicht genug« – so die Bezeichnung eines Kletterweges – wird erleben müssen, dass zuletzt jene aus den Wänden vertrieben werden, die sie mit ihrer Maßlosigkeit im Einsatz technischer Hilfsmittel verwüsten – vertrieben von der eigenen Angst.

Ausblicke

Wie oft bin ich über den Himalaja geflogen! Dieses Schneeland ist aus der Vogelperspektive am eindrucksvollsten. Vom Flugzeug aus ändert sich die Steilheit der großen Wände von Sekunde zu Sekunde. Denn nach jeder kleinen Erschütterung, mit jeder Schräglage »fällt die Wand um«, oder sie erscheint steiler. Einmal wirkt der Mount Everest kleiner als der Lhotse, dann wieder umgekehrt, einmal erscheint die Everest-Südwestwand senkrecht wie die Nordwand der Großen Zinne, dann wieder legt sie sich zurück, und in mir regen sich wieder Hoffnungen und Träume – die Vorstellung, dass diese Wand zu zweit, im Alpenstil möglich wäre.

Wir haben inzwischen gedreht – die Flugzeit geht zu Ende –, wir segeln nach Nordwesten. Ein Blick zurück noch in die Nordseite des Everest, in die chinesische beziehungsweise tibetische Seite: nicht so steil wie die Südseite, aber riesengroß auch diese Flanke.

Und jetzt sind wir ganz nahe am Cho Oyu, der Gipfel eine riesige Eiskalotte. Links fällt die Südwestwand ab, mit vielen Rinnen und Eisfeldern. Nicht ungefährlich! Rechts der Südpfeiler, der schräg von rechts unten nach links oben zieht und hauptsächlich Eiskletterei verlangt. Rechts davon eine etwas leichtere Flanke, überwiegend Schnee und Eis, aber mit Sicherheit lawinengefährlich.

So wie ich fünf Jahre lang mit der Idee Dhaulagiri-Südwand gespielt habe, spielte ich mit der Idee Cho-Oyu-Südpfeiler. Aber dieser gigantische Pfeiler »musste warten«, denn die Nepalesen gaben lange Zeit keine Genehmigung für den Berg aus. Und so lange es keine Genehmigung gab, konnte der Pfeiler – der dann polnischen Bergsteigern zufiel – nicht versucht werden.

Ein Teil der Gipfel, die sich unter mir ausbreiten, sind unbestiegen. Weit mehr aber als jeden einzelnen Gipfel, auf denen noch kein Mensch gestanden hat, schaue ich mir die gesamte Landschaft, die da unten liegt, an, so als ob ein Tal, eine Flanke für mich dabei sein müsste. Plötzlich taucht ein Berg auf, dessen Gestalt mir gefällt, und ich habe nur noch Augen für ihn, präge ihn mir ein. Ich kenne seinen Namen nicht, trotzdem möchte ich ihn besteigen oder es wenigstens versuchen.

Für mich gehören alle diese Berge zur Welt, wie auch ich zur Welt gehöre, die Wüste und die Flüsse, die Blumen und die Bäume. Die Berge sind nichts Böses und nichts Gutes, sie sind nicht meine Feinde und nicht meine Freunde; sie sind einfach da. Und obwohl es an den Bergen Stürme und Lawinen geben kann, sind sie nie böswillig.

Eine Harmonie, ein Nebeneinander aller Vorsicht und Gefahr gibt es beim großen Bergsteigen nur dann, wenn die Stürme, die Lawinen ebenso akzeptiert werden wie die formvollendeten Berggestalten, die wir als schön empfinden.

Ama Dablam (Bildmitte) und Makalu (am Horizont) gehören zu den schönsten Gipfeln des Himalaja.

In der Südostwand des Cho Oyu.

»Allein im Karakorum sind die großen Wände so zahlreich, dass ein Bergsteigerleben nicht ausreicht, sie alle zu studieren, geschweige denn, sie zu versuchen. Aber auch in Alaska, in Kanada, im Garhwal, in Sikkim und Kashmir stehen so viele unerforschte Wände, dass den Spitzenkletterern nicht bange zu werden braucht.«

REINHOLD MESSNER

Dieselbe Faszination, die diese Formen ausstrahlen, umgibt auch die unbezwungenen Wände. Für mich in noch größerem Ausmaß, weil ich vom extremen Bergsteigen komme, weil mich das extreme Bergsteigen nach wie vor interessiert. Eine Herausforderung spüre ich dann als intensiv, wenn das »Unmögliche« in der Luft hängt. Obwohl es heute beim Bergsteigen grundsätzlich kein Unmöglich mehr gibt. Ja, mit dem Einsatz aller nur erdenklichen Hilfsmittel ist jede Schwierigkeit zu meistern, aber nicht jede Gefahr abwendbar. Und damit beginnt der »Grenzgang«. Das Wort »Abenteuer« ist zu einem abgenutzten Begriff geworden. Ich möchte es nicht mehr verwenden. Zum großen Bergsteigen gehört ebensoviel Phantasie wie Mut, Ausdauer, Wille und Begeisterung.

Das Bergsteigen wird nicht nur faszinierend bleiben, solange es unbestiegene Berge, unberührte Flanken und Wände gibt. Das Bergsteigen kann auch dann noch interessant sein, wenn alles »gemacht« ist. Interessant allerdings nur für den, der offen bleibt für authentische Lösungen und verzichten kann, verzichten auf Technologie und Infrastruktur.

Nach meinen Rundflügen im Himalaja bin ich sicher, dass es noch für Generationen, wahrscheinlich für die Dauer des Fortbestandes des Bergsteigens unberührte, undurchstiegene Wände geben wird, denn ich habe Hunderte solcher Ziele gesehen. Die Südwand des Dhaulagiri bis zum Gipfel ist eine solche Problemstellung.

So wie unser ganzes Leben unterliegt auch das Bergsteigen, unterliegt jede einzelne Tour, jedes Bemühen um ein gestecktes Ziel oder um uns selbst einem natürlichen Rhythmus. Wer versucht, eine Stufe zu überspringen, wird aus dem Gleichgewicht geworfen, und die Harmonie des Ablaufs ist gestört.

So geht jeder Besteigung eine Idee voraus, Erfolge und Niederlagen wechseln einander ab, wie auch Fortschritt und Rückschritt, Erwartung und Enttäuschung. So gesehen ist jede Umkehr ein notwendiger Bestandteil des Erfolges, ein Fenster zu neuen Horizonten.

Nach einem großen Gipfelerfolg, wenn man ganz oben war, kann man nur noch nach unten gehen. Und wenn man ganz unten ist, kann man wieder aufwärts steigen, wenn die Energie dazu aufgebaut ist. Dieses Wechselspiel führt schließlich zu wirklicher Befreiung.

Jeder ist frei in der Entfaltung seiner Phantasie, jeder ist einmalig in seiner Persönlichkeit, und jeder kann seine Horizonte erkennen. Nicht was bei anderen Anerkennung findet, ist wirklich wichtig beim Bergsteigen, sondern das, was einem selbst wichtig ist. Wer im Spitzenalpinismus steht, muss darauf vorbereitet sein, dass ihn dieselben Leute, die ihm nach einem »Erfolg« zujubeln, nach einer »Niederlage« schmähen.

Wer sich aber seine Träume erfüllen will, darf nicht auf die anderen hören, er darf das Risiko, das mit jeder Traumverwirklichung verbunden ist, nicht scheuen und muss die Bereitschaft mitbringen, jedem seiner Träume eine Chance zur Verwirklichung zu geben.

Wer sich an fremden Vorbildern orientiert, kann keine neuen Horizonte anstreben. Es gilt, das Vorbild in uns selbst zu entfalten, uns keine fremde Zielvorstellung aufzwingen zu lassen, vor allem, das Ziel in uns selbst zu finden. Nur Mut für neue Ideen und Können sind Garanten für den nächsten Schritt.

Jannu! Alle Wandprobleme sind noch offen.

Grosse Tage – grosse Wände

»Die großen Tage«, so der Titel seines zweiten Buches, in dem der Autor Walter Bonatti von seinen Erlebnissen in der Eiger-Nordwand, am winterlichen Walker-Pfeiler, am Grand Pilier d'Angle berichtet. Das Buch wie auch Bonattis Bergsteiger-Karriere enden mit einer Erstbegehung an der Matterhorn-Nordwand im Alleingang und im Winter. Das war 1965.

Diese Bonatti-Tour markierte damals die erreichte Grenze des klassischen alpinen Bergsteigens. Wie um 1900 die Monte-Rosa-Ostwand, 1925 die Civetta-Nordwestwand, 1950 die Eiger-Nordwand.

In einem Ausblick auf die Zukunft sah Walter Bonatti die Weiterentwicklung des Große-Wände-Bergsteigens voraus: Was ihm an den großen Wänden der Alpen gelungen war, würde an den Steilflanken der Achttausender seine Fortsetzung finden. Und schon 1975 galten Annapurna-Südwand, Rupal-Wand und Everest-Südwestwand als neue Dimensionen im klassischen Bergsteigen. Die neue Eistechnik sowie die Globalisierung des Bergsteigens ließen dann nochmals einen enormen Entwicklungsschub zu.

Heute nun, 25 Jahre später, sind fast alle Achttausender-Wände durchstiegen, an Sechs- und Siebentausendern sind so schwierige Probleme gelöst worden, dass wir von einer neuen Qualität des Große-Wände-Kletterns sprechen können. Um diese neue Dimension des Bergsteigens geht es mir in diesem Buch. Und um Schwierigkeiten und Gefahren in einer Ausgesetztheit und Höhe, wie sie sich frühere Bergsteiger-Generationen nicht zugemutet haben.

Zum Nonplusultra an den großen Wänden allerdings zählt auch heute nicht, was Schausteller mit riesigem Aufwand über Satellit in bürgerliche Wohnstuben übertragen. Nein, umgekehrt. Je mehr live aus einer Wand berichtet werden kann – ob über TV oder Netz – um so mehr muss diese Wand im Vorfeld ja präpariert worden sein, um so mehr an Ausgesetzt-Sein geht verloren.

Die Zutaten aber zum Große-Wände-Bergsteigen sind nach wie vor extreme Schwierigkeiten, mindestens 2000 Meter Wandhöhe und jenes Ausgesetzt-Sein vor allem, das mit TV-Crews in Beobachterstellung rasch verspielt ist. Also no aids, no bolts, no communications. Auch no artificial oxygen. Das ABC der Königsdisziplin unseres Tuns ist ja so einfach!

Bild oben: Walter Bonatti, zwei Jahrzehnte lang der berühmteste Bergsteiger Italiens. Ein Mann der großen Wände.

Bild links: Kletterer (Bildmitte) am Grand Pilier d'Angle, Mont Blanc.

»Um in der Welt der Vertikalen die Grenzen weiter zu verschieben, müsste ich eine neue Dimension einfügen: die große Höhe! Man müsste also im Himalaja umsetzen, was ich in den Alpen gemacht habe – extremer Alpinismus auf 8000 Meter Höhe und im Alpinstil.«

Walter Bonatti

Neue Horizonte

Nach der Lektüre dieses Buches, in dem ich von den größten Wänden der Alpen, der Anden und des Himalaja erzähle, könnte der Eindruck entstehen, es sei hier ein Maß für alle Zeiten gesetzt. Ich aber wollte keine endgültigen Wertungen aufstellen, nur neue. Mir ging es in erster Linie darum, den Begriff der »großen Wände« zu erweitern. Und so wie ich mich nicht auf Werte verlassen habe, die andere den Bergen gaben, hoffe ich, dass die junge Bergsteiger-Generation sich nicht an diese Werte halten wird. Nichts von all dem, was Bergsteiger bisher vollbracht haben, hätte geschehen können, wenn es nicht irgendwann erdacht, von einem Einzelnen erträumt worden wäre, wenn nicht irgendjemand mit aller Kraft seiner Phantasie etwas Nie-da-Gewesenes gewagt hätte. Die Kraft zur Tat kann sich nur mit einer starken Idee entfalten.

Mazeno-Mauer im Nanga-Parbat-Massiv (Bild links) und Namcha Barwa (7782 m) in Osttibet (Bild unten). Beide Wände sind undurchstiegen.

In der Westwand des Dhaulagiri.

Die Arwa-Tower-Nordostwand.

Tomaž Humar nach der Rückkehr vom Dhaulagiri mit Reinhold Messner.

Die konkave Westwand des Bhagirathi III.

Die Annapurnas mit der langen Mauer der Annapurna IV.

Die Deutsche Bibliothek – CIP-Einheitsaufnahme

Ein Titeldatensatz für diese Publikation ist bei
Der Deutschen Bibliothek erhältlich

Umschlagfotos: Jiři Novak (Vorderseite),
Archiv Messner (Porträt Vorderseite, Rückseite)
Umschlaggestaltung: Joko Sander
Redaktionelle Bearbeitung: Horst Höfler
Schlussredaktion: Barbara Hörmann
Layout: Parzhuber & Partner
Herstellung: Manfred Sinicki

BLV Verlagsgesellschaft mbH
München Wien Zürich
80797 München

Reproduktion: Repro Ludwig, Zell am See
Gesamtherstellung: Neue Stalling, Oldenburg

Gedruckt auf chlorfrei gebleichtem Papier

Printed in Germany · ISBN 3-405-15981-4

Bildnachweis
Alle Bilder stammen aus Archiv Reinhold Messner, außer:
Viki Grošelj: S. 2/3, S. 13, S. 95 o. r., S. 96/97, S. 145 o. r., S. 176/177, S. 195 u. r.
Toni Gutsch: S. 8 u. r.
Horst Höfler: Haupttitel, S. 98/99, S. 114/115
Thomas Huber: S. 188/189
Archiv Robert Jasper: S. 45
Pervez Khan: S. 78, S. 81, S. 124/125, S. 134/135, S. 140/141, S. 144/145, S. 159 o. r.
Stane Klemenc: S. 24
Radovan Kuchař: S. 67
Michael Larcher: S. 159 u. r.
Peter Mathis: S. 46 l., S. 50 l., S. 55 r., S. 63, S. 210/211
Jiři Novak: S. 77 o. r., S. 104/105, S. 133 o. r., S. 148/149, S. 149 o. r., S. 152/153, S. 153 o. r., S. 167 o. r., S. 168/169, S. 178/179
Tone Škanja: S. 87
Archiv Jakob Tappeiner: S. 28, S. 102/103
Stephen Venables: S. 146/147, S. 147 o. r.
Victor Zhak: S. 110/111

CD Reinhold Messner erzählt:
»Meine großen Wände – 13 Begegnungen mit dem Extremen«
Die dem Buch beigefügte CD (Hinweise auf sie in einzelnen Buchkapiteln mit ◉) enthält Erzählungen des Autors über Erlebnisse in »seinen« großen Wänden. Die Durchsteigungen der Sass-Rigais-Nordwand (Nr. 1), der Ortler-Nordwand (Nr. 2) und der Furchetta-Nordwand (Nr. 4) sind im Buch nicht enthalten.

Umschlag (Vorderseite): Der Machapuchare im Nepal-Himalaja.

Umschlag (Rückseite): Dhaulagiri-Südwand.

Haupttitel: Im Mittelteil der Watzmann-Ostwand.

Vorsatz: Am Mount Everest. Links die Südwestwand.

Nachsatz: Blick in die Dhaulagiri-Südwand.

Seite 2/3: Zwei Kletterer der slowenischen Expedition 1988 in der Cho-Oyu-Nordwand.

Seite 4/5: Im Welzenbach-Couloir an der Rupal-Wand des Nanga Parbat. Erste Durchsteigung 1970.

Reinhold Messner bei BLV

Überlebt
Als erster Mensch auf allen 14 Achttausendern der Welt: die Dokumentation einer kaum vorstellbaren Gesamtleistung und alpinhistorischen Sensation; aktuelle Achttausender-Chronik; alle Besteiger der 14 Achttausender.

Everest
Die Besteigung des Everest 1978 »by fair means« und erstmals ohne künstlichen Sauerstoff – die Dokumentation dieser Expedition, in der Messner vor allem auch seine persönlichen Empfindungen und Erfahrungen protokollierte.

Bis ans Ende der Welt
Messners persönlicher Rückblick auf seine Gipfelerfolge – ausgewählte Kapitel, die seine einzigartigen Unternehmungen, wichtigsten Stationen und alpinen Höchstleistungen wieder lebendig werden lassen.

... und im Internet:
www.reinhold-messner.de

Berge versetzen
Reinhold Messners Analyse einiger seiner Abenteuer im Grenzbereich des Möglichen – Erfahrungen und Erkenntnisse, von denen jeder, der hohe Ansprüche an sich selbst stellt, im täglichen Leben profitieren kann.

Mallorys zweiter Tod
Die Antwort auf die Frage, wer am Mount Everest der Erste war: die Auseinandersetzung mit dem Mythos George L. Mallory und der Everest-Tragödie von 1924 – eine Spurensuche mit Zitaten aus Mallorys Briefen und Berichten sowie Messners Analyse der Geschehnisse am Berg.

Alexander und Thomas Huber
Herausgeber Reinhold Messner
The Wall
Die erste Dokumentation über Alexander und Thomas Huber – Vorbild und Wegbereiter für innovative Kletterer im höchsten Schwierigkeitsgrad: Entwicklungsstationen, spektakuläre Erstbegehungen und Expeditionen; mit Kommentaren von Reinhold Messner.

Im BLV Verlag finden Sie Bücher zu den Themen:

Garten und Zimmerpflanzen • Natur • Heimtiere • Jagd und Angeln • Pferde und Reiten • Sport und Fitness • Wandern und Alpinismus • Essen und Trinken

Ausführliche Informationen erhalten Sie bei:

blv

BLV Verlagsgesellschaft mbH
Postfach 400320 • 80703 München
Telefon 089/12705-0
Telefax 089/12705-543
http://www.blv.de

Annapurna
Zum 50. Jahrestag der Erstbesteigung: die Erschließungsgeschichte der Annapurna, Messners Bewertung der Leistungen verschiedener Expeditionen, Annapurna-Chronik mit allen Expeditionen und Erstbesteigungen.

G I und G II
Messners Pioniertaten an den Gasherbrums: G I im Alpenstil und die Doppelüberschreitung von G I und G II – alpinhistorische Meilensteine in Gegenüberstellung zum hochalpinen Massentourismus von heute.